하나님과 소통하는
최신대표기도

하나님과 소통하는 최신대표기도

초판 1쇄 발행 | 2009년 4월 10일

지은이 | 박웅순 · 김재헌
펴낸이 | 채주희
펴낸곳 | 엘맨

등   록 | 제10-1562호(1985.10.29)
주   소 | 서울특별시 마포구 망원동 379-41
전   화 | 02-323-4060, 322-4477
팩   스 | 02-323-6416, 080-088-7004
메   일 | elman1985@hanmail.net

기   획 | 이종덕
편   집 | 명상완
마케팅 | 김연범(010.3767.5616)
마케팅지원 | 정수복 · 이정숙

정   가 | 12,000원
ISBN| 978-89-5515-290-6   03230

ⓒ 박웅순 · 김재헌 2009

하나님과 소통하는

최신
대표기도

박응순 · 김재헌 지음

엘맨

서문

　　사람들은 일반적으로 하나님의 말씀은 영혼의 양식이라고 하고, 기도는 영혼의 호흡이라고 말합니다. 이 말은 우리의 육체가 살아가기에 절대 필요한 두 요소를 음식과 호흡이라고 할 때 우리의 영혼이 살아가기에 절대 필요한 요소는 말씀과 기도라는 것을 가르쳐주는 말이라고 하겠습니다. 그렇습니다. 우리의 영혼이 건강하게 살아가려면 우리는 말씀을 읽고 들어야 하고, 또 기도하면서 우리의 영혼에 새로운 힘을 불어넣어야 할 것입니다.

　　하나님의 말씀은 읽는 가운데 성령의 역사를 체험하기도 하며, 설교를 들으면서 깊은 은혜를 체험하기도 합니다. 그러나 기도는 우리의 신앙을 고백하는 방법이기에 신앙을 입으로 고백해야 하는데 쉽게 되지를 않습니다.

더구나 이러한 기도를 많은 사람들을 대신해서 대표로 하게 된다면 신앙의 연조에 관계없이 두렵고 떨려서 마음의 고백을 다하지 못하는 경우가 많습니다. 초신자뿐만 아니라 교회의 중직들까지도 대표로 기도하게 될 때 제대로 하지 못하고 하였다 하더라도 중언부언하게 되는 경우가 대부분입니다.

왜 이런 현상이 벌어질까요?

물론 기도도 성령이 인도하셔야 한다는 것은 불문가지입니다. 그러나 기도도 훈련이라는 것입니다. 훈련이 없는 군인은 실전에서 제대로 싸우지도 못하고 위험에 처하게 된다는 것을 우리는 잘 알고 있습니다. 기도 또한 훈련을 제대로 하고 성령의 도우심을 받는다면 정말로 하나님이 원하시는 기도를 드릴 수 있을 것입니다.

여기서 사람들은 오해를 합니다, 기도를 사람들이 들으면서 은혜를 받는 것이라고. 그러나 기도는 사람들을 향해서 하는 것이 아니고 하나님을 향해서 올려드리는 것입니다. 요한계시록 5장 8절에 보면 "그 두루마리를 취하시매 네 생물과 이십사 장로들이 그 어린 양 앞에 엎드려 각각 거문고와 향이 가득한 금 대접을 가졌으니 이 향은 성도의 기도들이라"라고 했습니다.

'향이 가득한 금 대접을 가졌으니 이 향은 성도의 기도들이라' 는 말씀을 보면 기도가 사람들을 향해서 하는 것이 아니라 하나님께 올라가는 것임을 알 수 있습니다. 따라서 기도는 사람들이 들으라고, 사람들에게 은혜를 끼치려고, 사람들의 마음을 기쁘게 하려고 하는 것이 아님을 알아야 합니다.

이 책은 기도훈련의 교본이라고 할 수 있습니다. 특별히 대표기도하는 분들의 기도질서를 위해 반드시 읽어야 할 책입니다. 훈련을 통해서 마음과 신앙을 진실되게 고백할 수 있는 지침서로의 역할을 하게 될 것입니다. 무엇보다 하나님과 소통할 수 있는 기도의 내용과 훈련이 필요한 때에 이 책이 하나님과 소통의 도구가 될 것임을 확신합니다.

2009. 4.

CONTENTS

기도는 하나님의 축복

오늘을 사는 인류는 발달된 문화와 경제적 혜택 속에 풍요를 누리며 살고 있다. 그러나 이러한 풍요와 문명의 혜택이 있음에도 불구하고 사람들은 불안과 걱정, 쫓기는 삶 속에서 하루하루를 살아가고 있다. 이러한 모습의 이유 가운데 하나는 인류가 안고 있는 구조적인 문제일 것이다. 바로 인간 자신의 무능과 부족함과 그 무엇으로도 해결할 수 없고 채울 수도 없고 만족케 할 수도 없는 욕구가 그것이다. 하지만 크리스천은 그러한 욕구를 성령 안에서 조절할 수 있다. 그리고 진실로 필요한 부분은 기도를 통하여 하나님으로부터 채움을 받을 수 있다. 그런 의미에서 기도는 믿는 자에게 주어진 최대의 축복인 것이다.

신앙인들에게 있어서 최대의 무기는 바로 기도다. 기도는 하나님과의 관계 속에서 설정된 믿음으로 말미암아 주어진 신앙의 특권인 것이다. 자칫 기도를 하나의 은혜를 입는 수단으로 치부해버리는 경우도 없지 않지만 칼빈의 이해와 같이 기도는 분명히 믿음이 있는 신자의 믿음의 표현이자 기독교인들에게 진지한 가치가 있는 것이다. 이러한 가치 있고 소중한 신앙의 특권을 잃은 오늘날 기독교인들이 새로운 대안으로 마음의 안식처를 갈구하고 있지만 우리에게는 여전히 기도라는 안식처가 있음을 잊지 말아야 할 것이다. 이러한 맥락에서 기도에 대한 새로운 시각이 아닌 잃어버리고 망각하고 있는 기도에 대한 우리들의 이해를 성경적으로 다시 한 번 살펴보고자 하는 것이다.

1. 기도의 근거–언약

신자의 기도는 하나님과의 언약에 근거를 둔 신뢰할 만한 믿음의 무기이다. 언약이란 예수 그리스도의 십자가를 통해 이루어진 영원한 복음의 언약을 말한다.

언약 관계에 근거를 두고 하나님의 구원에 대한 감사와 찬양으로 구성된 기도 이해의 첫 번째는 구약에서 나타난다. 하지만 완성은 예수 그리스도의 은총과 중보에 근거를 두고 있다.

종교개혁자들, 특히 루터와 칼빈은 기도의 깊은 참 맛을 느끼려면 하나님과의 교제에 들어야가 한다고 말한다. 기도를 하나님과의 친밀한 대화라고 말한 칼빈은 기도를 은혜의 도구로써가 아닌, 믿음의 표현으로 다루면서 '하나님의 이름을 부름으로써 하나님의 섭리와 권능과 자비에 호소하고, 섭리를 통하여 하나님은 우리의 형편을 지키고 보호하시며, 권능으로 연약해서 쓰러질 듯한 우리를 붙드시고, 자비로 비참하게 죄의 짐을 지고 있는 우리를 은혜 가운데로 영접하심으로 하나님 자신을 완전히 나타내시도록 하나님을 부르는 것이 바로 기도'라고 설명한다.

신실한 영혼의 간구로 기도를 이해한 루터는 "신앙은 기도이며 기도 이외에 아무것도 아니다"라고 기도를 정의하면서 하나님의 명령에 대하여 기본적으로 복종Obedience하는 일을 강조하였다.

또한 기도의 성서적 구성을 통해 기도를 들어주시고 응답하신다는 하나님의 언약을 바탕으로 한 간구와 우리들의 기도를 들어주시고 하나님께 우리를 중보하시는 예수님, 이러한 기도가 전적으로 전능하신 하나님을 향한 전적인 의존에서 기인한다는 사실과 이러한 가운데 성령께서 끊임없이 우리를 위해 기도하시며 우리의 기도를 이끌어주신다는 것을 강조한다.

2. 기도의 자세―나의 포기와 그 나라에 대한 열망

우리 신앙인들이 시급히 정립하여야 할 기도 이해는 '인간적인 수단의 포기'에 있다. 자크 엘룰Jacques Ellul은 현재의 기도는 평안과 성취를 얻기 위한 기술이나 방법으로 이해되고 있다고 지적하면서 우리에게 성서적 의미에서 기도는 궁극적으로 인간적인 수단을 포기하는 것이라는 사실을 상기시켜준다.

그것은 '무력해지는 나의 능력의 한계, 즉 내가 갈 수 없었던 범위를 넘어서는 어떤 지점이 아니고, 모든 것을 결정하고 성취하시는 주님의 손 안에 벌거벗은 무방비의 상태로 자신을 맡기기 위하여 모든 인간적인 장치를 포기하는 것'이라고 했다.

또 하나 유의해야 할 것은, 기도의 궁극적인 목표가 무엇이냐 하는 점이다. 기도의 궁극적인 목적은 하나님을 영화롭게 하고 그의 나라를 확장하는 데 있다. "너희는 먼저 그의 나라와 그의 의를 구하라 그리하면 이 모든 것을 너희에게 더하시리라"(마 6:33)고 성경은 이를 증거한다.

하나님께서는 우리의 기도가 하나님의 일을 추진하는 도구가 될 뿐 아니라 기도를 통하여 하나님의 주권과 하나님의 역사하시는 계획을 세우는 도구가 되기를 원하시기 때문이다. 이것은 사실상 기도에 대한 궁극적인 관심이 하나님에게 있음을 보여주는 것이다. 실제로 천국을 섬기는 일은 정확히 하나님께 영광을 돌리는 것이다.

하나님의 영광이 세상 사람들 가운데 드러나게 하기 위한 기도는 하나님의 높은 뜻의 완성을 위해 하는 것이다. 이는 예수 그리스도께서 성육신하셔서 공생애를 통하여 보여주신 복음사역에서도 가장 두드러진 부분이기도 하며, 하나님과의 교제를 통해 신앙의 거룩한 열정을 회복시키는 지름길이기도 하다.

기도가 얼마나 필요한 것이며, 또한 직접적으로 기도를 하는 것이 얼마나 여러 가지로 유용한가를 말로는 도저히 설명할 수 없다. 하나님의 이름을 부르는 것이 '유일한 요새'라고 하나님께서는 확실하게 말씀하셨는데 그것은, 인간 삶의 모든 양상이 전부 기도에 의해서 영향을 받으며, 또 인간의 구원에 영향을 미치는 모든 것에 기도는 관여하기 때문이다. 따라서 우리는, 우리에게 필요한 모든 것과 우리가 갖고 있지 못한 모든 것이 하나님과 우리 주 예수 그리스도 안에 있음을 믿어야 할 것이다. 또한 넘쳐 흐르는 샘에서 물을 길어내는 것처럼 우리가 그리스도 안에서 은혜를 길어낼 수 있도록 하나님 아버지께서는 그리스도 안에서 자신의 모든 은혜의 풍성함을 두기를 기뻐하시는(골1:19; 요1:16) 하나님을 전적으로 의지해야 할 것이다.

기독교인들은 선택에 의해서든 필요에 의해서든 지금까지 존재해 왔다. 이는 기도가, 기독교의 교훈과 실제에 있어서 중요한 위치를 차지해왔다는 사실이며, 이것은 기독교 역사와 함께 살아온 사람들로 말미암아 인정되어 왔다 할 수 있다. 따라서 기도의 중요성은 지금까지 교회가 가르쳐 왔고 강조해 왔기 때문에 부연할 필요가 없을 것이다. 연약해서 쓰러질 듯한 우리를 자비로 은혜 가운데 인도하시며, 죄의 짐을 지고 있는 우리를 은혜로 붙드시는 하나님의 사랑을 우리는 늘 기도를 통하여 경험하기 때문이다. 따라서 이러한 기도에 대한 논의가 필요한 것은, 기독교 신앙에 있어서 기도가 중요한 만큼 다양한 기도의 신학적 체계와 성경적 접근을 통해 기도의 이해를 돕고자 하는 데 있다.

3. 신학이 필요한 기도

기도의 문자적인 뜻은 빌고 또 빈다는 것이다. 하지만 이렇게 빌고 비는 것이 기도라고 한다면 조상들이 드리던 치성과 별반 다름이 없다. 하나님은 빌고 또 빌기 때문에 복을 주시고 응답을 주시는 것이 아니라 확실한 약속을 주셨기 때문에 응답을 주시는 것이다. 그러므로 신자의 기도에는 신학적인 이해가 선행되어야 한다.

기도는 말씀을 통한 신앙의 기초를 성령의 감동을 통하여 더욱 확장시키는 것이다. 그런데 한국 교회의 성령 이해는 대개 두 가지 경향이 있다. 교리적인 테두리를 암묵적으로 밑에 깔고 자기가 확신하는 전제를 재확인하는 성령 이해가 있는가 하면, 또 한편으로는 자기 경험을 우선시하여 경건주의적으로 성령을 이해하는 경향이 그것이다. 이러다 보니, 성령에 대한 이해가 교리적인 틀 속에 갇혀 성경에 기초한 대화(해석학적인 순환)를 잃어버리거나, 아니면 주관적이고 경험적인 성령 이해를 하게 되는 경우가 대부분이다.

찰리 셰드Charlie W. Shedd는 다음과 같이 기도를 정의했다. "기도는 하나님의 뜻을 발견하는 것이며, 우리는 우리의 원하는 것을 얻기 위해 기도하지 않는다. 따라서 기도는 하나님이 우리에게 원하시는 것을 발견하기 위해 드리는 것이며, 우리는 하나님의 영광을 위한 도구가 되기 위해 기도한다"고 하였다. 해리 에머슨 포스딕Harry Emerson Fosdick은 기도란 하나님과 진지하고도 친숙한 대화를 나누면서 이루는 사귐이라고 보았다. 또한 헬렌 슈메이커Helen Smith Shoemaker는 그의 책 「효과적인 기도의 비결」에서 "기도는 행동으로 나타내는 사랑이며, 기도의 가장 중요한 요소는 하나님에 대한 사랑이다"[1]라고 하였다.

H. W. Frost는 "기도는 하나님을 향하여, 예수님의 이름으로, 성령의 전능으로 드려지는 하나님의 예배이다"라고 했다. 이와 같이 기도에 대한 이해는 다양할 뿐만 아니라 기도를 이해하는 내용도 사뭇 다름을 알 수 있다. 그러므로 기도를 간단명료하게 정의한다는 것은 얼마나 어려운가를 짐작할 수 있을 것이다.[2]

이처럼 기도에 대한 다양한 이해와 정의에도 불구하고 기도에 대한 일괄적인 개념 정의가 필요한 것은 신자의 기도가 이방인들의 기도와는 근본적으로 달라야 하기 때문이다.

영어에서 'pray'란 단어는 한 사람이 다른 사람들에게 부탁한다는 뜻으로 사용되고 있다. 우리는 성경에서도 이같은 예들을 찾아볼 수 있다. 그러나 인간이 인간에게 부탁한다는 뜻으로의 기도와, 인간이 하나님께 부탁한다는 뜻으로의 기도와는 본질적인 차이가 있다. 우리의 관심은 물론 후자에 있다.[3]

그러므로 웨인 스피어Wayne R. Spear는 "기도란 하나님께 말하는 (인간의)언어"

1) 박은규, 「기도의 신학과 생활」(서울: 대한기독교서회, 1999), pp. 24~28.
2) 이윤근,「기도론」(서울: 성광문화사, 1993), p. 35.
3) 웨인 R. 스피어, 「기도의 신학」, 지인성 역(서울: 대한기독교서회, 1990), pp. 16~17.

라고 정의하고 있는데, 이 언어는 감정의 표현으로써 '도움의 간청, 기쁨의 탄식, 사랑의 표현 등으로 나타난다' 고 기도를 정의한다.[4]

이와 같이 성경적인 기도는, 한편으로는 명상Meditation과 같이 단순한 정신적인 활동으로 구분되기도 하고, 다른 한편으로는 언어로 표현할 수 없는 육체적인 활동으로도 구분된다. 분명히 말해서 명상과 침묵의 기도를 구분한다는 것은 모호한 일이고, 또한 언어의 종류라고 말할 수도 있는 제스처와 그렇지 않은 것을 구분하는 것 역시 모호한 일이다. 우리는 명상이 기도의 형태이고, 자비의 행위 또한 기도라고 알고 있다. 의심할 것도 없이 성경에는 이러한 형태로 '기도' 란 말이 사용된 예가 많이 있다.

기도를, '하나님께 말하는 언어' 라고 정의할 때, 여러 가지 언어가 포함된다. 먼저, 우리가 하나님의 위엄과 전능하심을 깨달을 때 드리는 하나님을 경배하는 경배의 기도가 그것이다.(대상29:11) 또한 우리가 하나님의 축복을 받을 때는 감사의 기도를 하게 된다.(시136:1) 그리고 하나님의 거룩하심과 우리의 죄를 깨달을 때, 우리의 기도는 고백의 기도가 된다.(시51:4)

하나님께서는 제사를 기뻐하기보다는 상한 심령과 통회하는 마음을 더 원한다고 하셨다.(시51:16,17) 죄를 자복한다는 것은 기도의 대상자이신 하나님과 기도자인 우리가 올바른 관계를 수립한다는 것이다. 그러므로 죄의 자복이 바로 기도 그 자체인 것이다. 또한 하나님의 주권과 선하심을 깨달을 때, 우리는 순종의 기도를 드리게 된다.(시31:5) 마지막으로, 우리가 하나님의 축복을 충만하게 받으려 할 때, 간구의 기도를 드린다.(단9:19) 이와 같이 기도는 다양한 언어 즉, 경배, 감사, 고백, 순종, 위탁, 간청 등의 형태를 갖는다. 이 가운데서 마지막의 간청은 신학적인 의미에서 매우 중요한 것이다.

---

4) 홍성주, 「21세기 기도신학」 (서울: 도서출판 은성, 1996), p. 15.

이는 단순한 간청이 주기도문에 나타나 있기 때문만이 아니라, 기도에 관한 대부분의 물음이 간청과 연결되어 있기 때문이다.

간청, 다시 말해 소원을 구하는 기도를 우리는 '간구'라는 언어로 표현하곤 한다. 간구는 희랍어로 '데에세이스'로서 탄원, 기원, 간청 등의 뜻을 지니고 있다. 사실상 소원을 구하는 기도는 어떤 기도보다도 근본적이며 실제적이라고 하겠다. 간절한 간청의 기도는 마음을 겸비하게 할 뿐만 아니라 밖으로도 표출되어 행동으로 나타난다.

모르드개가 민족의 위태함을 알고 기도하는 모습이 바로 그러했다. 그는 '옷을 찢고 굵은 베를 입으며 재를 무릅쓰고 성중에 나가서 대성통곡'하였던 것이다.(에4:1) 기도는 경건한 사람의 의무만이 아니고 신자들의 분명한 종교의식의 언어였을 뿐만 아니라, 그것은 경건의 일부분이 아니고 경건 그 자체의 표현이었던 것이다. 용어적으로 살펴보면, 구약에서 기도를 뜻하는 데 가장 전형적으로 사용된 단어는 '팔랄'로서, 피엘(piel)형은 '간섭하다, 판단하다'라는 뜻을 가지고 있으며, 힛파엘(hithpael)형은 '중재하다, 기도하다'라는 뜻을 가지고 있다.

이 단어는 아라비아어인 'falla'(칼날을 뾰족하게 만들다)와 관련되어 있어서 예배 중에 열광적으로 자기 몸을 찌르는 이교도의 풍습을 반영하고 있다.(왕상18:28, 호7:14) 그러나 성경은 예배 중에 자기 몸을 찌르는 행위를 금지시키고 있다. 이 단어의 명사형은 '테필라'로써 시편에서 가장 많이 사용되었으며 심지어 다섯 편의 제목에서 이 단어가 사용되었다.(시17편, 86편, 90편, 102편, 142편)

동사인 '아타르'는 아라비아어 'atara'가 '희생제사를 드리기 위하여 살해하다'인 점으로 보아 일반적으로 희생제사의 개념을 기초로 하였으며(출8:28; 삼하24:15, 21:4), 때로 제사가 수반되지 않을 때도 있다.(대하33:12,13)

'카라'는 하나님의 이름을 찬양하거나 그 이름을 부르는 것과 관련되어 사용되었다.(창12:8, 13:4, 시116:2) '샤알'은 시편 27:4와 122:21에서 기원한다. '요구하다'의 뜻으로 사용되었고, 민수기 27:21과 여호수아 9:14에서는 '하나님의계시를 묻다'의 뜻으로 사용되었다.[5]

4. 기도의 모범–주님이 가르치신 기도

구약성경의 기도가 이스라엘 백성과 하나님 사이의 언약 관계에 근거를 두고 여호와 하나님의 구원에 대한 감사와 찬양에 깊이 관련된 것에 반해 신약성경의 기도는 그리스도의 은총과 중보에 근거한 기도라 할 수 있다. 이는 신약의 기도가 예수님의 기도를 중심부에 두고 있기 때문이다. 예수님은 친히 기도의 모범을 보이셨고, 기도에 관한 교훈을 남기셨다. 사도들과 스데반 및 바울 역시 예수님의 기도를 계승하고 있다. 예수님의 기도에 있어서, 기도란 궁극적으로 하나님의 뜻을 실현하는 것을 지향한다. 예수님은 기도의 대상이 아버지로서의 하나님인 것을 강조하고 있다. 이 호칭은 기도를 들으시는 하나님에 대한 확신, 기도 응답의 확실성을 말해준다. 그러나 나중에 기도의 대상은 하나님만이 아니라 예수님도 그 대상이 되셨다.[6]

주기도문의 청원은 4개로 이루어져 있다.

---

5) 이성주, 「기도의 신학」 (서울: (주)나눔터, 1994), pp. 15-16.
6) op.cit., p.47.

(1) 하나님 나라의 오심
(2) 일용할 양식
(3) 죄 용서에 대한 청원
(4) 사탄으로부터의 보호

주의 기도는 당시 유대인들이 사용하던 다른 기도문보다 훨씬 간단하고, 하나님 나라가 우선이라는 점이 특징이라고 할 수 있다.

1) 하늘에 계신 우리 아버지

예수님께서는 하나님을 '아빠'라고 부르도록 하셨다. 이것은 예수님에게서만 나타나는 특별한 용법이다. 하나님께서는 이스라엘을 택하셔서 자신의 아들로 삼으셨다.(출 4장23절)

예수님께서는 직접 하나님을 친근하게 '아빠'라고 부르셨고, 제자들에게도 그렇게 부르도록 말씀하셨다. 이는 우리가 하나님의 상속자라는 것을 의미한다. '아빠'라고 부르는 언어는 하나님의 사랑을 제일 먼저 강조하면서 동시에 하나님에 대한 우리의 의존과 순종을 표현하고 고백하는 언어이다. 하나님이 아빠이시기 때문에 우리를 속속들이 다 잘 아신다. 우리가 필요한 것들도 말이다.

2) 이름이 거룩히 여김을 받으시오며

하나님이 거룩하신 분이라는 것을 인정하는 것은 그분을 경외한다는 의미로 신령한 두려움이다. 특별히 하나님에 대한 두려움은 단순한 공포와는 다르다. 물론 인간이 하나님 앞에 서면 자신의 죄로 인해 영광스러운 하나님을 두려워할 수밖에 없지만, 단지 그 뿐만이 아니라 하나님이라는 신적 존재에 대한 피조물의 본능적인 낮아짐의 상태를 의미한다고 할 수 있다.

3) 나라이 임하옵시며

주기도문에서 가장 핵심이 되는 청원의 내용이다. 즉, 주기도문은 단순히 내가 필요한 것을 얻기 위한 기도가 아니라, 하나님의 나라가 이 땅에 이루어지기를 바라는 간절한 기원이다. 이것이 주가 되므로 따라서 나머지 모든 청원은 종속적이 된다. 이것은 정치적인 나라의 회복을 포함한 전 우주적 회복이다. 그런데 이 회복은 아담의 범죄로 인한 타락으로부터의 완전한 구속이 시작되고 또한 완성된다. 아담의 타락은 하나님의 주권을 스스로 취하고자 한 반란이다. 이로부터의 회복이란 곧 하나님의 통치를 의미한다. 하나님의 통치의 회복은 관계의 회복으로 이루어진다.

4) 오늘날 우리에게 일용할 양식을 주옵시고

영적인 것을 추구한다고 해서 우리의 육적인 필요가 도외시 되어서는 안 된다. 그러므로 생명을 가능하게 해달라는 기도는 정당하다. 이것은 하나님을 의지하는 삶의 자세를 나타낸 것이기도 하다. 하나님이 없다면 인간의 삶은 죽음뿐이다. 또 이것은 무엇을 달라고 하는데 목적이 있는 것이 아니라, 하루하루 하나님만을 의지하며 나가겠다는 신앙의 고백이기도 하다. 인간은 스스로의 힘으로 먹고 사는 것이 아니다. 자신이 가진 것만으로 살아가려고 하는 사람에게는 슬픔만이 있을 뿐이다. 매일매일 하나님을 의지하는 삶을 살게 해달라는 것, 이것이 주기도문에 담겨진 '일용할 양식' 의 진정한 의미이다.

5) 우리가 우리에게 죄 지은 자를 사하여 준 것 같이 우리의 죄를 사하여 주옵시고

이 부분을 자칫 잘못 이해하면 우리의 죄 용서를 바탕으로 하나님으로부터 죄 용서를 얻겠다는 뜻으로 이해할 수 있는데, 사실은 일종의 서약이다. 자신이 용서 받았음을 확신하면서 다른 사람이 내게 한 잘못을 용서하지 않는 것은 부적절한 것이다. 따라서 자신도 다른 사람을 용서하겠다는 각오의 내용으로 해석해야 한다.

6) 우리를 시험에 들게 하지 마옵시고 다만 악에서 구하옵소서

하나님은 우리를 직접적으로 시험하시지는 않는다. 유혹으로 이끄는 것은 사탄이 하는 일이다. 유혹에 빠지지 않기를 기도하는 것이다. 그 유혹은 하나님이 아닌 사탄으로부터 유래한 것이다. 깨어서 기도해야 할 부분이다. 아직 사탄의 통치는 완전히 끝나지 않았기 때문이다.

7) 대개 나라와 권세와 영광이 아버지께 영원히 있사옵나이다

이 부분은 우리의 기도에서 송영에 해당하는 부분이다. 원문을 직역하면 '이는 나라와 권세와 영광이 영원히 아버지의 것이기 때문입니다' 로 해석이 가능하다.

5. 기도의 적용

신약성경에서 기도를 뜻하는 데 가장 빈번히 사용되면서 포괄적인 의미를 가지고 있는 단어는 '프로슈로마이' 다. 세속 헬라 세계에서는 기도할 때에 신들을 흡족케 할 만한 제물을 동반하였다. 따라서 기도는 간구나 기원의 형태를 띠게 되었는데 이러한 배경을 근거로 이 단어는 기원이

나 간구의 뜻을 갖게 되었으며, '기도하다' (마5:44, 행9:11) 또는 '간구하다' (롬 8:26)의 의미로 사용되었던 것이다. 그런데 사도행전에서는 자주 나타나지만 요한복음이나 요한 서신서들에서는 한 번도 쓰이지 않았다.

신약성경의 기도에 나타나는 특징은 간구이다. 하나님께 간구한다는 것이 신약성경의 기도에 대한 유일한 요소는 아니지만, 하나의 중요한 요소가 된다. 자기 자신을 위하여 '간구 한다' (마5:44, 행9:11, 엡3:13), '청하다' (행9:2, 12:20)라는 뜻을 가진 '아이테오' 라는 동사는 원래 '어떤 것을 요구하다' 라는 의미를 지니고 있다. 이 단어는 4복음서와 사도행전에서 비슷한 횟수로 쓰였으나(마:14회, 막:9회, 눅:11회, 요:11회, 행:10회), 바울서신에서는 거의 나타나지 않는다.(고전:1회, 골:1회, 엡:2회)

그런가 하면 '고뉘페테오' 는 '무릎을 꿇다' (마27:29), '꿇어 엎드리다' (막1:40), '꿇어앉다' (막10:17)등으로 사용되었다. 동방에서는 무릎을 꿇는 관습이 있었는데, 후에 헬라 세계에도 퍼져 노예가 주인 앞에서 혹은 기도자가 신 앞에서 이러한 자세를 취했다.

이 자세는 기도의 내용이 긴박하거나(마17:14) 간절할 때 취하였다.(눅22:41) 또 '데오마이' 는 '부족하다, 곤궁하다' 등의 의미를 지녔다. 후에 신약성경에서 이 단어는 '빌다' (행4:31), '간구하다' (고후5:20; 살전3:10), '청하다' (마9:38, 눅9:38, 행8:34) 등으로 사용되었다. 간구하는 목적이 타인을 위한 것이었을 때는 '중보 하다' 라는 뜻으로 쓰이기도 한다.(롬10:1, 고후1:11)

'프흐스퀴네오' 는 '입을 맞추다' 라는 뜻을 가지고 있었다. 후에 이것은 '경배하다' (마4:9, 고전14:25, 계5:14), '예배하다' (요4:29-21, 12:20, 행8:27) 외에도 '절하다' (마8:2, 15:25, 행7:43, 계9:20)라는 뜻으로 사용되었다.

이는 지신(地神)이나 신상에 입을 맞추기 위해 엎드려야 했기 때문인 것으로 생각된다. '에로타오' 는 '구하다, 질문하다' 라는 의미로 고전 헬라

어에서 쓰였으며 신약에서도 비슷한 뜻으로 사용되었다. '에로타오'는 신약에서 62회 쓰였는데, 특히 요한복음에서 많이 나타나며 대체로 '청하다' (마15:23), '간구하다' (막7:26), '묻다' (막4:10) 등으로 사용되었다. 이와 같이 신약의 기도는 찬양, 감사, 고백, 간구, 기원 등의 뜻을 포함하여 상당히 다양하고 광범위한 형태로 나타나는 것을 알 수 있다.

6. 루터 Martin Luther 와 칼빈 John Calvin 의 기도

1) 루터 Martin Luther

루터는 무엇보다도 기도의 사람이었지만, 그의 학생들이 자신의 기도하는 골방까지 들어오는 것만은 막아냈기 때문에 그의 설교와 대화에 비해 그의 기도는 그리 많이 남아 있지 않다.[7]

신실한 영혼의 간구로서 기도를 이해한 루터는 '신앙은 기도이며 기도 이외에 아무것도 아니다'라고 기도를 정의한 루터의 기도는, 하나님의 명령에 대하여 기본적으로 복종 Obedience 하는 일이었다. 기독교인들이 비참한 어려움이나 절망에 빠졌을 때에는 기도로서 꽉 붙잡고 하나님에게 도움을 외치는 것 이외에는 아무런 다른 위안이나 조언이 없다[8]고 믿은 마틴 루터는 주님이 가르쳐 주신 기도나 시편에서 보는 바와 같이 기도는 마음의 생각을 단순하게 나타내는 표현이라고 이해하면서 기도는 열성적이 되어야 하고, 동시에 감사와 기쁨으로 드려져야 한다고 강조하였다.

이미 구약에서 믿음의 조상들과 교회의 전통을 통해, 그들의 기도에는 항상 간구와 감사가 함께 들어 있었고, 기도하는 자는 자신의 기도를 들

---

7) 롤란드 베인톤, 「마틴 루터의 생애」, 이종태 역 (서울:생명의말씀사, 1994), p. 382.
8) 도널드 G. 블러쉬, 「기도의 신학」, 오성춘, 권숭일 역(서울: 한국장로교출판사, 1996), p. 151.

어주실 것이라는 생각을 갖고 하나님께 대하여 믿음과 확신을 보여주는 것이며 진지하게 소원해야 하며, 이럴 때 기도가 받아들여지는 것이며 때때로 우리가 구한 것보다 더 좋은 것으로 응답해 주신다는 믿음을 가져야 한다고 루터는 강조하였다.[9]

루터의 기도는 크게 네 가지로 이해할 수 있다.

첫째, 기도의 강도를 높이고, 설득의 형식에 의해 기도를 더 효과적으로 만든다는 기도의 방식으로서, '간청'이 그것이다. 이는 우리가 하나님에게 그의 아들, 그의 약속들, 그의 이름을 의지해서 간청하는 것이며, 기도는 청원에 의해 더욱 활기차게 되고 간구에 의해 절실해지며 감사에 의해 만족하게 받아들여질 만한 것이 된다고 강조한다.

둘째는, 응답의 확신을 가지고 기도해야 한다는 것이다. 페이지를 세거나 구슬을 세듯이 기도하는 것이 아니라 우리 마음을 몇 가지 절박한 필요에 고정시키고서 그것을 간절히 바라면서, 또한 그 문제에 있어 우리가 하나님을 향한 확신과 믿음을 연마하여 우리가 반드시 응답 받을 것이라는 사실을 의심하지 말아야 한다는 것이다. 그러면서 루터는, 기도는 믿음의 특별한 연습이라고 말한다.

세 번째로는, 초라한 인간 피조물이 하늘에 계신 높고 위엄하신 하나님과 말할 수 있다는 것, 그리고 두려워하기보다는 반대로 하나님이 그 사랑하시는 아들 그리스도 때문에 그에게 미소 짓는 것을 안다는 '신을 향한 마음의 고양(高揚)'이 그것이다.

마지막으로는 성자들에 대한 숭배의식으로 하나님은 천사들이나 성자들이 우리들을 위해 중재해 주도록 요청하라고 우리에게 명령하시는 하

9) 정홍호, 「글로벌시대의 기도선교 방정식」(서울: 예세아연합신학대학교 출판부, 2000), p. 39.

나님의 말씀은 단 한마디도 없다는 사실이다.[10]

2) 칼빈[John Calvin]

기도를 하나님과의 친밀한 대화라고 말한 칼빈은 기도를 은혜의 도구
로써가 아닌, 믿음의 표현으로 다루었다.[11] '하나님의 이름을 부름으로써
하나님의 섭리와 권능과 자비에 호소하고, 섭리를 통하여 하나님은 우리
의 형편을 지키고 보호하시며, 권능으로 연약해서 쓰러질 듯한 우리를 붙
드시고, 자비로 비참하게 죄의 짐을 지고 있는 우리를 은혜 가운데로 영
접하심으로 하나님 자신을 완전히 나타내시도록 하나님을 부르는 것이
바로 기도'라고 설명한다.[12]

즉, 인간에게는 선한 것이 전혀 없으며, 구원에 도움이 되는 것 또한 전
혀 없는데 곤경에 처한 자신을 구원할 힘을 찾으려면, 인간은 자기 자신
의 밖으로 나아가 다른 곳에서 그 힘을 구해야 한다는 것이다. 그러기 위
해 우리는 믿음으로 가르침을 받아서, 우리에게 필요한 것과 우리에게 없
는 것이 하나님과 우리 주 예수 그리스도 안에 있다는 것을 알게 되었다.

성부께서는 그의 풍성한 은혜가 그리스도 안에 있게 하셔서, 마치 우리
가 넘쳐흐르는 샘물로부터 물을 퍼내듯이 그리스도로부터 모든 은혜를
얻도록 하셨으며, 우리는 단지 그리스도 안에 있는 것을 구하며, 우리가
그리스도 안에 있어야 한다고 배운 것을 기도로 그에게 구해야 한다고 강
조한다.[13]

---

10) 휴 T. 커어, 『루터신학 개요』, 김영한 역(서울: 한국장로교출판사, 1991), pp. 157-63.
11) 웨인 R 스피어, op.cit., p. 10.
12) 존 칼빈, 『칼빈의 기도론』, 김정주 역(서울: 반석문화사, 1992), p.12
13) 휴 T. 커어, 『칼빈의 기독교 강요』, 유원열 역(서울: 기독교연합신문사, 2001), p. 166.

그러면서 그는 기도의 네 가지 원칙을 제시하였다.

첫째 원칙으로 하나님과 대화하는데 적합하도록 우리 마음과 정신을 가다듬어야 하는 경외심이다. 이는 참으로 하나님을 바르고 순수하게 묵상하지 못하도록 만드는 육적인 염려나 생각에서 벗어나 기도에만 마음을 기울일 뿐 아니라 가능한 한 자기를 초월하여 마음을 높이 들도록 하자는 것이다. 그렇다고 어떠한 불안으로도 찔림을 받거나 괴로움을 당하지 않을 정도로 마음이 초연하기를 요구하는 것은 아니다. 도리어 심각한 근심거리는 우리로 하여금 기도하고 싶은 마음이 간절하게 하기 때문이다. 다만 하늘에서 땅으로 끌어내리는 이질적이고도 외적인 염려를 모두 털어버려야 한다는 것이다. 즉 맹목적이고 어리석은 이성이 궁리하는 바를 그대로 하나님 앞에 가지고 나오거나 공허한 이성의 한계 속에서 맴돌지 말고 마음을 승화시켜 깨끗한 마음을 품음으로써 하나님과 교제할 만한 마음의 준비를 갖추어야 한다는 뜻이다.[14]

두 번째의 원칙은, 우리가 기도할 때에 우리 자신의 무력성을 항상 느끼고, 우리가 구하는 모든 것들이 우리들에게 얼마나 필요한가를 진지하게 생각하며, 그것을 얻기 위한 성실하고도 강력한 소원을 기도에 담아야 한다는 것이다. 왜냐하면 많은 사람들이 일정한 형식의 기도를 마치 하나님께 대한 의무를 이행하듯이 기계적으로 읊어버리기 때문이다. 여기에서 하나님을 진실하게 경배하는 사람들만이 올바른 기도를 드릴 수 있으며, 하나님께서는 그 기도를 들으신다는 결론이 나온다.

그러므로 기도를 준비하는 사람은 누구나 자기 자신의 악한 행위를 미워하고, 자신을 거지와 같은 인격과 처지가 되게 해야 한다.[15] 즉 자신의

---

14) 존 칼빈, 「칼빈의 기도론」, op.cit., pp. 16-17.
15) 휴 T. 커어, 「칼빈의 기독교 강요」, op.cit., p. 169.

궁핍함을 절실히 느끼고 회개하는 마음이 있어야 한다는 것이다.

세 번째의 원칙은, 자신에 대한 신뢰감을 모두 버리고 겸손히 용서를 구해야 한다. 즉 누구든지 하나님께만 온전히 영광을 돌리며 겸손한 마음으로 기도하기 위해서는 자기 자신의 영광에 관한 생각을 일체 포기하고, 자신의 가치에 대한 생각을 일체 버려야 한다. 요컨대 일체의 자신감을 물리쳐야 하는 것이다. 그렇지 않고 행여 눈곱만치라도 자신의 무엇을 주장한다면 쓸데없이 오만해져서 결국은 하나님 앞에서 멸망하게 될 것이다.[16] 또한 겸손하고 성실하게 죄를 고백하면서 죄를 용서해 달라고 비는 것이 올바른 기도를 하는 준비이자 첫출발이라고 칼빈은 지적한다.

아무리 거룩한 자라도 하나님과 아무 거리낌 없이 화해하기 전에는 그로부터 아무 것도 얻기를 바라서는 안 되며, 하나님 또한 하나님께 이미 용서받은 자 아닌 누구에게도 우연히 자비를 베푸시는 법이 없기 때문에 시편의 여러 말씀에서 알 수 있는 바와 같이, 신자들이 이 열쇠로 기도의 문을 스스로 연다는 것은 의심의 여지가 없다. 그래서 다윗은 죄를 용서해 달라고 할 때가 아닌 다른 것을 위해 기도할 때도 "여호와여 내 젊은 시절의 죄와 허물을 기억하지 마시고 주의 인자하심을 따라 주께서 나를 기억하시되 주의 선하심으로 하옵소서"(시25:7), "나의 곤고와 환난을 보시고 내 모든 죄를 사하소서"(시25:18)라고 말하며 죄사함 받기를 간구하였던 것이다.

또한 여기에서 오래 전에 지은 죄에 대해서는 잊어버리고 최근에 지은 죄에 대해서만 그날그날 자책하는 것만으로는 충분치 않다는 것을 알 수 있다. 다윗은 시편의 다른 곳에서 자기의 중대한 범죄를 고백하면서 동시에 자기가 죄악에 물들게 된 모친의 태로 거슬러 올라가고 있다.(시51:5)

---

16) 존 칼빈, 「칼빈의 기도론」, pp. 26~27.

그것은 본성이 부패했다는 이유를 들어 자기의 죄악을 가볍게 하려는 것이 아니라, 자기 전 생애의 죄를 결산하는데 있어서 엄하게 자신을 책망할수록 하나님을 만나고자 하는 간구가 더 쉬워지기 때문이다. 성도들이 항상 많은 말로 죄의 용서를 비는 것은 아니지만, 성경에 나타난 그들의 기도하고 싶은 마음은 하나님의 자비로부터만 생겨났으며, 그렇기 때문에 그들은 항상 하나님의 화를 풀어드리는 것으로 기도를 시작한다는 사실을 쉽게 이해할 수 있다. 누구든지 가슴에 손을 대고 물어 보라. 자기의 걱정거리를 하나님께 맡길 만큼 하나님과 친한 사람이 있는가. 하나님은 자비하신 분이며, 죄를 용서하시는 분이라는 사실을 염두에 두지 않고는 감히 누구도 두려워서 하나님 앞에 나아가지 못할 것이다. 즉 죄사함 받기를 간구한다는 것은 기도에 있어서 가장 중요한 부분이라고 칼빈은 주장하고 있다. 이러한 칼빈의 기도 이해는 하나님 앞에서 기도하는 사람은 겸손하게 영광을 전적으로 하나님께 돌려야 함은 물론이려니와 자기 자신의 영광에 대한 모든 생각을 버리고, 자기 자신이 가치 있다고 생각하는 모든 관념을 버려야 한다는 것으로 이어지며, 이것은 우리의 허영과 교만은 하나님 앞에서 멸망하게 될 것이라는 것을 말해준다.

마지막으로 칼빈은, 확실한 소망을 갖고 기도함을 기도의 원칙으로 여겼다. 즉 우리가 진심으로 겸손해져서 마음이 낮아졌다 할지라도, 기도가 응답되리라는 확실한 소망을 가지고 기도해야 한다는 것이다. 우리가 어떤 은혜를 하나님께 간구하면서 그것을 받으리라고 기대하지 않는다면, 믿음이 없는 우리를 하나님께서는 노여워하실 것이기 때문이라는 것이다. 기도는 우연히 나오는 것이 아니라 믿음의 인도를 따르는 것이기 때문이다.[17]

---

17) 휴 T. 커어, 「칼빈의 기독교 강요」, op.cit., p. 170.

자크 엘룰은 자신의 책 「기도와 현대인Prayer and Modern Man」에서 기도에 임하는 자신에 대해 다음과 같은 의미 있는 고백을 했다. "우리 시대 사람은 어떻게 기도해야 하는지 알지 못한다. 그보다 더 심각한 것은 기도에 대한 욕구나 필요성을 지니지 않고 있다는 점이다…‥나는 그런 사람 하나를 알고 있다. 나는 그를 잘 알고 있다. 그는 바로 나 자신이다." 이는 기도를 안정과 완성을 얻기 위한 기술이나 방법이라고 이해하는 현대적 관점을 비판하면서 성서 안에 있는 기도가 인간적 수단을 포기하고 하나님의 손에 나 자신을 맡기는 것임을 강조하는 엘룰의 고백이기도 한 것이다. 현대인의 주변에 있는 것들은 대체로 기도의 걸림돌일 뿐, 기도하도록 유도해 주는 것은 아무것도 없는 것이 현실이라고 그는 지적한다. 이것은 칼빈이 언급한 대로 기도를 은혜의 한 수단으로 인식하는 것을 경계하는 것과 상통하기도 한다.

자크 엘룰은 기도를 세 가지 형태의 전투로 설명하고 있다.

첫째는 자신에 대한 전투이다. 하나님께로부터 분리된 자아는 자신의 자아를 포기함으로써가 아니라 그 자아를 하나님께 완전히 드림으로써 정복되며, 하나님을 기도의 중심이 되게 함으로써만 자신의 자아는 정복될 수 있고 온전함은 회복된다는 것이다.

두 번째의 기도는 우리를 신실한 행위 속으로 끌어당기는 하나님의 투쟁이거나 전투이며, 끝으로 희망 없음에 대항하는 기도이다. 이는 기도를 궁극적인 희망의 행위로 본 것이며, 기도는 마치 하나님의 왕국이 이미 실현된 것처럼 우리로 살게 하기 때문이며, 기도는 비타협과 신실성의 철저한 행위로 설명하고 있다.

그러면서 그는 기도를 통하여 신의 역사와 미래를 창조하는 일에 기여하며, 기도는 모든 면에서 현대 세계를 위협하는 죽음에 대한 승리라고

이해했다.[18]

광신적인 기도에 대해 비판적인 그는, 광신적인 기도는 훈련된 기도와 상반된 기도로 흥분에 휩싸인 채 드리는 기도에 불과하며, 그들의 경건성은 훌륭하지만 일관성이 부족하다고 비판하였다.

또한 자크 엘룰은 남을 위한 행위는 따르지 않으면서 그저 좋은 기분을 느끼는 것으로 만족하는 기도, 실제로는 봉사하지 않으면서 그저 기도만 하는 이런 기도는 정작 해야 할 행동에 대한 대치물이며 편안한 양심을 유지하기 위한 값싼 방법이라고 비판하였다. 그러면서 그는 이처럼 신도들의 기도가 하나님의 뜻에서 멀어질 수밖에 없는 이유를 생활자체가 달라졌기 때문이라고 지적하였다. 그에 따르면, 신학은 기도의 중요성을 일러주지만 기도하지 않는 사람에게 무슨 소용이 있는가 하는 반문과 함께 기도하지 않는 사람 앞에서는 신학이 그 힘을 모두 잃어버리고 만다고 말한다.[19]

결론 – 대표기도의 어의와 정의

대표기도는 인간과 하나님 사이에서 이루어지는 상관관계에서 회중을 대표하여 드리는 기도이다. 기도에 대한 히브리어 '따라쉬타'의 기본 동사인 '따라쉬'는 '구하다, 방문하다, 꾼다, 요구하다'라는 뜻인데 이것은 어떤 장소나 인물을 찾기 위해 방문하는 것을 의미하며, 주께 어떤 것을 요구하는 것으로도 쓰인다. 즉 구한다는 것은 인간의 노력을 말하는 것이요, 이 말속에는 명령받아진 것, 또는 주어진 것을 찾아간다는 의미도 내포되어 있는데 하나님께서 인간에게 제시하신 길을 찾아가며, 그 길을 묻

---

18) 홍성주,op.cit., pp. 27-28.
19) 박은규,op.cit., p. 34.

는 행위를 기도로 표현할 수 있는 것이다. 또 '아나니'의 기본형인 '아나'는 '대답하다'라는 뜻으로 원래 재판에서 증거를 제시하는 것을 의미하는데 종종 하나님께 대해 사용할 때는 기도에 대한 응답으로 표현되며 이때 인간의 어떤 행위가 선행되는 것이다.[20] 하나님은 구하는 자에게 주시며 찾는 자에게 얻게 하신다.

1) 대표기도는 성부께 하는 것이다.

성경에 계시된 하나님은 우주와 인간을 만드신 창조주이시다. 인간은 모두 하나님께로부터 왔다. 이와 관련하여 스티어Douglas V. Steer는 "모든 그리스도인의 기도의 근거는 자신이 하나님께 의존하고 있음을 승인하는 것이다"라고 했다.[21] 우리는 우리의 것이 아니라 하나님의 것이라는 사실이다.

이처럼 기도는 예수 그리스도 안에서 하나님의 자기 계시의 변할 수 없는 사실과 성령에 의하여 우리의 마음 안에서 그것을 확실히 하는 것 위에 존재한다. 따라서 기도의 깊이와 넓이를 바로 알기 위해서는 그와 같은 기도를 시작하게 하시는 하나님의 속성을 알 필요가 있는 것이다.

이 하나님은 첫째로 인격적인 영이시다. 그는 스스로 계시며, 존재하는 모든 것의 근원이시다. 그의 존재는 존재함으로서만 아니라 삼위의 일체로서 역시 공존하신다. 그는 그 자신 안에서 교제하기 때문에 인간과도 교제하실 수 있는 것이다. 성경은 이렇게 하나님을 살아 계신 하나님으로 분명히 증거하고 있다. 결코 철학적인 제 1원리나 도덕적인 이상이 아닌 것이다. 시편기자의 표현을 보면, "귀를 지으신 이가 듣지 아니하시랴 눈

---

20) 리재학, DTP 교리강해 연구5 (서울: 선린출판사, 1990), p. 52.
21) 박은규, op.cit., pp. 109-110.

을 만드신 이가 보지 아니하시랴"(시94:9)라고 고백하고 있는데 이는 살아 계신 성부 하나님을 생생하게 묘사하고 있다. 시편 기자가 고백한 하나님은 인간적인 특성을 무한히 초월하심과 동시에 무한한 능력자라는 것이다.

그는 무한한 사랑을 지녔으며 인격적으로 무한하신 하나님이시다. Francis Schaeffer 하나님은 자신과 함께 교제할 사람을 찾는 사교적인 분이시다. 그와 같은 하나님은 기도를 통하여 만날 수 있을 뿐만 아니라 자녀들의 요청에 따라 행동하는 힘을 가지고 있다.[22] 성경의 하나님은 단지 우리가 교제할 수 있는 개인적 영으로만 묘사하고 있지는 않는다.

성경은 그의 존재가 항상 반복되고 불가피한 유일한 분이며 신학적으로는 편재하는 분이라는 것을 나타내고 있다. 하나님은 우리 주위에 계시고 우리 위에 계실 뿐만 아니라 우리 안에도 계신다.(엡4: 6) 그는 최고의 존재일 뿐 아니라 동시에 모든 것의 근원이며 중심이다. 그는 우리가 우리 자신에게 가까운 것보다 더 우리에게 가까이 있다. Augustine

그는 우리의 한 부분으로 있는 것이 아니고, 우리와 함께 우리를 위하여 있는 것이다. 그는 우리의 존재의 한 모습으로가 아니라, 우리의 존재의 살아있는 중심으로 우리 안에 있다. 그는 모든 것 안에 공간적으로 있는 것이 아니고(범신론과 같이), 모든 것이 그의 영에 접근하기 쉽다. 그가 항상 존재할지라도 그를 부르는 것은 마땅하다. 왜냐하면 사람이 가까이 있을지라도 그 사람을 초대하는 것이 일반적인 예의이기 때문이다. 이것은 하나님이 편재하시기 때문이다. 따라서 그는 모든 것을 보시고, 모든 것을 아신다. "여호와의 눈은 어디서든지 악인과 선인을 감찰하시느니라".(잠15:3)

---

22) 도널드 G. 블러쉬, 『기도의 신학』, pp. 45-46.

또한 하나님은 우리가 우리의 필요를 가지고 그에게 가기 전에 그는 그것을 안다고 성경은 기록하고 있다.(마6:8) 시편 기자는 이 부분에 대하여, "여호와여 내 혀의 말을 알지 못하시는 것이 하나도 없으시니이다"(시139:4)라고 고백하고 있으며, 또한 "하나님의 지혜는 측량할 수 없다"(시147:5)고 하나님을 찬양하고 있다. 이처럼 살아계시고 편재하시는 능력의 성부하나님을 절대적으로 신뢰하며 그분께 주 예수의 이름으로 나아가 기도하는 것이 대표기도의 가장 기초이다.

2) 대표기도는 믿음으로 해야 한다.

대표기도는 믿음으로 해야 한다. 믿음은 어느 하나라도 하나님의 능력 없이는 존재하지 않는다. 대표기도를 위한 믿음의 예는 아브라함에게서 찾을 수 있다. "믿음이 없어 하나님의 약속을 의심하지 않고 믿음으로 견고하여져서 하나님께 영광을 돌리며 약속하신 그것을 또한 능히 이루실 줄을 확신하였으나".(롬4:20-21)

그분은 그의 거룩한 의지에 따라서 응답하시는 것이지 기도하는 우리가 원하고 요청하는 것에 따라서 응답하는 것은 아니라는 사실이다.(요 2:4)

이처럼 전능자이신 하나님은 원래 우리에게 예속되지 않지만, 그는 계약(언약)의 상대방의 역할로서 그의 목적을 성취하기 위하여 그 자신을 예속시킨다. 그렇다고 그의 통치권은 손상되는 것이 아니라 도리어 죄 많은 인간에게 자신을 낮춤으로 더 확실해진다는 사실이다.

예수 그리스도 안에서 계시된 하나님은 또한 초월적인 분이시다. 그는 창조주이시고 우리는 제한된 피조물이다. 그는 그의 영으로 우리 안에 들어오시지만, 그는 결코 우리의 한 부분이 아닌 것이다. 그는 우리 존재의 중심이지만, 그가 우리에게 접근하지 않고서는 우리가 그에게 접근할 수 없다. 그는 눈에 보이지도 않고 마음으로 이해될 수도 없다.(사50:10, 고전2:9~11) 그는 신비에 싸여 있기 때문에, 우리는 두려움과 존경의 마음으로 그에게 접근해야 한다.

그는 초자연적인 하나님이시고, 모든 제한된 존재를 넘어 존재하는 분이다. 성육신한 이유는 그가 우리와 같이 되어서 우리가 그를 알 수 있도록 하여 그와 교제를 할 수 있도록 하기 위해서인 것이다. 이 부분에 대한 성경은, 열두 해를 혈루증으로 앓던 여인이 예수의 옷 가에 손을 댄 후 두려움과 공포에 휩싸였던 사실을 잘 묘사하고 있다. 바로 그것은 절대자 하나님의 옷 가에 하찮은 피조물의 신분으로 손을 댔다는 사실이 바로 두려움과 떨림과 공포였다는 것이다.

그러나 즉각적으로 이루어진 예수님의 위로와 공포로부터의 해방 선포가 절묘하게 그려지고 있다.(막5:27~34) 이처럼 참 하나님은 멀리 있는 것도 아니고, 그렇다고 직접적으로 접근하기 쉬운 것도 아니다. 그는 매우 가까이 다가올 것 같지만, 그러나 역시 높이 솟아있어서 인간이 접근하기 어렵다. 그러나 이것이 우리와의 접촉을 결코 제한하지는 않는다. 그는 세상 안에 갇혀 있지는 않지만, 세상을 향하여 존재하기 때문이다.[23]

3) 대표기도는 언약을 바탕으로 해야 한다

언약이란 어떤 일이 제한되고 소정의 보상이 돌아올 것을 약속하는 쌍방 간의 상호 합의이다. 영원한 언약에 있어서는 성부 하나님과 성자 하나님 예수 그리스도가 이 언약의 쌍방이셨다. 또한, 성경에서는 구약을 바탕으로 한 옛 언약과 신약을 중심으로 한 새 언약에 대하여 말하고 있다. 구약성경을 바탕으로 한 옛 언약에 있어서 중심 사상은 계명 준수에

---

23) Ibid., p. 50.

따른 약속과 그 관계를 중요시함을 알 수 있다.

구약성경에서 여호와 하나님의 약속은 약속이라는 말로 나타나지 않는다. 히브리어에 약속이라는 단어가 없으나, 언약사상(약속개념)은 고대 전승에 지배적으로 흐른다. 하나님의 입에서 나온 말씀은 엄숙한 약속으로의 가치가 있을 뿐 아니라, 약속이라고 번역된 우리말 성서의 히브리 원어가 말씀인 경우가 많기 때문이다.

하나님의 말씀은 특별히 맹세나 선서로 보강될 필요가 없게 느낀 것은, 하나님은 그의 입으로 한 약속을 지키신다는 신념이 있었기 때문이다. 하나님의 언약은 대개 두 가지로 나눌 수 있는데, 첫째는 아브라함에게 주신 언약으로(창13:1-3, 13:16, 14:5, 15:7-18, 17:3-8, 22:15-18), 그것은 이삭(창26:3)과 야곱(창28:13-14)에게 반복 갱신되었다. 하나님이 주신 두 번째의 언약은 다윗과 그 후손들에게 약속한 주권으로(삼하7:12, 16:28-29) 이 언약 역시 나라의 장래에 대한 그 중요성을 힘입어 여러 번 반복 언급되었다.(왕하8:19, 대상17:26-27, 대하1:9, 7:18, 21:7, 시132:11-12)

다윗 시절은 가나안에서의 이스라엘 역사 기간 중 가장 이상적인 시기였으며, 이 약속에 대한 기억은 하나님 백성의 장래를 생각할 때마다 중요한 역할을 하였다. 이것은 신약에 영향을 준 중요한 사상, 즉 메시아 사상과 종말론 사상의 모체이며, 장차 있을 진짜 약속의 땅에서 그의 백성에게 내리실 하나님의 선물이요 이스라엘의 희망인 하나님 나라이며, 그 백성에게 주실 왕, 즉 메시야는 새 다윗이요 다윗의 후손이었기 때문이다.[24] 이 약속에 근거한 기도만이 올바른 대표기도라 할 수 있을 것이다. 대표기도를 하러 나가서 자신의 환상을 본 것을 말하거나 마음에 계시가 온 것을 하는 것은 비성경적이요, 비신앙적 행위임을 알아야 한다. 우리

24) 구덕관, 「구약신학」(서울: 대한기독교서회, 2000), pp. 40-41.

는 기도할 때 '우리를 도우소서' '……을 우리에게 주소서' 라고 기도하는 경우가 많다. 그러나 성경이 말하는 성숙한 기도는 하나님의 나라와 그 의를 먼저 구하는 것이다. (마 6장33절)

　이러한 성숙된 기도가 필요한 것은 하나님과 언약관계 안에 있을 때 우리는 하나님의 뜻과 목적에 부합되는 기도를 드릴 수 있기 때문이다. 그러나 이와 반대로, 만일 우리가 하나님과의 언약관계를 파기하거나 두절시키면 하나님과 가까운 만남과 대화를 나눌 수 없으며, 의미 있는 기도를 드릴 수 없게 될 것이다. 그렇지만 우리가 하나님과 철저한 언약관계를 맺는다면 하나님은 우리에게 샬롬Shalom을 선물로 주실 것이다. 우리는 이 샬롬 안에서 하나님의 뜻을 따르는 기도를 드릴 수 있을 뿐이며, 다른 사람들을 위하여 기도할 수 있게 될 것이다. 칼빈은 그의 기도론에서 하나님의 명령과 약속이 기도의 동기가 된다고 주장한다. 우선 하나님께서 우리에게 기도하라고 명하셨기 때문에 우리가 그 명령에 순종하지 않는다면 하나님께서는 우리를 신앙 없는 강퍅한 자로 판단하신다는 것이다.

　기도의 명령은 시편에서 제일 분명하게 나타나고 있다. '환난 날에 나를 부르라'. (시50:15, 49:15) 그러나 성경에서 명령하고 있는 경건의 의무 가운데서 기도보다 더 많이 나타나는 것은 없으므로 기도하라는 명령에 대해서 더 이야기함으로써 지체할 필요가 없다. "구하라 그리하면 너희에게 주실 것이요 찾으라 그리하면 찾아낼 것이요 문을 두드리라 그리하면 너희에게 열릴 것이니"(마7:7)라고 주님이 말씀하셨다.

　여기서는 또한 명령 가운데 약속이 포함되어 있는데 그것이 매우 중요하며 매우 필요하다는 것을 칼빈은 지적한다. 왜냐하면 명령에 순종해야 한다는 것을 모든 사람이 인정한다 할지라도 하나님께서 기도를 들어주시며 선뜻 승낙해 주시겠다고 약속해 주시지 않는다면 대부분의 사람들

은 하나님께 부르짖지 않을 뿐더러 하나님께서 부르실 때 도망할 것이기 때문이다.[25]

4) 오직 예수 그리스도의 이름으로 대표기도 해야 한다

사람이란 하나님 앞에 나설 만한 자격이 없기 때문에 대표 기도자가 무슨 특별한 선택이나 중보자가 된 듯한 말투를 삼가야 한다. 하나님 아버지께서는 우리의 마음을 절망에 빠지게 하는 수치와 공포 가운데서 우리를 단번에 건져내시기 위해서 하나님의 아들이신 주 예수 그리스도를 우리의 대언자(요일2:1)와 중보자(딤전2:5)로 주셨다. 그러므로 유일한 중보자는 단 한 분 예수님뿐이시다. 그분의 인도로 말미암아 우리가 담대히 하나님께 나아가며, 그러한 중보자로 인하여 우리가 그의 이름으로 구하는 것은 무엇이든지 하나님께서 그리스도에게 거절하시지 않은 것처럼 우리에게도 거절하시지 않으리라고 믿는 것이다. 즉 약속에 의해서 우리에게 그리스도를 중보자로 주셨기 때문에, 우리의 구하는 바를 얻게 되리라는 소망을 그리스도께 두지 않는다면 기도해야 아무 유익이 없기 때문이다.[26]

태초로부터 중보자의 은혜가 아니고서는 기도가 상달되지 않았다는 사실은 확실하다. 그런 이유로 하나님께서는 성소에 들어가는 제사장만이 이스라엘 열두 지파의 이름을 어깨에 메고 같은 수의 보석을 흉패에 달도록 하고 다른 백성들은 멀리 떨어져 안뜰에 서서 제사장과 기도에 동참하라고 율법에서 가르치신 것이다.(출28:9-21) 이 같은 율법의 의식은 하나님 앞에 나아가는 것이 우리 모두에게 금지되어 있으며, 그럼으로 해서 우리에게 필연적으로 한 중보자가 필요하다는 것을 반증하는 것이다.

---

25) 존 칼빈, 「칼빈의 기도론」, op.cit., p.39.
26) Ibid., pp. 55-56.

즉, 예수 그리스도는 우리 이름으로 나오시고 우리를 어깨에 메고 우리를 가슴에 묶으심으로써 그분 안에서$^{\text{In his person}}$ 우리 기도가 상달될 수 있게 하시며 우리의 기도를 정결케 해 주시는 것이다. 이와 같이 예수 그리스도만이 우리에게 주어진 하나님께 나아갈 유일한 길이기 때문에, 이 길에서 벗어나거나 이 길을 외면하는 자들에게는 하나님께 나아갈 길이 전혀 없는 것이다. 그들에게 있어서 하나님의 보좌는 단지 진노와 심판과 무서운 공포만이 남아 있을 뿐이다.

더군다나 하나님 아버지께서는 그리스도를 우리의 머리(고전11:3, 엡1:22, 4:15, 5:23, 골1:18)로 또한 '우리를 다스리는 자(마2:6)로 인 치셨기 때문에 어떤 형태로든지 그리스도를 외면하거나 떠나있는 자들은 하나님께서 인 쳐 주신 표식을 지우고 파손시키려고 애쓰는 자들에 불과한 것이다. 이렇게 그리스도는 유일한 중보자로 세움을 받았으며, 그의 중보를 통해서만이 하나님 아버지께서는 우리에게 은혜로운 분이 되시며 우리가 쉽사리 간구할 수 있는 분이 되시는 것이다.

예수 그리스도의 기도의 중보에 연관된 첫 번째 구절은 요한복음에 잘 나타나 있다. 예수 그리스도는 내 이름으로 기도하라고 거듭 강조하였다. 그는 내 이름으로 무엇이든지 구하면 시행하리라고 약속하였다.(요14:13-14, 15:16) 그뿐 아니라, 무엇이든지 내 이름으로 주리라고 응답하기도 했다.(요16:23) 결국 예수 그리스도는 내 이름으로 구하는 것은 새로운 어떤 것을 받아 기쁨이 충만하리라고 가르쳤다.(요16:24,26) 그러나 '내 이름으로' 기도를 드려야 한다는 예수 그리스도의 말씀은 대표기도 하러 나갈 때에도 그대로 적용된다.

5) 대표기도는 성령께 의지해야 한다

기도는 성부와 성자뿐만 아니라 성령에도 근거를 둔다. 그러므로 대표기도는 더욱 성령께 의지해야 한다. 이는 성령의 부으심을 떠나서는 기독교인의 기도다운 기도는 있을 수 없기 때문이다. 성령이 인간생활에 개입하는 곳에는 어디에서나, 우리는 기독교 기도의 기원을 볼 수 있다. 그 이유는 우리를 기도하게 하고, 기도 생활에서 우리를 가르치시는 분이 성령이시기 때문이다.

누가복음 4장 1절에는 "예수께서 성령의 충만함을 입어 요단강에서 돌아오사 광야에서 사십 일 동안 성령에게 이끌리시며"라고 기록되어 있다. 또 마태복음 4장 1-2절에는, "그때에 예수께서 성령에게 이끌리어……광야로 가사 사십 일을 밤낮으로 금식"하며 기도하셨다고 기록되어 있다. 그리고 마가복음 1장 12절에는 더욱 강력한 어조로 "성령이 곧 예수를 광야로 몰아내신지라"고 증언한다. 그리스도께서 이처럼 성령의 인도를 따라 기도하신 것처럼 성령은 성도로 하여금 하나님 앞에 기도하도록 이끄시는 일을 하시는 것이다.

에스겔 11장 19-20절에서 하나님은, 하나님께 예배도, 제사도, 기도도 하지 않는 타락한 선민들에게 장차 "내가 그들에게 한 마음을 주고 그 속에 새 영을 주며 그 몸에서 돌 같은 마음을 제거하고 살처럼 부드러운 마음을 주어서 내 율례를 따르며 내 규례를 지켜 행하게 하리니"라고 하셨는데, 로마서 8장 15절에서는 또 "너희는 다시 무서워하는 종의 영을 받지 아니하고 양자의 영을 받았으므로 우리가 아빠 아버지라 부르짖느니라"고 증거되어 있다. 즉 이것은 하나님을 사랑하고 하나님께 기도하려는 마음과 의지를 성령으로부터 얻게 됨을 가르쳐 주는 것이다.[27]

---

27) 이성주, op.cit., pp. 262-263.

바울은 우리의 삶 속에서 성령의 활동이 기도에서 어떻게 나타나고 있는가를 두 군데에서 설명하고 있다. 그 첫 번째는 로마서 8장 15절이다. "너희는 다시 무서워하는 종의 영을 받지 아니하고 양자의 영을 받았으므로 아빠 아버지라 부르짖느니라". 또 다른 곳은 갈라디아서 4장 6절로서, "너희가 아들이므로 하나님이 그 아들의 영을 우리 마음 가운데 보내사 아빠 아버지라 부르게 하셨느니라"의 말씀이다. 이 두 구절을 서로 연결시켜 보면 우리 안에서의 성령의 현존하심의 결과로 우리는 그를 '아빠' 라 부를 수 있게 되었다는 것을 알 수 있다. 갈라디아서 4장 6절에서는 '부르는 영' 이라 했으나, 로마서 8장 15절에서는 '우리가 부르짖는다'고 했다. 이러한 두 관계는 로마서 8장 15절로 설명할 수 있다. 여기서 '양자의 영' 은 성령을 의미한다.

"구하라 그리하면 너희에게 주실 것이요 찾으라 그리하면 찾아낼 것이요 문을 두드리라 그리하면 너희에게 열릴 것이니".(마 7:7) 우리 하나님께서 전능하시고 우리의 상황을 낱낱이 아신다면 우리는 왜 대표기도를 해야 하는가? 그것은 대표기도는 우리 사람들에 의해 생겨진 것이 아니다. 우리가 대표기도를 해야 하는 주된 이유는 예수님께서 우리에게 그렇게 하라고 하셨기 때문이다. 또 다시 예수님께서는 제자들에게 말씀하셨다.

"지금까지는 너희가 내 이름으로 아무 것도 구하지 아니하였으나 구하라 그리하면 받으리니"(요 16:24)

오! 하나님,
당신의 성령과 능력으로 우리의 온몸을 충만하게 하소서.

우리의 마음속에서부터 모든 더러운 것과
깨끗지 못한 생각을 버리게 하여 주소서.

우리의 정신은 열심히 공부하게 하시고,
대담하게 생각하게 하시고,
좋은 기억력을 갖게 하여 주소서.

우리의 눈이 금지된 것을 보거나 더러운 것을
기쁘게 바라보는 일이 없게 하여 주소서.

우리의 귀가 시끄러운 세상의 잡음을 떠나
당신께서 우리에게 하시는 조용하고도
세미한 음성에 귀기울이게 하여 주소서.

우리의 손은 정직한 하루의 일과를 우리 자신을 위해서,
그리고 다른 사람을 위해서 일하게 하여 주소서.
우리의 발은 우리가 걸어가야 할 바른 길에서 벗어나지 않도록 하여 주소서.

그리하여 우리의 온 몸과 온 영혼을 바쳐
당신 앞에 드리는 제물이 되게 하여 주소서.

— 윌리엄 바클레이

오 주여!
우리의 발걸음을 당신에게 맞추어
평탄치 못한 세상 길에서 비틀거리지 않게 하소서
오직 굳건히 영광의 집으로 가게 하시며
우리의 여정이 부딪치는 날씨에 방해받지 않게 하시고
무엇을 만나든지 그 길에 돌아서지 않게 하소서

때때로 거친 바람이 불고
우리의 육신이 무겁게 느껴지나이다
당신의 구원의 손을 뻗치시어 속히 구원하소서

오 주여!
우리의 짧은 생애를
사랑 받는 집으로 돌아가는 순례자처럼
살도록 가르치소서
그리하여 우리 여정이
목적을 성취하게 하시고
세속에 안주하지 않게 도와주소서

웨슬리-이 짧은 생애

Chapter 1

주일 낮 예배 대표기도

하나님께서는 당신의 기도가 얼마나 우아하고 균형이 잡
혔으며, 얼마나 내용이 다양해야 하는지를 조금도 헤아리지
않으신다.

또 당신의 기도가 얼마나 감미로운 목소리로 진행되고,
또 얼마나 논리적으로 연결되어야 하는 지도 전혀 개의치
않으신다.

다만, 하나님은 당신의 기도가 얼마나 진실하고 간절한
마음에서 우러나오는 것인지를 주목하신다. 하나님께서는
상하고 애통해 하는 마음을 사랑하신다.

– 토마스 브룩스

주일 낮예배 대표기도문

사랑의 하나님 아버지!

세상을 만드시기 전에 내 영혼을 사랑하시고 이 땅에 보내주셔서 살게
하시니 감사합니다. 우리를 택하시고, 때를 따라 필요를 채우시는 한량
없는 은혜에 감사와 경배를 드립니다. 내 영혼이 진실로 하나님을 즐거
워하며 기뻐합니다. 그러나 우리의 연약함으로 죄 가운데 빠져 하나님
앞에 합당치 못한 삶을 살았습니다. 내 영혼이 항상 죄악 가운데서 하나
님을 아프게 하고, 슬프게 하였습니다.

이 시간 하나님의 은혜와 긍휼을 내려 주옵소서. 내 아버지여, 내 영혼
이 정직하고, 정결하고, 새롭게 되길 원합니다. 항상 성령 하나님이 나와
함께 하여 주옵소서. 우리는 예수님을 통하지 않고는 하나님의 품에 거
할 수 없음을 고백합니다.

하나님!

내 안에 좌정하옵소서. 주님이 나와 동행하여 주시기를 소망합니다.
언제나 은혜의 보좌 앞으로 인도하여 주시며, 고통과 아픔을 겪을 때는
하나님의 더 깊은 사랑을 알게 하시고, 하나님이 내 영혼을 지키신다는
사실을 깨닫게 하옵소서.

주님께서 내 영혼을 축복의 통로로 사용하셔서 나로 인하여 교회가 복
을 받고, 가정이 복을 받고, 나라가 복을 받을 수 있도록 축복하옵소서.

하나님! 이 나라가 온 세계에 복음 들고 전진하도록 인도하여 주옵소
서. 이 나라의 어려운 경제문제가 속히 해결되게 하시고, 갈수록 어두워

져 가는 이 세상에 한줄기 빛으로 다가오시는 주님을 영접할 수 있도록 모든 백성들의 마음을 열어 주옵소서.

지난 한 주간 지켜 주신 주님,

예배하는 이 시간에 우리와 함께하심으로 큰 은혜와 사랑을 베풀어 주심을 감사합니다. 우리의 답답한 심령이 자유함으로 새 힘 받기 원합니다. 이 시간도 사랑하는 목사님께 큰 능력과 영권을 더하셔서 주님의 이름이 영광을 받으시도록 역사하여 주옵소서. 이 교회의 모든 예배마다 성령의 기름 부으심이 충만하기를 원합니다. 오늘도 주의 이름을 위하여 수고하며 섬기는 지체들을 격려하시고 복을 내려 주옵소서. 저마다 하나님의 작은 별이 되어 어둔 세상에서 빛을 발하게 하옵소서. 영혼이 잘됨같이 범사가 잘 되리라는 말씀이 우리 가운데 이루어지기를 원합니다. 신령과 진정으로 드려지는 아름다운 예배가 되게 하여 주옵소서.

날마다 새로운 은혜를 주시는 예수님의 이름으로 기도드립니다. 아멘.

✝ 기도를 돕는 한마디
기도를 말하는 것과 기도하는 것에는 엄청난 차이가 있다. – 프라이스 은혜를 풍성히 내려 주시기를 원하시는 하나님 아버지!

이 시간 주님을 사랑한다고 고백하는 귀한 시간이 되게 하옵소서. 이 시간에 주님께서 십자가에서 당하신 아픔과, 고통을 느끼게 하시고 내 영혼이 주님의 크신 은혜 가운데 거하게 하옵소서. 날마다 이기며 살기를 원하지만, 우리의 연약함으로 항상 죄악 가운데 있음을 회개하오니 용서하여 주옵소서.

죄악 된 세상에 오염되어 강퍅해진 우리들의 마음을 녹이시고, 진정한 간구의 영으로 가득케 하사 잃어버린 소망과 기쁨을 되찾고, 소멸시켜버린 은혜와 능력을 회복하는 시간이 되게 하여 주옵소서.

내 아버지여!

어떠한 어려움과 고통의 시험이 다가와도 이길 수 있는 강한 믿음과 신앙을 소유할 수 있는 하나님의 사랑받는 성도가 되게 하시고, 목자의 음성을 듣고 순종하여 하나님의 축복의 우리 안에 거하는 기쁨의 양이 될 수 있도록 인도하여 주옵소서.

우리의 모습이 정말 참되고 아름다운 삶으로 살아갈 수 있도록 지키시고 하나님만 바라볼 수 있는 지혜로운 성도가 되게 하옵소서.

주신 은혜를 감당할 수 있게 하시며, 무엇을 하든지 하나님의 편에 서게 하시고, 예수님의 은혜와 사랑 속에서 날마다 새로워지게 하옵소서. 우리로 인해서 시험에 들어있는 형제를 위해 기도합니다.

하나님께서 상처를 싸매주시고 위로해 주셔서, 아픔을 극복하게 하시고, 진정한 성도의 교제가 회복되게 하옵소서. 나라가 목적지를 잃은 거대한 배처럼 방황하고 있습니다. 이럴 때일수록 우리는 주님만 바라보고 전진할 수 있는 믿음을 소유할 수 있도록 주님 도와주옵소서.

우리의 동포 북한에도 양식이 끊이지 않도록 축복하시고, 주의 복음이 자유롭게 우리 동포들에게 전달될 수 있도록 하나님 역사하옵소서. 우리가 주 안에서 기쁘고 평안한 것처럼 그들에게도 그 기쁨과 평안이 늘 가득하게 하여 주옵소서.

사랑하는 우리 목사님 영육 간에 강건케 하셔서 오늘 어떤 말씀을 증거 하시든지 내 영혼이 변화 받고 하나님의 품 안에 거할 수 있는, 은혜의 시간이 되게 하시고, 그 말씀으로 인하여 잠자던 내 영혼이 깨어나고, 방황하는 내 영혼이 분명한 목적을 가질 수 있는 귀한 은혜의 시간이 되게 하옵소서.

사랑의 하나님 아버지여!

성가대를 축복하시옵소서. 성가대의 영혼 깊은 곳으로부터 우러나오는 간절한 곡조가 내 영혼을 감동 시키시고, 하나님께는 영광이 되게 하옵소서. 이 시간 세우신 목사님 말씀에 성령이 충만하시기를 원하오며, 주님의 능력과 권능의 역사가 크게 나타나게 하여 주옵소서.

예수 그리스도의 이름으로 기도 드립니다. 아멘.

✝ 기도를 돕는 한마디
기도가 한쪽으로 올라가면 두레박처럼 축복은 내려온다. ─슬라비 격언 내가 천국 열쇠를 네게 주리니 네가 땅에서 무엇이든지 매면 하늘에서도 매일 것이요 네가 땅에서 무엇이든지 풀면 하늘에서도 풀리리라 - 마 16:19

자비로우신 하나님!

주님이 베푸신 긍휼하신 그 사랑에 감사를 드립니다. 이 시간 예배를 통하여 아버지의 영광스런 나라를 볼 수 있는 영안이 열리게 하옵소서. 그리하여 이 땅에 굶주리고 메마른 영혼들에게 주의 복음을 증거할 수 있는 은혜와 기회를 허락하여 주옵소서. 지난 한 주간 동안 내 영혼이 복음에 빚진 자와 같이 살지 못하고 죄악 가운데 방황하였던 것을 용서하시고, 이 시간 주님과의 관계가 회복되게 하여 주옵소서.

사랑의 하나님!

이 시간 우리의 예배가 신령과 진정으로 드려지기 원합니다. 우리 죄악의 찌꺼기를 완전히 불살라 깨끗하게 하시고, 맑은 생수가 솟아나게 하여 주옵소서. 예수 그리스도의 복음을 통하여 우리의 영혼이 천국을 바라보게 하시고, 한 심령이라도 주의 복음으로 변화되기를 원합니다. 오늘 우리에게 그 구원받아야 할 한 영혼을 만나게 하여 주옵소서. 그리고 우리의 착한 행실과 진실한 마음으로 만나는 영혼마다 변화되게 도와주옵소서.

주님이 주시는 기쁨으로 날마다 우리의 영혼이 그리스도를 닮아 가게 하시며, 거룩하신 주님의 영광을 드러내는 일에 모두가 온 마음을 다하게 하여 주옵소서. 주님의 사랑이 충만하게 하시며, 주님의 사명을 깨닫게 하시며 하나님을 경외하는 민족이 되게 하여 주옵소서.

너희는 세상의 빛과 소금이 되라는 주님의 말씀을 기억합니다. 그러나

우리의 행실을 볼 때는 세상 사람들과 하나도 다를 바 없음을 고백합니다. 이 시간 주님 앞에 나왔사오니 말씀으로 영혼이 정결케 하옵소서.

주님 말씀 하시면 나아가고, 주님 말씀 하시면 멈춰서는 순종의 성도가 되게 하옵소서. 지금까지 하나님의 마음을 아프게 하고 속상하게 하였던 모든 것들을 이 시간 용서하시고 하나님 앞에 나온 우리에게 정직한 영을 새롭게 하셔서 영혼이 새롭게 태어나는 은혜의 시간이 되게 하옵소서. 우리 교회를 통해서 하나님의 나라가 확장되며 주의 뜻이 이 땅 위에 이루어지기를 간절히 소망합니다. 우리들의 자녀가 잘 되게 하시고 무엇을 하든지 머리가 되고 지도자가 되고 앞서가게 하시며, 세상에 물들지 않고 오직 주님만 보고 믿음의 길, 의의 길만 갈 수 있도록 축복하여 주옵소서.

하나님 아버지!

목사님께 놀라우신 말씀의 능력과 신유의 권능과 지혜와 명철을 더하셔서, 이 땅에 주님의 뜻을 이룩하며, 방황하는 많은 양떼들에게 기름진 초장과 맑은 샘물을 먹이시는 데 어려움 없게 하시고, 늘 양떼들을 위하여 제 몸같이 기도하시는 우리 목사님 건강 잃지 않도록 축복 하옵소서. 우리 교회의 각 기관들을 배가시켜 주시고, 온 세상에 주의 복음으로 선교하는 선교의 문이 열리게 하여 주옵소서. 오늘도 그리스도의 이름을 위하여 수고하는 모든 손길들을 잡아 주시고, 그 이름들을 낱낱이 기억하여 주옵소서. 예수님의 이름으로 기도 드립니다. 아멘.

✝ 기도를 돕는 한마디
기도란 외로운 독백이 아니요, 다정한 담화이다. —모랜드

꺼져가는 촛불도 끄지 아니하시고, 상한 갈대도 꺾지 아니하시는 자비의 하나님!

이 시간도 주님께 내 모든 삶의 상처와 아픔과 고통을 가지고 나왔습니다. 다 내려놓고 평안한 마음으로 돌아갈 수 있는 은혜가 넘치게 하옵소서. 오늘도 그리스도를 의지하며, 믿음으로 감히 다 표현할 수 없는 감사함으로 주님께 나왔사오니 주님! 내 영혼이 천국의 평안을 누리게 하옵소서. 우리가 죄를 고백하여 주님의 은혜로 새로워지게 하시고 내 영혼이 주님의 마음을 시원케 해 드리는 영혼이 되게 하여 주옵소서.

사랑의 하나님!

예배를 통해서 축복하시기를 원하시는 하나님의 계획이 이 시간 이 예배 위에 임하기를 원합니다. 연약하고 부족한 우리의 모습을 보지 마옵시고, 죄악 가운데 방황하며 절망하며 살다가 주의 전에 나왔사오니, 주님이 주시는 은혜로 내 영혼이 치료받게 하여 주옵소서. 이웃으로 인하여 아파하고 친구들로 인하여 괴로워하던 모든 시험을 내려놓고 주님 주시는 참된 평안을 맛보게 하옵소서.

이 시간 주님 앞에 겸손히 엎드려 그리스도의 의를 믿음으로, 깊은 지혜와 높은 명철을 얻기 원합니다. 언제, 어디에 있든지 주님과 동행하며, 선하고 좋은 것들만을 본받기 위해 애쓰게 하여 주옵소서. 주님을 섬기기 위해 세상에서 부름 받았사오니, 우리의 앞길을 인도하시고 주님 명령하시는 작은 부분이라도 충성되게 잘 지켜 나가도록 도와주옵소서.

우리가 날마다 주님의 은혜로 새로워지게 하시고, 하나님이 부르시는 음성을 듣게 하옵소서. 죄악 속에 살아온 우리의 지난날을 용서하시고 죄로 인하여 고통받지 않도록 언제나 새롭게 하시는 주의 은혜로 충만하게 하옵소서. 정직한 영을 새롭게 하시고, 기쁨의 주님 안에 깊이 들어가게 하옵소서. 세상에서 인정받지 못하고, 그리스도인이란 이유로 핍박받은 일들을 주님 기억하시고 마음의 상처가 남지 않도록 하나님이 치유하여 주시옵소서.

이제는 아버지께서 영원히 우리들의 이정표가 되어 주시고 등불이 되셔서 언제나 평탄하고 안전한 길로만 다니게 하옵소서. 어떠한 환난이나 질병도 두려워하기보다는 하나님이 베푸시는 은혜의 기회로 여기게 도와주시고, 믿음으로 이기게 인도하옵소서. 세상의 모든 것을 잃어도 견딜 수 있지만 아버지를 잃으면 모든 것을 잃은 것이란 진리를 깨닫게 하소서.

천국을 발견하기 위해서라면 우리의 생명이라도 아까워하지 않는 마음을 주옵소서. 하나님을 위하여 고통을 받더라도 우리는 참으로 행복한 자가 되어 기쁘게 십자가 지고 천국을 향해 한 걸음씩 걸어가기 원합니다. 세세토록 하나님의 영광이 충만하옵소서.

예수 그리스도의 이름으로 기도드립니다. 아멘.

기도를 돕는 한마디
기도란 하나님의 영향권 안으로 들어가는 것이다. —휘스딕

예수께서 제자들에게 이르시되 내가 진실로 너희에게 이르노니 부자는 천국에 들
어가기가 어려우니라 - 마 19:23

오늘도 살아서 역사하시는 하나님!

비천한 우리들을 사랑하셔서 슬플 때나 괴로울 때, 사망의 골짜기를 헤맬 때에도 오직 하나님만 부르게 하시고, 그때마다 다가와 위로해 주시는 사랑 많으신 하나님 아버지!

이 시간도 주님께 머리 숙인 우리들을 자비와 긍휼로 감싸주시며, 모든 악한 것들로부터 보호하여 주옵소서.

이 시간 예배드릴 때에 모든 걱정과 근심, 세상의 잡념들을 물리쳐 주시고, 신령한 마음으로 은혜의 보좌에 나아갈 수 있게 하여 주옵소서. 주님이 주시는 참된 평안과 주님이 주시는 기쁨과 즐거움에 젖어들게 하시고, 우리의 연약함으로 인한 죄악을 용서하옵소서.

지난 한 주간 동안 우리들은 물질 때문에, 자녀 때문에, 직장 때문에 하나님의 마음을 아프게 했습니다. 우리의 모든 죄악을 이 시간 고백하오니 용서하여 주옵소서. 이길 수도 있었지만 이기지 못했던 연약한 우리 영혼을 불쌍히 여겨 주옵소서.

은혜로우신 하나님!

이 시간 우리가 하나님 앞에 구하는 모든 간구가 응답받기를 원합니다. 이 나라와 이 민족을 긍휼히 여기사 속히 부흥시켜 주시고, 어린 아이들에서부터 어른들에 이르기까지 모든 백성이 정직하고 거룩한 나라가 될 수 있도록 하나님이 이끌어 주시고, 수많은 그리스도인들이 하나님의 말씀에 바로 서는 귀한 나라가 될 수 있도록 축복하옵소서. 전 세계

에서 수고하시는 선교사님들과 가족들을 지키시고 지금 이 순간에도 복음의 역사가 전 세계에 강하게 선포되기를 소원합니다.

예배의 주인이신 하나님!

이 예배를 통하여 불같은 성령을 허락하시고, 병든 자에게는 새 생명의 기쁨을, 약한 자에게는 독수리의 날개 같은 강건함을, 고통이 있는 자에게는 이길 수 있는 크신 은혜와 인내를 고루 부어 주옵소서. 주님이라 부르면서도 따르지 않고, 길이라 알면서도 가지 않고, 영원이라 알면서도 찾지 않고, 의라 부르면서도 두려워하지 않는 교만한 자들에게는 말씀이 채찍 되어 깨닫고 회개하게 하여 주옵소서.

이 시간 말씀을 통하여 오순절의 역사를 재현하시고 주님의 백성들이 모인 이곳에 성령의 불이 내려 하늘의 바람이 일게 하옵소서. 이 시간 이 자리가 천국의 자리가 되게 하시고, 누구든지 주님 만나고 돌아가게 하옵소서. 주님이 세우신 하나님의 사자 목사님께 말씀의 능력을 주시옵소서. 그 말씀이 우리들의 갈 길을 인도하게 하시고, 빛이 되게 하시며, 어떤 환난과 고통 중에도 주님의 말씀을 거역하지 않는 것을 기뻐할 수 있는 은혜를 주옵소서.

오늘도 우리의 어두움이 밝은 환상으로 이어지며, 우리의 희망이 충만한 기쁨으로 이어지며, 우리의 모든 선한 동기가 사랑으로 이어지며, 영원으로 이어지는 그곳으로 우리를 이끄시옵소서.

예수님의 이름으로 기도드립니다. 아멘.

✝ 기도를 돕는 한마디
기도의 궁극적인 목적은 하나님이 인생을 보시는 것처럼 그같이 우리도 인생을 보는데 있다. -칸 죄인 중에 괴수 같은 영혼이었지만 예배할 수 있도록 은혜를 베푸신 하나님 아버지여!

멸망할 수밖에 없는 우리들을 택하시고 구속하여 자녀삼아 주시고 보살펴 주시는 변함없는 사랑에 무한한 감사를 드립니다. 지난날 죄악 가운데서 내 영혼을 버리지 않으시고 이 시간 예배를 통해서 하나님의 자녀의 권세를 회복하옵소서.

언제나 내 영혼을 불꽃같은 눈동자로 바라보시는 하나님!

이 시간이 축복의 시간이 되게 하시고, 이 시간이 능력의 시간이 되게 하옵소서. 이 나라의 대통령을 붙드사 하나님을 두려워하는 자가 되게 하시고 국민들을 덕으로 잘 다스리고, 하나님의 말씀에 거역하지 않는 대통령이 되게 하옵소서. 정치도 잘 하게 하시고, 그로 인해 국민들이 잘 살게 하시며 좋은 나라, 행복한 나라가 되게 하옵소서. 이 시간 주님의 자비와 사랑을 간절히 구하오니, 험악한 세상에서 강퍅해진 심령을 사랑의 빛으로 녹이시며, 주님의 말씀으로 천국이 회복되게 하여 주시기를 원합니다.

언제나 변함이 없으신 하나님!

항상 바르고 순수한 생활 속에서 주님의 신성한 깨우침으로 무엇을 위해 살아야 하는지 알려 주시며, 하나님의 자녀들이 누리는 영광스러운 자유를 마음껏 누리게 하여 주옵소서. 우리들의 사랑이 강물처럼 흐르게 하시고, 우리들의 용서가 바다와 같아서 영원한 원수가 하나도 없게 하

여 주옵소서.

인생의 주인이신 아버지여!

내 인생을 바라 볼 때에는 실망과 좌절뿐입니다. 그러나 내 안에 역사하시는 하나님을 바라보고 믿음으로 담대히 서게 하옵소서. 여호수아가 믿음으로 요단강을 밟을 때 요단강이 갈라졌던 것처럼 우리가 믿음으로 밟는 땅마다 복음으로 정복하고 다스리게 하옵소서.

우리의 자녀들에게 복을 주시고 무엇을 하든지 머리가 되고 지도자가 되가 앞서가게 하시며, 어려서부터 마음속에 품은 모든 꿈들이 이루어지게 하시며, 큰 비전을 주셔서 하나님의 나라에 기둥 같은 일꾼들이 되게 하옵소서. 좌로나 우로나 치우치지 않고 오직 주님만 바라보며 믿음으로 전진하게 하옵소서.

아무 것도 염려하지 말고 오직 모든 일에 기도와 간구로 하나님께 아뢰라고 하신 주님! 부르짖으면 응답하시겠다고 약속하신 주님!

우리들의 간구와 부르짖음에 권능의 오른손을 들어 응답하여 주옵소서. 이 시간도 굶주림에서 절망하며 신음하고 있는 북한 동포들을 기억하여 주옵소서. 공중에 나는 새도 먹이시고, 들에 핀 백합화도 입히시는 주님께서 저들도 먹이고 입히시며 소망을 주시고, 하루 속히 하나님을 영접하여 은혜를 받고 자비와 긍휼을 기다리는 용기와 확신을 주옵소서.

예수님의 이름으로 기도드립니다. 아멘.

✝ 기도를 돕는 한마디
기도하는 것은 바꾸는 것이다. 기도는 하나님이 우리를 변화시키는 중앙 진입로에 들어가는 것이다. - 휘스터

사랑과 생명이 되시는 아버지 하나님!

우리에게 은총을 허락하셔서 연약한 우리로 하여금 주님의 영광중에 담대히 나아올 수 있게 하시고 오늘도 변함없이 사랑하시는 은혜에 감사와 경배를 드립니다. 지난 한 주간 동안 우리가 하나님 앞에서 범죄하고 연약하여서 하나님의 마음을 아프게 한 모든 것을 용서하여 주옵소서. 욕심 때문에 형제에게 원망을 사고, 미워하는 마음으로 인하여 내 심령이 고통가운데 거하였습니다. 오늘 예배를 통해서 이 모든 우리의 상처가 회복되게 하옵소서.

이제부터는 주님이 주시는 힘으로 새 힘을 얻고 다시 일어나 우리를 돌보시는 하나님 아버지를 기쁘게 해 드리는 자녀들이 되게 하옵소서. 하나님의 은혜를 간절히 사모하는 마음들이 불타오르게 하시고, 풀과 같은 인생들이 주님의 도움 없이 아무것도 할 수 없음을 깨닫게 하옵소서. 참으로 우리가 이 세상에서 의지하고 거할 곳은 아버지밖에 없사오니 우리들을 구하시고 이끌어 주님의 품 안에서 쉬게 하여 주옵소서.

사랑의 주님! 주님을 알지 못하는 사람들을 위해 오늘도 기도합니다. 그들은 주님께서 창조하셨고 주님 주시는 것을 먹고 살면서도 주님을 향하여 대적하고 있습니다. 그러나 그들을 불쌍히 여기시고 긍휼히 여기소서. 그들을 위하여 우리를 보내셨사오니 우리를 통하여 죽어가는 영혼들을 구원하옵소서. 또한 이 나라 위정자들의 눈을 여시어 오늘의 현실을 바로 볼 수 있게 하시고, 저들이 정권욕과 사리사욕을 버리고 주님의 사

랑을 배워서 위험에 빠져 있는 사회와 국민의 목소리를 먼저 들을 수 있게 하여 주옵소서.

오늘 하나님께서 귀한 하나님의 종을 세워주셨으니 오늘 선포하시는 말씀으로 내 영혼이 살고 내 자녀가 살고 내 가족이 살게 하시며 그 말씀으로 인하여 우리 교회가 부흥하고 이 시대가 하나님의 영광을 보게 하여 주옵소서. 또한 우리 교회를 통하여 하나님 아버지께서 기뻐하시고 하나님의 놀라운 계획과 뜻이 이 땅 위에 선포되기를 간절히 소망합니다. 교회가 부흥케 하시고 여기에 출입하는 모든 성도들이 복에 복을 받게 하여 주옵소서.

이 민족을 들어서 세계 가운데 제사장의 직분을 감당하게 하시고, 물질의 복을 주셔서, 어디든지 마음껏 복음 들고 갈 수 있도록 이 나라에 복을 허락하여 주옵소서. 아직도 세상에는 복음을 몰라서 지옥 가는 영혼들이 있습니다. 우리가 저들도 사망의 길에서 생명의 길로 인도할 수 있도록 도와주옵소서. 우리가 가진 귀하고 소중한 것들을 주님을 위하여 헌신할 수 있도록 우리의 마음을 움직여 주옵소서.

언제나 도우시는 하나님의 은혜가 이 나라와 이 민족 위에 충만하시기를 원합니다. 북한을 기억하시고, 복음의 씨앗이 뿌려지게 하시며, 얼어붙은 그 땅에도 복음으로 따뜻한 봄날을 맞이할 수 있도록 하나님 역사하시옵소서. 성부와 성자와 성령 하나님의 영광이 세상 끝까지 함께하시길 믿으며 예수님의 이름으로 기도 드립니다. 아멘.

✝ 기도를 돕는 한마디
기도가 없는 사람은 뿌리가 없는 나무와 같다. -- 피러스

나더러 주여 주여 하는 자마다 천국에 다 들어갈 것이 아니요 다만 하늘에 계신 내 아버지의 뜻대로 행하는 자라야 들어가리라 — 마 7:21

거룩하신 하나님 아버지,

주님의 그 사랑에 감사를 드립니다. 우리와 함께하시기 위해 낮고 천한 몸을 입으시고 고통 가운데 십자가를 지셔서 그 흘리신 보혈의 피로 말미암아 오늘날 우리에게 구원이 임하게 되었음을 믿습니다. 우리들의 발을 씻어 주시고, 죄인과 함께 음식을 나누며 친구가 되셨던 겸손하시고 거룩하신 그 사랑에 끝없는 존경과 감사와 찬양을 드립니다.

우리 죄악 가운데 하나님의 영광이 임하여 우리가 평안하였음을 감사드립니다. 이 시간 우리 영혼 깊은 곳으로 내려와 좌정하시고 그리스도의 향기를 흠뻑 뿜어 주시며, 구름 사이로 햇빛이 비치듯 우리를 부르시는 주님의 음성을 듣게 하옵소서.

그 크신 하나님의 사랑으로 경직되어 있는 우리의 마음이 녹아지고, 끝없이 부으시는 하나님의 은혜 안에 거하게 하옵소서. 주님 아니면 우리는 갈 곳이 없습니다. 그럼에도 불구하고 육체의 죄악을 탐닉하는 불쌍한 내 영혼 오늘 구원하여 주옵소서.

오늘도 내 영혼이 죄악 가운데서 정직한 영으로 새롭게 변화되기를 소원합니다. 흑암의 권세로부터 나를 건져주시고, 에덴에서 쫓겨날 때 내리신 저주를 거두어 주시기를 원합니다. 그리하여 예수 그리스도로 터를 삼고, 겸손의 집을 지으며, 주고받는 사랑의 생활 속에 어디를 가든지 누구를 만나든지 언제나 떳떳하게 주님을 시인하면서 살아가게 하옵소서.

주님의 은혜를 충분히 가치 있게 누리며 보전할 수 있는 지혜를 주셔

서, 세상에서 오직 주님만 위하여 살게 하옵소서.

거룩한 하나님의 계획과 사단의 시험을 분별하는 영안이 열리게 하시며, 언제나 하나님 뜻대로 사는 우리가 되게 하시고, 다시는 헛된 것들을 위하여 땀 흘리며 멸시와 천대를 받고, 속고 속이는 서러움을 당하지 않도록 자비로운 은총으로 지켜 주옵소서.

세계 민족 가운데 위대한 민족으로 우리나라를 선택하여 주셨사오니 이 백성들을 긍휼히 여기사 하나님의 진정한 자녀로 어디를 가든지 그리스도의 향기를 뿜어내게 하옵소서. 우리 교회 성도들이 하나 되기 원합니다. 언제나 감사하고 서로 돌보며 서로 나누며 이해할 수 있는 귀한 사랑의 공동체가 되게 하옵소서.

사랑의 근원이신 하나님!

그 사랑이 우리에게도 온전히 채워질 때, 그 능력과 권세로써 우리들 영혼의 병과 육신의 몹쓸 병도 깨끗이 치료되고, 모든 고통과 슬픔도 눈 녹듯 사라질 것을 확실히 믿사옵니다.

이제 그 사랑을 우리에게도 넘치게 채워주셔서, 죄의 사슬이 풀리고 모든 문제가 해결 받는 놀라운 은혜를 부어 주옵소서. 오늘도 귀하신 목사님께서 말씀 전하실 때에, 우리로 하여금 눈물의 골짜기를 벗어나 기쁨의 들판으로 달려나오게 하시며, 세상의 모든 악독과 죄악이 산산이 부서지고 흩어지는 능력의 역사가 나타나게 하여 주옵소서.

거룩하신 예수 그리스도의 이름으로 기도드립니다. 아멘.

✝ 기도를 돕는 한마디
기도는 언어로 얻을 수 있는 최고의 성취다. – 퍼스취

가라사대 때가 찼고 하나님 나라가 가까왔으니 회개하고 복음을 믿으라 하시더라
- 막 1:15

거룩하신 하나님 아버지!

언제나 우리의 영원한 소망과 생명이 되신 주님께 존귀와 영광과 감사를 드립니다. 지난 한 주간도 우리는 갖가지 시험과 환난으로 죄악 가운데 우리의 영혼이 방황하였음을 고백합니다. 우리들을 용서하시고 자비와 긍휼로 내 영혼이 하나님의 영으로 충만케 하옵소서. 세상의 유혹이나 쾌락 때문에 아버지를 떠나지 않게 하시며, 항상 겸손한 마음으로 주님만을 찬양하며, 편안하고 행복하게 살아가게 하여 주옵소서.

오늘 내 영혼이 주 앞에 나왔사오니 지난 날에 지은 모든 죄를 깨끗게 하여 주시고, 오늘 내 영혼이 하나님 앞에서 진실하고 거룩한 변화가 일어나 그리스도로 말미암아 이제껏 응어리지고 맺힌 일들을 다 씻어내게 하옵소서. 용서와 사랑을 베풀게 하여 주옵시고, 오직 우리 안에 계신 주님으로 인하여 모든 것이 이루어지게 하옵소서. 이 나라 이 민족에게 복 주셔서, 내가 너를 복 주며 복의 근원이 되게 하리라 하신 아브라함에게 주신 복이 이루어지게 하옵소서.

히스기야의 기도를 들으사 그의 생명을 15년이나 더하여 그의 나라를 건져주신 사랑의 아버지시여!

우리들의 모든 기도와 간구를 들어주셔서 가정마다 직장마다 감사와 찬미가 넘치고, 더욱 열심히 주님께 충성하며 영광 돌릴 수 있는 기회를 주옵소서. 심는 대로 거두리라는 주님의 말씀이 오늘 이 곳에 임하게 하여 주시고, 우리가 하나님 앞에 모든 것을 드려서 하나님을 기쁘게 할 수

있는 귀한 영혼이 되게 하여 주옵소서. 오늘 주님이 원하는 길이라면 내 영혼이 가게 하시고, 주님이 뜻하는 길이라면 담대하게 믿음으로 나아가게 하여 주옵소서. 오늘 말씀을 통해서 내 영혼이 거듭나게 하시고, 내 영혼이 소생하게 하옵소서. 정직한 영을 새롭게 하시고 오늘 내 안에 하나님의 전이 이루어지게 하여 주옵소서. 우리 교회를 통하여 어두워만 가는 이 땅에 빛이 되게 하여 주시고, 이 지역에 죽어가는 영혼들을 살릴 수 있는 능력 있는 교회가 되게 하옵소서. 좋은 소문이 난 교회가 되게 하시고, 우리 성도들이 하나 되어 이 지역과 이 도시와 나아가서 이 나라를 변화시키는 중심 교회로 서게 하옵소서.

축복받는 이 나라의 국민이 되게 하여 주심을 감사합니다. 그 은혜에 보답하기 위해서 하나님의 복음을 전 세계 구석구석에 전파하는 중심이 되게 하옵소서. 이 나라의 청소년들이 바른 길 가게 하시고, 꿈을 꾸는 청소년들이 되게 하시며, 그들로 인하여 우리나라가 부흥케 하옵소서. 하나님의 영이 충만한 청소년들을 통해서 이 나라가 아름답게 변화되게 하시고, 이 땅 위에 진리가 충만하게 하옵소서. 오늘도 생명의 은혜를 주신 하나님께 감사합니다. 오늘 예배가 하나님께서 기뻐하는 예배가 되게 하옵소서.

예수님의 이름으로 기도드렸습니다. 아멘.

✝ 기도를 돕는 한마디
진실한 기도는 상처 난 가슴에서 나온다. - 로버트

축복의 통로로 삼으시고 주의 전에 불러주신 하나님 아버지!

연약함으로 죄악 가운데 방황하다 주의 은혜 사모하여 나왔습니다. 성령으로 내 영혼이 정결케 되고, 말씀으로 내 영혼이 바로 서게 하옵소서. 세상에 살면서 상하고, 찢기고, 추한 내 영혼이 거룩하신 하나님의 영으로 회복되게 하옵소서. 이 시간 복된 교회에서 사랑하는 형제들과 더불어 위로와 평안 속에 예배하게 하시니 참으로 감사를 드립니다. 알게 모르게 지은 모든 죄가 오늘 예배를 통해서 정결하게 씻기기를 간절히 소망합니다.

우리의 마음을 아시는 성령께서 내 심령 가운데 좌정하시고, 내 영혼을 다스려 죄악에서 떠나게 하시며, 주님의 사랑으로 병든 우리 영혼이 치유되어, 언제나 빛나는 주님 얼굴만 바라보게 하여 주옵소서. 지금 이 시간도 우리들의 허물과 실수로 인하여 고통받고 있는 형제들과, 알게 모르게 우리의 말과 행동으로 말미암아 상처받고 아픔을 당한 형제들이 있음을 기억하게 하시고 용서하여 주옵소서. 주님의 거룩하신 성품이 드러나게 하시고 우리의 행실이 주님을 닮아가게 하옵소서.

가난하고 연약했던 이 나라 이 민족을 택하셔서 발전과 번영의 본보기가 되게까지 복 내려 주시고, 곳곳에 교회를 세워 주시며, 온 세계에 복음을 전파하는 귀한 사명 주심을 감사드립니다. 이 민족, 모든 심령마다 그리스도의 정신을 부어 주셔서, 참으로 살기 좋고 평화로운 사회를 만들어 주옵소서.

사랑하는 하나님 아버지!

안타까운 병으로 고통받는 심령들이 있습니다. 저들의 고통이 하나님의 영광을 나타내기 위함이라는 사실을 알고 있습니다. 속히 그들이 고통 가운데서 구원을 얻을 수 있도록 복을 주옵소서. 그들의 심장에 십자가의 보혈이 흐르게 하여 주옵소서. 히스기야의 눈물의 기도를 들어주시고 그 생명을 연장시켜 주신 것처럼 형제들의 애절한 기도를 들어 주시고, 건강을 주셔서 열심히 일할 기회를 주옵소서.

구하라 그리하면 주실 것이요, 찾으라 그리하면 찾을 것이요, 문을 두드리라 그리하면 열릴 것이라고 약속하신 아버지!

그 말씀을 확실히 믿습니다. 우리의 간절한 기도가 하늘 보좌를 움직이게 하옵소서. 너희는 먼저 그의 나라와 그의 의를 구하라 말씀하셨사오니 내 육체의 평안만을 구하지 않고 하나님의 나라와 주님의 뜻이 이 땅에 이루어지기를 소망하오니 이루어 주시옵소서.

하나님! 오늘도 예배를 여시는 하나님의 귀한 뜻을 우리가 알게 하여 주시고 우리의 심령 가운데 하나님의 심정이 충만하게 하옵소서. 죽어가는 영혼들을 안타깝게 여기시는 아버지의 마음이 내 영 깊이 역사하여 전도하지 않고는 견딜 수 없는 마음을 주옵소서. 주님의 관심은 오직 영혼 구원에 있사오니 우리가 주의 마음을 시원케 하는 복된 성도들이 되게 하옵소서. 오늘도 예배를 통해서 내 영혼이 주님의 품안에 거하게 하옵소서. 예수님의 이름으로 기도드립니다. 아멘.

✝ 기도를 돕는 한마디
기도를 쉽게 정의한다면 하나님께로 향한 원함이다. – 부르크

너희도 이것을 정녕히 알거니와 음행하는 자나 더러운 자나 탐하는 자 곧 우상 숭배자는 다 그리스도와 하나님 나라에서 기업을 얻지 못하리니 – 엡 5:5

언제나 내 영혼의 친구가 되어 주시고, 오늘도 내 마음에 깊은 기쁨과 즐거움을 주시는 사랑의 하나님 아버지!

감사와 찬양을 드립니다. 찬양 가운데 거하시는 하나님의 영이 오늘 우리 예배 가운데 임하셔서 이 예배가 신령과 진정으로 드려지는 아름다운 예배가 되게 하여 주옵소서. 하나님만이 우리의 임금이시고 하나님만이 우리의 왕이 되신 줄 믿사오니 내 영혼을 다스려 주시고, 내 영혼이 하나님의 품에 거하게 하여 주옵소서.

내 영혼을 불쌍히 여기사 예배 안에 거하게 하시는 하나님!

이 예배가 상처받은 영혼에게는 치료의 은혜가 되게 하시고, 문제를 만난 영혼에게는 해결의 문이 되게 하시고, 절망 가운데 있는 영혼에게는 소망이 되게 하옵소서. 모든 문제는 주의 손에 달렸사오니 하나님의 능력이 예배 가운데 임하셔서 아름다운 성도들의 간증이 넘치게 하소서.

예배는 하나님께 영광을 돌리는 제사요, 사람들에게는 축복의 통로임을 믿습니다. 이 예배를 통해서 인생의 모든 문제가 해결되게 하시고, 이 예배를 통해서 하나님과의 가로막힌 담이 허물어지게 하시며 사탄의 공격으로부터 이길 수 있는 능력이 나오게 하옵소서. 하나님만 바라보게 하시고, 의지하게 하시고, 하나님께만 구할 수 있는 믿음이 넘치는 귀한 예배 되게 하여 주옵소서.

고삐 풀린 망아지처럼 날뛰던 내 영혼을 변화시켜 주시고, 내 맘과 내 뜻대로 살던 지난날들의 모든 허물을 이 시간 치유하옵소서. 하나님의

도우심으로 예배에 왔사오니 오늘 내 영혼이 이 예배의 주인공이 되게 하여 주시옵소서. 이 시간도 온 몸과 마음을 다하여 예배드리며 큰 은총을 받게 하여 주옵소서.

험난하고 각박한 세상에서 남모르는 슬픔과 괴로움을 가지고 헤매다가 그 무거운 짐들을 여기 다 내려놓았습니다. 모든 근심과 걱정이 떠나가게 하시고 우리 영혼이 평안하게 하옵소서. 우리 자녀가 잘 되게 하시고, 사업이 잘 되게 하시며, 꿈이 이루어지게 하시고, 우리의 지경이 넓혀지게 하셔서 우리로 근심이 없게 하시고 하나님과 평생을 동행하게 하옵소서. 이 나라가 하나님의 뜻대로 움직이게 하시고 우리 안에 계신 성령님으로 말미암아 행복과 기쁨이 우리 가운데 넘치게 하옵소서.

오늘 목사님을 통하여 어떤 말씀이 증거되든지 그 말씀이 내 안에 역사하여 평생을 그 말씀대로 살게 하시고 하나님의 명령이라면 가는 길도 멈추고 앉은 자리에서 일어나며 순종할 수 있는 귀하고 복된 성도 되게 하옵소서. 우리 교회가 부흥되게 하여 주시고, 우리 교회를 출입하는 모든 성도들이 복의 복을 받게 하옵소서. 야베스가 받은 복이 우리 교회 가운데에도 충만하여 날마다 간증이 넘치는 행복한 교회, 행복한 목사님, 행복한 성도들이 다 되게 하옵소서. 우리 교회를 사랑하신 주님을 사랑합니다.

예수님의 이름으로 기도했습니다. 아멘.

✝ 기도를 돕는 한마디
기도는 정신에 뿌리는 향수이며 명예와 용기를 회복해준다. – 아미엘 내 영혼이 하나님을 찬양합니다.

우리의 기도와 간구를 받아 주옵소서. 하나님 아니면 아무것도 할 수 없는 부족하고 연약한 존재들을 주님이 사랑하셔서 예배할 수 있는 영광을 허락하시니 감사드립니다. 찬양과 영광을 받으시옵소서. 오늘 예배가 사람의 마음을 감동시키는 것이 아니라 주님의 마음을 감동시킬 수 있는 복된 예배가 되게 하여 주시기를 원합니다.

하나님은 영이시니 예배하는 자가 신령과 진정으로 예배하라 하셨습니다. 세상의 것들로 인해서 닫힌 눈이 열리게 하시고, 막힌 귀를 열어 주시며, 죽어가는 영혼들을 일깨워 까마득히 잊었던 죄악들을 생각나게 하사 눈물로 통회하게 하시며, 새로운 소망과 기쁨, 새 언약으로 새 힘을 얻고, 새 생활과 새 마음을 찾게 하여 주옵소서. 우리들의 평안은 주님의 뜻에 있고, 참된 안식은 주님의 사랑에 있으며, 기쁨은 주님께 봉사하는 데 있음을 깨우쳐 주신 것을 감사드립니다. 입술로만이 아니라 생활 속에서 주님을 경배하도록 도와주옵소서.

항상 깨어 시험에 들지 않게 하시고, 항상 주님의 마음을 생각하여 주님 뜻 안에 거하게 하옵소서. 우리가 하나님의 말씀 아니면 무엇으로 이 세상을 살아가겠습니까.

말씀하여 주옵소서. 무슨 말씀을 하시든지 주의 명령에 순종하게 하옵소서. 이 예배가 하나님 명령에 순종하는 예배가 되게 하셔서 우리들 가운데 이 시대를 움직이는 거룩한 하나님의 백성들이 나오게 하옵소서.

단순히 이 땅에서 먹고 살기 위해 지친 사람이 되지 않게 하시고, 주님 주신 새 생명으로 무엇을 위해 살아야 할지를 알려 주옵소서.

민음이 자라게 하시고, 타인의 관심만 의식하는 겉사람을 버리고 진실되고 영적으로 풍요로운 속사람이 성장하게 하여 주옵소서. 언제나 하나님과의 넘치는 교제 안에 있게 하사 겸손하고 아름다운 모습으로 주님의 영광만을 위해 쉬지 않고 살아가게 하옵소서. 오늘도 그리스도의 이름을 위하여 수고한 모든 형제들에게 은혜를 허락하여 주시고, 그들의 일생이 매일매일 그리스도 안에서 시작되게 하시며 평생을 동행하여 주옵소서.

특별히 주님이 허락하신 이 날을 기쁨으로 채우기 원합니다. 생활 중에 우리의 말과 행동이 주님을 드러내는 예배가 되게 하시어 주님의 빛을 온 세상에 밝게 비추게 하옵소서. 너희는 세상의 소금이라고 말씀하였사오니 나로 인하여 이 세상의 부패가 중단되게 하시고, 나로 인하여 하나님의 거룩한 성품이 드러나게 하시며, 어디를 가든지 그리스도의 향기를 발하는 하나님의 자녀들이 될 수 있도록 복을 주옵소서.

나를 이 땅에 보내신 것은 나로 인하여 하나님의 영광이 드러나길 원하심을 믿습니다. 나를 하나님의 도구로 사용하시옵소서. 거룩한 주의 제단에 기둥 같은 일꾼 되게 하옵소서. 오늘 주님과 동행하는 귀한 예배를 하나님께 드리게 하심을 감사드립니다.

날 사랑하시고, 우리 교회를 사랑하시고, 우리 목사님을 사랑하시는 예수 그리스도의 이름으로 간절히 기도드립니다. 아멘.

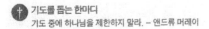 기도를 돕는 한마디
기도 중에 하나님을 제한하지 말라. – 앤드류 머레이

제자들의 마음을 굳게 하여 이 믿음에 거하라 권하고 또 우리가 하나님 나라에 들어가려면 많은 환난을 겪어야 할 것이라 - 행 14:22

가지 않으셔야 할 골고다를 걸으시고 십자가의 고난까지 기꺼이 감수하셔서 우리를 죄악 가운데서 건지신 사랑의 하나님 아버지!

주님 아니면 죄악 가운데서 소망 없는 날을 살아야 하는 우리의 영혼인데 오늘 이 거룩한 자리에 나왔습니다. 하나님의 부르심이 아니면 있을 수 없는 은혜이기에 온전히 머리 숙여 주님을 경배합니다.

하나님 아버지!

주님만이 내 영혼을 구원하실 수 있으며 주님만이 내 영혼 가운데 좌정하실 수 있습니다. 우리 안에 물질과 자녀와 사업이 우상이 되지 않도록 영혼을 경책하시어 하나님만 바라볼 수 있도록 도와주옵소서.

지난 한 주간도 아버지의 자녀 된 우리들이 아버지의 뜻에 따라 살려고 노력했지만, 육신의 연약함과 세상 권세에 타협하여 실족하고 범죄하였사오니, 우리를 불쌍히 여기시옵소서. 회개의 영을 부어주사 내가 알지 못하는 것까지 회개하게 하시고, 오늘 이 시간 예배를 통해서 내 영혼을 푸른 초장에 누이시는 하나님의 은혜를 맛보게 하옵소서.

기도하는 것을 응답하시고, 꿈꾸는 것을 이루어 주시는 하나님!

믿음이 부족한 것을 슬퍼하게 하옵시며, 교만과 위선과 사악함을 또한 슬퍼하게 하옵소서. 이 시간 이 곳에 충만히 임재하셔서 회개한 무리들이 신령과 진정으로 예배하게 하시며, 이 예배를 기쁨으로 흠향하시고 영광을 받으심으로, 우리에게도 영광되게 하시옵소서. 해 아래 있는 것은 영원한 것이 하나도 없나니, 이 세상엔 아무 것도 새로운 것이 없고

참된 것이 없다고 하셨습니다. 남의 행복을 부러워하지 않으며, 과거의 불행을 슬퍼하지 않으며, 오로지 오늘이 있음만을 감사하게 하시옵소서.

사랑의 하나님 아버지!

우리가 이제까지 남을 위해 선을 행한 것이 무엇이며, 버림받고 병든 불쌍한 사람들을 위하여 한 일을 무엇이었습니까? 작은 소자에게 냉수 한 그릇 대접한 것도 기억하신다고 말씀하셨는데 오늘 우리는 선을 행하기보다는 내 욕심을 채우며 하나님의 말씀에 반기를 들었습니다. 오른뺨을 때리면 왼뺨을 돌려대라는 주님의 말씀에 순종하지 못하고, 오리를 가자고 하면 십리를 가라고 하신 주님의 말씀을 순종하지 않았습니다. 사람의 머리로 계산하고, 경험으로 판단하여 하나님의 능력을 차단하였던 불쌍한 내 영혼을 긍휼히 여기시옵소서. 사람의 일이 잘한 것 같으나 그 길은 실패의 길이고, 내 경험이 최고인 것 같으나 하나님의 어리석음만도 못하다는 주의 말씀을 기억하게 하옵소서.

이 예배가 내 영혼이 변화되는 귀한 시간 되게 하시고 오늘 목사님의 말씀을 통해서 내 영혼이 새로워지는 생명의 시간이 되게 하옵소서. 우리 교회를 부흥시켜 주시고 어린아이부터 장로님에 이르기까지 한마음으로 목사님을 섬기고 하나님을 섬길 수 있도록 복을 주시옵소서. 이 민족이 주의 복음으로 하나 되게 하시고 주의 놀라운 사랑 안에 거하게 하옵소서. 주 예수 그리스도의 이름으로 기도드립니다. 아멘.

✝ 기도를 돕는 한마디
기도는 원기 회복의 시간이다. - 하워드 태일러

소망 없는 이 세상에 소망을 주시고 영원한 천국의 꿈을 갖게 하신 하나님 감사합니다. 자비를 구하오니, 그 자비하심을 베풀어 주셔서 하나님께 가까이 나아가 용서를 배우고, 진리와 희망을 찾으며, 서로 위로하며 은혜와 기쁨을 나누는 아름답고 보람있는 주일이 되게 하여 주옵소서. 사람이기에 연약하여 세상 것 때문에 마음이 상하고 상처를 받습니다. 상한 내 심령을 위로하셔서 주님의 은혜 가운데 거하게 하옵소서.

비록 우리들이 이 세상에 있으나, 우리의 속한 곳은 하늘이요, 입으로는 세상 것을 먹으나 심령으로는 하늘의 양식을 먹고 살며, 육을 위해 숨쉬는 것 같으나 그리스도를 위해 숨 쉬는 택함 받은 자녀임을 확실히 알게 하여 주옵소서.

이제 정한 마음으로 허물과 죄를 고백하오니, 십자가의 보혈로 깨끗이 씻어 주시고, "내가 나의 영으로 부어 주리라"하신 언약을 이루어 주옵소서. 젊은이들이 예언하고 청년들은 환상을 보고 아비들은 꿈을 꾸는 하나님의 영이 충만한 복된 성도들이 되게 하여 주옵소서. 주님은 살아 계시며 우리의 반석이십니다. 가난한 자의 친구요, 죽은 자의 소망이십니다. 그 반석에서 우리가 든든히 서기를 원합니다.

우리는 주님의 피 값으로 사신 바 되었으니, 그 흔적과 표식을 새롭게 하시고 우리를 다스려 주옵소서. 실패하고 괴로워하는 사람들에게 자비를 내려주시고, 갇힌 자와 실망한 자, 죽음의 공포에 떠는 자들에게 한없는 은혜를 부어 주옵소서.

거룩함을 구하는 심령들에게 거룩한 마음을 허락하시고, 은혜를 구하는 자들에게 은혜를 충만하게 내려 주옵소서. 베다니 동네에 많은 유대인들이 주님을 따르기보다는 죽었다가 살아난 나사로를 보려고 모여든 것처럼, 우리도 주님을 따르기보다는 세상에 복만 좇는 자들이었습니다. 주님의 관심은 내 영혼에 있으나 나의 관심은 물질에 있었음을 고백합니다. 그리고도 교만하였던 불쌍한 내 영혼 주님의 진노가 임하지 않게 하시고 긍휼히 여겨 주옵소서.

사랑의 하나님 아버지!

우리가 보는 것으로 판단치 않고, 듣는 것으로 정죄치 않게 하시되 우리로 하여금 아버지의 충분한 사랑과 위로와 응답을 받을 만한 자격과 인격을 갖출 수 있도록 준비시켜 주옵소서. 우리들의 마음속에 성령님이 오셔서 정결케 하시고, 주님과 더불어 새로운 은혜와 평강과 소망과 즐거움이 충만하게 하옵소서.

이 시간 세워 주신 목사님과 말씀에 함께하셔서 주님의 이름이 영광을 거두도록 크게 역사하여 주옵소서. 말씀이 생명이 되게 하시고, 그 생명으로 내 영혼이 거듭나게 하옵소서. 영안이 열려서 하나님을 볼 수 있도록 복을 주옵시고, 오늘 예배를 통해서 거룩한 성도로 변화되는 은혜의 시간이 되게 하옵소서.

예수님의 이름으로 기도드립니다. 아멘.

✝ 기도를 돕는 한마디
기도는 하나님께 이야기하는 것으로 시작하지만 더 들어가 보면 결국에 기도는 듣는 것이다. – 키케가드

나는 네 하나님이 됨이라 내가 너를 굳세게 하리라 참으로 너를 도와 주리라 참
으로 나의 의로운 오른손으로 너를 붙들리라 - 사 41:10

천지만물을 지으신 하나님 아버지!

주의 놀라우신 능력과 깊으신 사랑에 감사를 드립니다. 아무 보잘 것 없는 미천한 인생들을 사랑하셔서, 십자가의 모진 고통도 마다하지 않으시고, 아낌없이 보혈을 흘려주시니 너무나도 감사를 드립니다. 말씀을 사모하여 이 시간 주 앞에 나왔사오니, 내 영혼을 통하여 영광을 받으시기를 간절히 소망합니다.

하나님 내 아버지여!

이 시대는 물질만능주의에 사로잡혀 있습니다. 물질이면 무엇이든지 다 살 수 있다고 생각하는 그릇된 생각을 가진 사람들을 불쌍히 여기시고, 오늘 예배를 통해서 거룩하신 하나님을 만날 수 있기를 간절히 소망합니다. 경건한 마음으로 주님을 경배하오니, 우리에게 행하신 모든 좋은 일을 기억하며 즐거이 예배하게 하여 주옵소서.

이 시간 우리의 죄를 고백하오니, 우리 영이 기쁨을 찾고 새로운 생명의 힘이 솟아나게 하여 주옵소서. 회개의 영으로 충만케 하셔서 우리의 모든 죄악이 정결케 되기를 원합니다. 오직 주님만 바라보며 살아갈 수 있는 힘과 능력을 주시옵소서. 근심과 염려에서 벗어나 주님이 주시는 참된 평안을 누리게 하옵소서. 회개한 모든 영혼들이 마음에 기쁨과 평강이 가득차게 하시고, 주님의 사랑에 거하게 하옵소서.

삭개오와 같이 그리스도를 모셔 들여 아버지의 복을 받고 아브라함의 자녀들 중에 속하기를 원합니다. 우리를 위하여 하늘에 간직하신 것들을

제각기 받은 달란트대로 내려 주시되 언제나 받은 달란트대로 충성을 다하여 삼십 배, 육십 배, 백 배의 이윤을 남기도록 도와주옵소서.

사랑의 하나님!

내 생각이 하나님의 계획보다 앞서 가지 않게 하시며, 인생의 경험을 최고의 가치로 생각하지 않고 오직 하나님의 방법으로 일할 수 있도록 도와주옵소서. 내 영혼을 통하여 비뚤어진 이 세대의 죽어가는 영혼들에게 주님의 말씀을 선포하게 하시고 깨끗하고 순결하고 소생하는 성령의 역사를 일으킬 수 있도록 도와주시며, 믿지 않는 무리들이 하나님의 선하심과 거룩하심을 볼 수 있도록 인도하여 주옵소서. 또한 주님의 몸 된 교회를 잘 섬길 수 있도록 우리들에게 부족한 모든 것들을 공급하여 주시며, 이 교회를 통하여 주님의 기뻐하시고 온전하신 뜻이 무엇인지 분별할 수 있는 은혜를 내려 주옵소서.

우리 교회의 모든 성도들에게 복을 주시고 교회에 복을 주셔서, 올해 우리 교회의 목표가 이뤄지게 하시고 목사님이 꿈꾸는 모든 계획이 이루어지게 하옵소서. 나는 실패할지라도 하나님은 성공하시기를 원합니다. 우리의 계획대로 일하지 않고 주님의 뜻대로 일하게 하옵소서. 하나님의 사자 목사님을 통하여 이 시간에 귀한 말씀을 우리에게 허락하여 주시고, 그 말씀대로 순종하며 살아가게 하옵소서. 온 교회가 주님의 축복으로 간증이 넘쳐나게 하시며 오늘 주신 말씀으로 내 영혼이 쉼을 얻게 하옵소서. 예수님의 이름으로 기도드립니다. 아멘.

† 기도를 돕는 한마디
기도를 멈추는 것은 하나님의 축복이 쏟아져 들어오는 문을 스스로 닫는 것이다. – 데레사

내가 물 가운데로 지날 때에 내가 함께할 것이라 강을 건널 때에 물이 너를 침몰치 못할 것이며 – 사 43:2

하나님!

하나님의 은혜와 은총 가운데 지난 한 주간을 살았습니다. 오늘도 주님 주신 이 땅 위에 생명 가지고 살 수 있도록 지켜주신 하나님께 감사를 드립니다. 험한 세상 가운데서도 우리의 자녀들을 지키시고, 우리 가족을 지키시고, 우리 교회를 보호하시니 참으로 감사를 드립니다. 말로만 감사하지 않고 우리의 중심이 하나님께 설 수 있도록 복을 내려 주옵소서. 죄를 가지고는 하나님께 나올 수 없기에 이 시간 우리의 영혼이 회개하기를 소망합니다. 너희는 각각 회개하고 성령을 선물로 받으라 하신 하나님의 말씀이 온 성도들 위에 임하게 하옵소서.

연약하기에 죄를 지을 수밖에 없는 우리를 긍휼히 여기셔서 언제나 주의 말씀으로 새롭게 변화시켜 주옵소서. 오늘 정직한 영혼을 새롭게 하시고 이 세상 살면서 좌절하지 않고 절망하지 않으며 천국에 대한 새로운 꿈을 갖게 하옵소서. 마지막 세대에 하나님이 부으시는 성령의 은혜 안에 내 영혼이 들어가게 하시며 이 세상에 사는 동안 하나님의 나라를 위해서 마음껏 쓰임 받게 하옵소서. 내 자아를 내려놓고, 욕심을 내려놓고, 내 생각을 내려놓고, 주님이 원하시는 자리에서 충성을 다하게 하옵소서. 주님이 아니시면 할 수 없고, 주님이 돕지 않으시면 우리는 아무것도 할 수 없는 연약한 존재임을 고백합니다. 감히 하나님의 귀한 존전에 설 수 없는 죄인들이오나 그리스도의 사죄의 은총을 덧입고 나왔사오니 용납하여 주옵소서.

　사랑하는 하나님 아버지! 우리들은 주님의 형상대로 지음을 받았음에도 불구하고 그 뜻대로 살지 못하고, 주님의 크신 은혜를 받았으면서도 깨닫지 못하였으며, 말씀을 떠나 육신의 욕망을 좇아 살아왔음을 고백합니다. 또한 하나님께 영광을 돌리는 삶이 아니라, 내 육체를 위하여 살아온 이 모든 죄악을 고백하오니 불쌍히 여기시고 긍휼이 여기셔서 용서하여 주옵소서.

　이 거룩한 주일에 주님의 사랑과 은총을 사모하는 간절한 마음으로 나왔사오니, 한량없는 자비를 베풀어 주옵소서. 이 예배가 성령의 강한 역사에 붙들리는 생명의 시간이 되게 하여 주옵소서. "너희는 오직 성령의 충만함을 받으라"고 하신 주님의 말씀에 따라, 성령이 충만하여 세상 모든 무거운 짐을 내려놓고 주님께서 주시는 멍에를 감사함으로 받는 시간 되게 하옵소서. 말씀에 갈급한 심령 위에 목마르지 않는 생명수와 같은 귀한 말씀으로 넘치게 하옵소서.

　주님은 온 세계의 주인이시고 영원토록 이 나라를 다스리실 오직 한 분이십니다. 이 나라를 주관하시고 섭리하셔서 공의와 정의가 강물처럼 흐르게 하시고, 모두 함께 잘 사는 나라, 온 국민이 주인 되는 나라 되게 하옵소서. 이 교회를 섬기는 사랑하는 종들을 기억하시되, 특별히 목사님과 함께하셔서 진리의 말씀을 베풀기에 부족함이 없는 능력과 지혜를 허락하옵소서. 그리고 예수님의 심정으로 양떼를 돌볼 수 있도록 사랑의 마음을 채워 주옵소서. 예수 그리스도의 이름으로 기도드립니다. 아멘.

✝ 기도를 돕는 한마디
기도란 사람이 만들어낼 수 있는 가장 강력한 에너지다. – 알렉시스 카렐

우리를 다스리시며 복 주시는 자비하신 하나님 아버지!

오늘도 살아계셔서 우리 영혼을 주장하여 주심을 감사합니다. 하나님의 자녀로 산다고 하였지만 죄악과 실수로 점철된 우리의 삶이었음을 고백합니다. 욕심으로 인하여 다른 사람들에게 아픔을 주고, 상처를 주고, 복음을 증거해야 할 사람들을 실족하게 한 것이 있으면 용서하여 주시고, 사람의 방법과 경험으로 살았던 지난날들을 하나님 앞에 회개하오니 용서하여 주옵소서. 오직 주님만 바라보며 살게 하시고 우리의 삶이 아름다운 그리스도인의 삶으로 변화되게 하옵소서.

주님을 사모하여 이 시간 나왔사오니 이 예배를 통하여 내 영혼의 필요를 채워주시고 채워주신 하나님의 은혜로 살게 하옵소서. 겉은 멀쩡하오나 내 속사람은 뼈만 앙상하게 남은 굶주린 영혼이 아닌지 돌아보게 하시고 내 영혼을 올바르게 판단할 수 있는 영안이 열리게 하옵소서. 주님의 은혜만이 내 영혼을 살릴 수 있음을 고백합니다. 주님이 도우셔서 언제나 주님만 생각하고 살아갈 수 있도록 인도하옵소서.

곤고한 자가 부르짖을 때에 들으시고, 환난에서 구원하시는 내 주여! 우리의 죄와 허물을 고백하오니, 그리스도를 믿는 모든 이에게 값없이 주시는 용서를 이 시간 허락하여 주옵소서. 우리의 모든 간구와 말할 수 없는 내 영혼의 간절한 부르짖음이 하나님의 보좌를 움직이게 하여 주옵소서.

살아계신 하나님!

우리에게 교회를 생각하는 마음을 주시옵소서. 우리 집에 귀한 것 없어도 주님 전에는 있게 하시고, 내 집보다는 하나님의 전을 먼저 생각할 수 있는 복된 성도들이 다 되게 하여 주옵소서. 겉모습보다는 내 속사람에 관심을 갖게 하시고, 내 영혼을 사랑할 수 있는 그리스도인이 되게 하여 주옵소서. 이제 주님께서 원하시는 것이 무엇인가를 알게 하시고, 영적인 지식으로 충만토록 이끌어 주옵소서.

험난한 세상을 살아가면서 분했던 마음들과 남몰래 흘렸던 눈물들, 모든 근심과 괴로움이 봄날의 이슬처럼 사라지고 끝없는 화평과 즐거움으로 채워주실 줄 믿습니다. 가난과 병마에 시달리거나 실패하고 낙심될 때라도 그리스도인답게 흔들리지 않고 말씀과 기도로 지혜롭게 대처해 나가는 방법을 가르쳐 주옵소서.

우리를 결코 떠나지 않겠다고 약속하신 주님!

순간순간 구원의 즐거움을 우리들에게 회복시켜 주시고, 능력의 팔로 붙들어 주실 것을 믿습니다. 이 시간 아버지의 말씀을 전하시는 목사님과 함께하여 주시고, 말씀을 통하여 우리 심령의 깊은 곳까지 감찰할 수 있게 하여 주옵소서. 솔로몬보다 더 지혜롭고 사도 바울보다 더 큰 영력을 주셔서, 아버지의 뜻을 이 땅 위에 이룩하고, 그 영광을 드러내는 데 어려움이 없게 하여 주시옵소서. 오늘도 그리스도의 이름을 위하여 수고하는 모든 형제들과 각 기관들, 이국땅에서 수고하는 선교사들에게 복 내려 주옵소서. 이 모든 말씀 예수님의 이름으로 기도 립니다. 아멘.

✝ 기도를 돕는 한마디
기도란 라듐과 같은 것이다. 반짝반짝 빛나면서 스스로 에너지를 만들어낸다. - 카렐

믿음이 없이는 기쁘시게 못하나니 하나님께 나아가는 자는 반드시 그가 계신 것과 또한 그가 자기를 찾는 자들에게 상 주시는 이심을 믿어야 할찌니라 — 히 11:6

언제나 변함없이 신실하시고 거룩하신 하나님!

찬양과 영광을 온전히 주님께만 올려 드리오니 받으옵소서. 하나님께서 우리를 위하여 귀한 주일을 허락하셔서, 기쁨과 감사함으로 나왔습니다. 이 시간 살아계신 하나님과 신령한 교제가 있게 하시고, 거짓 없는 진실한 마음을 주셔서 신령과 진정으로 예배드리는 복된 시간 되게 하옵소서. 지난 한 주간 세상에서 방황하며 주님을 잃어버린 채 살았습니다.

거룩하신 하나님 아버지!

이 시간 우리들의 모습을 돌이켜보면, 육신이 연약하고 믿음이 부족하여 세상과 벗하여 살아온 연약한 모습들과 하나님만이 내 주인이라고 고백하면서도 물질에 이끌려 생활했던 불신앙의 모습들이 얼마나 많은지 모릅니다. 죄와 허물뿐인 이 죄인들을 불쌍히 여기시고 예수 그리스도의 보혈로 다시 깨끗함을 얻는 귀한 시간 되게 하옵소서.

우리 교회를 사랑하셔서 이곳에 주님께서 택하신 귀한 목사님을 보내주셔서 참으로 감사합니다. 하나님께서 이 교회를 통하여 이 지역을 변화시키시고 하나님의 놀라운 섭리를 이 땅 위에 선포하시기 원합니다. 죽어가는 영혼들을 살리게 하시고 수많은 영혼들을 제자 삼아 온 세상에 파송하는 귀한 전도의 능력이 있는 교회가 되게 하옵소서.

어려운 경제가 이 세대를 절망에 빠뜨리는 가운데 우리 교회는 하나님의 명령을 따라 구제하고 나누고 베풀 수 있는 사랑이 넘치는 교회가 되게 하시고, 세상을 위하여 섬김의 자세를 가지는 교회 되게 하옵소서. 무

엇보다도 영혼을 사랑하며 주님의 뜻대로 사명을 감당하는 귀한 교회 되게 하옵소서. 또한 진실과 하나님의 사랑이 넘치는 교회가 되게 하시고, 다툼과 시기와 미움이 없는 교회가 되게 하옵소서.

오늘도 세상에서 지치고 피곤한 모습으로, 영육 간에 갈급한 심령으로, 주님을 사모하는 심령으로 주님 앞에 나아왔사오니, 우리를 용납하시고 갈급함을 채워 주옵소서. 오늘 말씀이 내 영혼의 목적을 분명하게 선정하게 하시고, 내 삶의 가치관이 그리스도의 모습으로 바뀔 수 있도록 말씀하여 주옵소서. 오늘 말씀으로 깊으신 하나님의 뜻을 깨닫게 하시고, 영안을 열어 천국을 보게 하시며, 그 말씀으로 내 영혼이 거룩하게 살게 하여 주옵소서. 세상의 물질적인 것과 육체적인 것에 만족하지 않고 오직 예수님으로만 참 만족을 얻게 하옵소서.

어려운 문제로 인하여 이 예배에 참여하지 못한 성도들을 기억하시고, 동일한 은혜로 채워 주시며, 항상 아버지의 은혜를 기억하며 살게 하옵소서. 찬양으로 영광 돌리는 성가대의 정성을 받으시며, 감사함으로 물질을 드릴 때 받아 주셔서 산제사 되게 하옵소서. 이 예배를 온전히 주님께서 주장하셔서 마치는 시간까지 은혜 가운데 진행되게 하옵소서.

예수님의 이름으로 간절히 기도드립니다. 아멘.

✝ 기도를 돕는 한마디
기도란 인간의 영을 내뿜고 하나님의 영을 돌이키는 것이다. – 타튜사

이천 년 전 주님의 오심을 잊을 수가 없습니다. 구유에서 태어나시고 모진 고난을 당하시면서 우리를 구원하시기로 작정하신 그 사랑을 경배합니다. 주님의 그 고난이 영원히 죽을 수밖에 없는 우리의 영혼을 천국으로 이끄셨음을 감사드립니다. 피로 값 주고 사신 이 죄인들을 더 이상 버려두지 않으시고 하나님의 자녀 되는 권세를 주시고, 오늘도 은혜의 장중에 지켜주시오니 감사드립니다.

이 시간 예배에도 불같은 성령으로 역사하사 이 예배가 신령과 진정으로 드려지는 예배가 되게 하옵소서. 얼어붙은 심령들을 녹이시고, 내 입술을 열어 기도와 찬송에 불붙여 주시고, 말씀을 깨닫고 즐거워하는 영혼이 되게 하여 주옵소서.

하나님 아버지여! 욕망과 시기로 가득한 우리들에게 이 시간 특별한 은혜를 내려주셔서, 과연 내가 주님 앞에와 형제들 앞에서 어떤 존재인지를 알게 하시고 깨닫게 하여 주옵소서.

이제 지난날의 모든 죄악을 용서하시고 세상의 근심과 욕망으로부터 보호하사 과거의 죄악에 지나치게 얽매이거나 괴로워하지 않게 하시고, 육체의 욕심 때문에 주님을 떠나는 일이 없게 하여 주옵소서. 과거의 잘못을 고치지 않고 그냥 지나는 일이 없게 하시고, 어제의 죄가 내일의 생활에 계속되지 않게 하시며, 오늘의 삶이 내일의 삶에 악한 전례가 되지 않도록 지켜 주옵소서. 언제나 세상의 쾌락이 내 마음의 함정이 되지 않도록 지켜 주셔서, 주님 명령하시는 작은 부분이라도 능히 감당할 수 있

도록 준비시켜 주시고, 받은 복을 이웃과 나눌 수 있는 손도 주옵소서.

사랑의 하나님, 우리를 불쌍히 여기시고 육신에 필요한 모든 것뿐만 아니라 영적 생명을 위해 있어야 할 것으로 우리를 채워 부유케 하옵소서. 우리가 서로 사랑할 수 있는 능력을 받아 사랑으로 하나 되게 하시고, 말씀과 진리로 날마다 바르게 성장하게 하옵소서.

주님 부탁하신 전도와 선교에 힘쓸 수 있도록 역사하옵소서. 진리의 성령이 오셔서 사모하는 심령에 은혜의 깊은 자리가 되어 믿음으로 일할 수 있게 하옵소서. 사랑의 수고와 봉사도 할 수 있고 인내로써 소망을 이뤄가는 거룩한 생명 되게 하옵소서.

이 시간 정성을 다하여 준비한 예물을 기쁜 마음으로 드리게 하여 주시고, 드리는 자나 사정이 있어 드릴 수 없는 성도들에게도 동일한 은혜를 내려주옵소서. 특별히 이름도 없이 예배를 위하여 봉사하는 성가대원, 헌금위원, 안내위원을 비롯한 모든 기관 봉사자들을 기억하시고, 하늘의 지혜와 은총 속에서 항상 건강과 기쁨과 감사가 넘치게 하여 주옵소서. 하루를 기도로 시작하고 기도로 마치는 믿음을 주시고, 하루를 마쳤을 때는 감사함으로 하나님께 나아갈 수 있도록 은혜를 더하여 주옵소서. 오늘도 복주시마 약속하신 거룩하신 성일이오니 오늘 이 예배를 통해서 성령의 충만함을 받아 마지막 시대에 하나님께 귀히 쓰이는 복된 성도들이 되게 하옵소서. 모든 것은 주님 손에 있사오니 우리를 다스려 주옵소서. 예수님의 이름으로 기도드립니다. 아멘.

여호와여!

아침에 주께서 나의 소리를 들으시리니 아침에 내가 주께 기도하고 바라리이다. 하나님의 보호와 간구를 간절히 소망하여 이 시간 우리가 주님 앞에 나왔습니다. 오늘 하루도 거룩하고 아름답고 귀하고 복되게 최선을 다하여 하나님을 섬길 수 있도록 복을 내려 주옵소서.

사랑과 은혜의 하나님!

우리에게 믿음과 소망을 더하사 우리 삶을 통해 하나님의 삶을 인정하고 주님의 명령대로 이웃을 사랑할 수 있는 성숙한 성도가 되기를 간절히 기도합니다. 우리의 지난날을 돌이켜 보면 죄악으로 가득 찬 삶이었음을 보게 됩니다.

사랑과 은혜가 풍성하신 하나님 아버지!

오늘도 변함없는 사랑과 자비로 상처입은 영혼들을 보살펴 주시고, 간구의 영으로 하나님과 교통하는 흡족한 시간이 되어 새 생명의 풍성함으로 생수의 강이 흐르게 하여 주시기를 원합니다.

"너희가 노년에 이르기까지 내가 그리하겠고 백발이 되기까지 내가 너희를 품을 것이라"고 약속하신 주님께서 자복하는 우리에게 자비를 베푸시고, 안타깝게 부르짖는 기도를 들어 주시기를 원합니다.

거룩하신 아버지여!

이 시간에도 우리가 마음과 정성을 가다듬어 주님께 경배하고 찬양하기 위해서 나왔습니다. 먼저 우리들의 영혼을 깨끗하게 하시고 정결하게

하옵소서. 우리 입술의 부정한 악들을 제하여 주시고 깨끗한 심성과 거룩한 입술로 아버지께 영광을 돌리게 하여 주옵소서.

태풍을 만난 요나에게 "일어나 하나님께 구하라"고 말씀하신 것처럼, 이 시간 예배 가운데 아버지의 음성을 듣기를 원합니다. 이제 우리들의 마음이 하나님의 은혜 가운데 든든하게 서서 어떤 고난 앞에서도 담대하게 나아갈 수 있도록 복을 주옵소서. 비록 세상에서 경멸과 천대를 받고, 사람들 앞에서 무너지며, 고통과 질병으로 괴로움을 당할지라도, 오직 주님을 소망하며 세상에 물들지 않고, 오히려 빛과 소금으로의 직분을 잘 감당할 수 있도록 우리 영혼에 반석과 같은 믿음을 채워주시기 원합니다. 이 나라와 민족을 불쌍히 여겨주셔서 위험과 위기 속에서 구원하여 주시고, 이 나라가 나아가야 될 방향과 목적지를 제시하여 주옵소서. 오늘 선포될 말씀이 우리의 영혼을 살찌우고 우리 삶을 변화시킬 것을 기대하오니 주여, 살아계신 하나님의 음성으로 내 영혼에게 말씀하여 주옵소서.

오늘 말씀을 증거하실 목사님에게 성령의 두루마기를 입혀주시고 입술에 파수꾼을 세워 주셔서 목사님의 입술이 열릴 때에 생명의 말씀이 폭포수처럼 쏟아져 넘치게 하옵소서. 우리 교회를 사랑하시고 복을 주셔서 우리 교회를 통하여 하나님의 이름이 드러나게 하시고 세상이 줄 수 없는 기쁨과 평안을 베풀게 하여 주옵소서.

감사드리며 예수님의 이름으로 기도드립니다. 아멘.

✝ 기도를 돕는 한마디
기도란 갓 태어난 영혼의 숨결 같으며 그것 없이 그리스도안의 생애는 존재할 수 없다. – 나폴레온 힐 눈물과 한숨과 근심 걱정이 한 시도 쉬지 않고 밀려오는 이 땅 위에서 지난 한주일 동안도 저희들을 눈동자처럼 보호하여 주셨음을 참으로 감사드립니다. 모든 시험에서 건져주시고 선하게 인도하여 주시는 하나님 아버지의 은혜를 우리가 어떻게 표현할 수가 있겠습니까? 말세를 당하여 우리들의 신앙을 굳건하게 하옵소서. 만세 반석 위에 세운 집처럼 어떠한 시련이 오고 고난이 닥쳐와도 좌로나 우로나 흔들리지 않는 신앙의 사람들이 되게 하옵소서. 마지막 날 주님 앞에 설 때에 잘했다 칭찬받는 아름다운 그리스도의 군사로 성장하게 도와주옵소서.

사랑의 하나님 참으로 감사합니다. 이 나라에 복주시고 세계 가운데 영적인 지도자로 삼아 주시니 감사합니다. 세상이 험할수록 말씀에 바로 서서 중심을 지키고 변치 않는 믿음으로 온 세상을 바른길로 이끄는 나라가 되게 하옵소서. 이 나라의 위정자들과 공무원들이 먼저 모범을 보일 수 있도록 인도하시고 하나님 앞에서 부끄러움 없는 나라가 될 수 있도록 도와주시옵소서. 이 경제적 어려움도 속히 풀릴 수 있도록 주님께서 역사하여 주시옵소서.

사랑으로 오신 주님!

우리로 하여금 사치와 방종에서 돌이키게 하옵소서. 이 땅에 주님의 채찍이 내리기 전에 회개하고 주님 앞으로 돌아오게 하옵소서. 오늘날 우리 한국 교회가 먼저 하나님의 사명을 회복하게 하옵소서. 처음 사랑을 잊어버렸습니다. 주님의 보혈의 은혜도 잊어버렸습니다. 차지도 않고

뜨겁지도 않는 신앙으로 하나님을 실망시키고 때로는 하나님을 인정하지도 않는 삶을 살았습니다. 오늘 예배를 통해서 이 모든 흑암의 권세로부터 우리를 회복시켜 주옵소서. 겉만 화려하고 속은 텅 비어있는 우리의 영혼이 오늘 하나님의 말씀으로 충만하게 하옵소서.

이 시간 예배를 통해서 우리 안에 맑고 깨끗한 심령을 빚어 주시고, 어떤 죄든지 과감히 거절하고, 어떤 힘든 일이든지 주의 뜻이라면 주저하지 않고 실천할 수 있는 용기를 허락하여 주시옵소서. 이 나라의 5만여 교회가 하나가 되어 빛을 비추어야 온 세상이 그 빛으로 인하여 주님을 볼 수 있을 것입니다. 우리로 하여금 더욱 헌신하게 하옵소서.

이 시간에도 전방에서 나라를 지키며 고생하고 있는 이 나라의 젊은이들과, 먼 타국에서 복음을 들고 땀을 흘리고 있는 선교사들도 기억하여 주시고, 아버지의 평강과 사랑을 흡족히 부어 주옵소서. 주님의 놀라운 능력이 우리 성도들이 있는 처소마다 동일하게 임하시고 사람마다 하나님의 음성을 듣는 영적인 귀가 열려있게 하여 주옵소서. 말씀을 전해 주실 목사님을 붙들어 주시고, 성령을 덧입혀 주심으로 인해 생명력 있는 말씀, 심령을 쪼개는 말씀을 전할 수 있게 도와주시기 원합니다. 오늘도 말씀이 우리의 심령을 파고들어 도전이 되게 하여 주시고, 말씀을 들을 때에 내 영혼이 힘을 얻고, 하나님의 사람으로 성숙하게 하옵소서.

오늘도 살아계시는 예수님의 이름으로 기도드립니다. 아멘.

✝ 기도를 돕는 한마디
기도는 교실에서 배우는 것이 아니요, 밀실에서 배우는 것이다. – 바운드

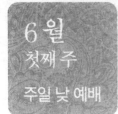

하나님이여 주께서 우리를 버려 흩으셨고 분노하셨사오나 지금은 우리를 회복시

키소서 – 시 60:1

사랑의 하나님 아버지!

험난한 세상을 매일 힘들게 살아가지만, 주님의 구원의 빛이 있기에 우리는 결코 슬퍼하지 않습니다. 오늘 이 시간도 주님의 은혜 사모하여 나왔사오니 은혜로 우리 영혼에 기쁨을 허락하시고 안식하게 하옵소서. 이제 우리가 주님 주신 빛 가운데 모여 서로 믿고 사랑하고 연합하여 의의 길로 나아가기를 원합니다. 주님께서 친히 인도하여 주시옵소서. 완악하고 강퍅하며 길을 잃고 헤맬지라도 주님의 길을 보여 주시고, 연약하여 실족하고 범죄하더라도 즉시 돌이켜 회개하게 도와주시옵소서.

독생자를 보내시어 죽음의 고통을 맛보게 하시기까지 우리를 사랑하신 주님!

이 시간도 우리와 동행을 약속하신 그 언약을 믿사오니, 죄악 세상에서 더러워진 우리들을 깨끗하게 하여 주시옵소서. 비록 우리의 추한 모습을 가릴 수는 없지만, 그리스도의 의와 피로 새 옷 지어 입고 하늘 끝까지 날개 쳐 오르고 싶습니다. 끊임없는 지혜를 공급해 주시고, 마땅히 행할 바를 가르쳐 주셔서 주님께 쓰임 받을 수 있도록 도와주옵소서.

아버지 하나님!

이 시간에도 선민이 받는 특별한 은혜를 내려 주옵소서. 주님의 능력과 자비로 우리들을 회복시켜 주시고, 주님을 향한 우리들의 사랑이 용광로처럼 끓어오르게 하옵소서. 주께서 빛 가운데 거하시는 것처럼 우리도 빛 가운데 있게 하시고, 우리들 심령 속에 그리스도의 품성을 심어 주

옵소서. 모든 일에 다툼이나 허영으로 하지 않고, 겸손한 마음을 돌아볼 줄 아는 자들이 되게 하옵소서. 오늘도 기쁨으로 봉사하는 형제들과 각 기관과 교역자들에게 복을 주시고, 영육 간에 형통케 하여 주옵소서. 이 시간도 곤비한 영혼들이 피 흘리시는 주님 곁에 기대어 찢겨진 마음을 내려놓았사오니, 긍휼히 여겨 주시옵소서.

탕자처럼 방황하던 우리들에게 거룩한 예배를 통하여 신령한 하늘 양식을 주시며, 주님의 이름으로 우리 죄를 고백케 하사 새 생명의 기쁨을 맛보게 하여 주옵소서. 불꽃같은 주님의 눈동자 앞에 벌거벗은 양심들이 그대로 드러나게 하셔서, 추하고 무가치한 자신을 발견하고 부끄러워하게 하시며, 주님의 가르치심을 온전히 깨닫게 하여 주옵소서.

사랑의 하나님!

이 나라를 불쌍히 보시옵소서. 애국 애족을 부르짖는 자는 많으나 애국자는 없나이다. 폭력과 배신과 거짓과 탐욕으로 가득한 땅에 많은 의인들을 세워 주셔서 그들을 반석 삼아 이 나라를 튼튼히 하여 주시고, 서로 믿고 사랑하고 의지하는 살기 좋은 나라를 이룩하여 주옵소서.

능력의 목사님을 세우시고 뜻이 있으셔서 이곳에 보내 주심을 감사합니다. 오늘 전하실 말씀은 능력의 말씀인 줄 믿습니다. 이 말씀으로 우리가 살게 하시고, 우리 영혼 또한 복의 통로가 되게 하여 주소서.

예수님의 이름으로 기도드립니다. 아멘.

✝ 기도를 돕는 한마디
기도는 영혼의 방패요, 하나님께 드리는 재물이며, 사탄을 향한 채찍이다. – 존 번연

절망할 때에도 주님은 우리와 함께하시고 힘들어 지칠 때에도 주님은 우리를 지키시는 분이심을 고백합니다. 우리가 지금 사는 것이 주의 은혜임을 고백하며 감사합니다. 그럼에도 우리는 하나님 아버지 앞에서 얼마나 교만하고 방자히 행하였는지요. 지난날들을 용서하시고 내 영혼에 성령의 충만함을 부어주셔서 기쁨이 넘치게 하옵소서.

아버지여!

또한 우리들에게 언제나 주님만 의지하고 바라게 하시려고 연약함을 주셨고, 지혜롭게 하시려고 가난도 주시며, 더 큰 축복과 기쁨을 주시려고 시험과 환난을 주시는 것을 깨닫고 감사를 드립니다. 주님의 사랑과 진리를 가르치시려고 질병과 고통도 주시며, 순종과 겸손을 가르치시려고 멸시 천대도 받게 하셨음을 깨닫고 또한 감사드립니다.

영원한 사랑이시며 영원한 생명이 되시는 하나님 아버지!

외롭고 쓸쓸한 심령들이 주님을 의지하려고 나왔습니다. 이 시간 쓰리고 아픈 상처를 치료하여 주시고, 고통과 서러움을 당한 이들을 위로하여 주옵소서. 아흔 아홉의 의로운 자보다 회개하는 한 사람을 더 기뻐하시는 아버지께서 이제 우리들에게 회개의 영을 내려 주시고, 자비를 베풀어 주시기를 간절히 원합니다.

주님!

이 민족으로 하여금 하나님을 공경하는 백성들로 삼아주옵소서. 오늘도 사치와 방종으로 영광을 삼는 이 땅 위에 주님의 채찍이 내리기 전에

회개하고 주님 앞으로 돌아오게 하옵소서. 오늘의 한국 교회는 자기 사명을 잊어버린 채 처음 사랑을 버린 에베소교회처럼 되었습니다. 차지도 않고 덥지도 않습니다. 물량주의와 안일함에 빠져서 겉모양만 자랑하며 병든 사회를 위해 치료하는 빛을 발하지 못하고 있습니다.

화내지 않을 것을 화내고, 의심치 않을 것을 의심하다보니 상하고 악한 마음만 남았습니다. 우리가 이 세상에 올 때에 아무 것도 가지고 온 것이 없듯이 이 세상을 떠날 때에 아무 것도 가지고 갈 수 없는 데도 불구하고 탐욕에 눈이 어두워 하늘의 영광을 잊고 살았습니다.

우리 안에 계신 성령님!

우리들에게 은혜를 베푸셔서 이제부터는 죄를 짓고 난 후에 후회하게 마시고, 죄짓기 전에 미리 깨달을 수 있는 지혜를 주옵소서. 천인이 우리 곁에서, 만인이 우리 우편에서 엎드러지며, 어떤 재앙이 닥쳐오더라도 우리에게 가까이 못하게 하시며, 흑암 중의 염병과 백주의 파멸을 두려워하지 아니하는 주님의 자녀들로 만들어 주시기를 간절히 원하옵니다.

그리스도의 복음이 땅 끝까지 전파되어서 이 세상 모든 족속들이 하나님을 경외하는 세상을 만들어 주시고, 주님이 강림하셔서 평화롭고 행복한 낙원을 건설하고 다스려 주시기를 간절히 원합니다. 오늘 예배를 주님께 맡기며 예수 그리스도의 이름으로 기도드립니다. 아멘.

✝ 기도를 돕는 한마디
기도는 간구로 하늘 문을 박차고 들어가는 것이다. – 테니슨 여호와의 이름에 합당한 영광을 그에게 돌릴찌어다 예물을 가지고 그 앞에 들어 갈찌어다 아름답고 거룩한 것으로 여호와께 경배할찌어다 - 대상 16:29

오늘도 귀한 주일을 허락하여 주신 하나님 감사합니다.

이 땅에 사는 동안 귀한 세월을 허비하지 않고 주님이 주시는 사명을 아름답게 감당하며 살아가게 하여 주옵소서. 짧은 인생을 위하여 살지 않고 영원하신 천국의 삶을 사모하며 영혼의 때를 위하여 이 땅 위의 삶을 아름답게 영위할 수 있도록 복을 주시옵소서. 언제나 우리의 신음과 눈물을 헤아리시며, 넘치는 자비로써 모든 복을 때에 따라 부어주시는 주님의 사랑과 은혜에 감사를 드립니다.

오늘도 연약한 우리들이 지친 모습으로 아버지를 찾아 나왔습니다. 죄악 가운데 살던 지난날들을 회복하고, 성령께서 주시는 은사를 받아 승리를 누리게 하여 주옵소서. 순간순간 하나님의 영광을 위해 주의 도를 따르는 삶을 살게 하여 주옵소서. 비록 우리의 모습이 죄악 가운데 방황할지라도 주님만 생각하고 살아갈 수 있도록 내 삶을 주관하여 주옵소서. 하나님의 뜻에 어긋나게 생각하고 말하고 행동하는 일이 가슴이 시릴 만큼 부끄러운 기억이 되게 하옵소서. 오늘도 주님의 흘리신 보혈로 우리를 씻어주시고 내 안에 정직한 영을 새롭게 하옵소서.

진리를 볼 수 있는 눈과, 주님의 음성을 들을 수 있는 귀와, 오묘하신 비밀을 알 수 있는 신령한 은사를 주셔서, 우리들의 믿음을 보전하게 하옵소서. 우리는 비록 가진 것이 없으나 하나님의 믿음을 가졌으니, 세상에서 가장 부유한 자가 되었나이다. 연약하고 미련하나 주님 항상 함께 하시니, 세상에서 가장 강하고 총명한 자가 되었나이다. 세상의 명예나

권세가 없으나, 주님의 능력과 권세를 받아 능력 있는 자가 되었나이다.

우리로 하여금 주님으로 인하여 늘 자랑하며 만족하게 하옵소서. 비록 우리가 모든 제물을 잃더라도 아버지를 잊어버리는 일이 없게 하시고, 병들고 연약해질지라도 아버지의 뜻을 의심하지 않게 하옵소서. 그리고 세상 사람들에게는 버림받아도 하나님께 버림받는 자가 되지 않게 하시며, 천국 가는 날까지 하나님과 동행하게 하옵소서. 또한 나보다 다른 이를 먼저 생각하는 자가 되게 하시며, 높아지기보다는 낮은 자가 되어서 남 섬기는 주님의 도를 본받아 살게 하옵소서.

사랑의 하나님께서 이 민족으로 하여금 하나님을 공경하는 백성들로 삼아주옵소서. 이 시대가 물질만능과 사치를 일삼는 나라가 되어버렸습니다. 불쌍히 여기시고 긍휼히 여기셔서 이 나라를 통하여 하시고자 계획하시는 하나님의 놀라운 계획하심이 이뤄지게 하옵소서. 미혹의 영들이 하나님의 선지자의 모습으로 순진한 영혼들을 미혹하고 있습니다. 우리를 넘어뜨리려 우는 사자와 같이 삼킬 자를 두루 찾아다니는 악한 사탄의 영들로부터 우리 교회와 성도와 교역자들을 보호하여 주셔서 항상 깨어있는 영혼들이 되게 하여 주옵소서. 늘 깨어 기도함으로 신령한 은사를 지키며, 미혹의 영들을 물리치게 하옵소서. 우리들의 가정이 화목하게 하시고, 국가와 사회와 이웃과 교회를 위하여 봉사하는 삶을 살 수 있도록 인도하여 주옵소서. 이 시간 우리들의 예배를 기쁘게 받으실 줄 믿사오며, 예수님의 이름으로 기도드립니다. 아멘.

✝ 기도를 돕는 한마디
기도를 게을리 한 자는 결코 승자가 될 수 없다. - 로버트

사랑의 하나님!

이 나라 이 민족을 사랑하심을 감사드립니다. 우리 영혼이 하나님을 믿는다 하면서도 어둠 가운데에 방황하며 죄악을 일삼고 있습니다. 십자가에 흘리신 보혈을 우리는 너무나 자주 잊고 살아갑니다. 용서하여 주옵소서. 우리의 많은 죄를 주님의 사랑으로 용서하여 주옵소서.

이 시간 우리들의 마음과 정성을 다하여 경배합니다. 아름다운 꽃이 시들면 열매를 맺게 하시며, 그 열매로 씨가 되게 하사 다시 생명을 살리시는 주님이심을 믿습니다. 주님은 우리를 그보다 더욱 소중하게 여기셔서, 어둠에서 광명으로, 절망에서 소망으로, 죽음에서 영생으로 인도하여 주시오니 진실로 감사하고 감사하옵니다.

하나님 성령의 역사를 따라 낡은 것은 버리고 새로운 것을 받아들여 꾸준한 개혁을 이루게 하옵소서. 우리를 불쌍히 여기시고 육신의 필요한 모든 것뿐만 아니라 영적 경건생활에 있어야 할 것들 또한 넘치게 하여 주옵소서. 말씀과 진리로 날마다 성장하게 하시고, 주님 부탁하신 전도와 선교에 힘쓸 수 있도록 성령으로 역사하옵소서.

사랑의 주님!

주님을 감히 바라볼 자격도 없고 병들고 부패한 심령들이 손들고 나왔습니다. 주시는 이도 여호와시요 취하시는 이도 여호와시니, 불쌍히 보시고 받아 주옵소서. 특별히 병마로 괴로움과 고통당하는 이들을 위하여 기도합니다. "너희 죄를 서로 고하며 병 낫기를 위하여 서로 기도하라 의

인의 간구는 역사하는 힘이 많다"고 하셨사오니, 우리들이 기도할 때 사죄의 은총을 베푸시고 육신의 건강 주시기를 간구합니다. 의로운 해로 떠올라서 치료하는 광선을 발하여 주옵소서. 성령의 불로 모든 병마를 소멸하시고, 십자가의 보혈로 치료하여 주옵소서. 에스겔 골짜기에 흩어 졌던 뼈들에게 생기를 불어 살리시고, 38년 된 병자를 일어나 걷게 하시며, 앉은뱅이가 일어서며, 소경이 눈을 뜨고, 벙어리들이 말을 하는 기이한 역사를 우리도 보게 하여 주옵소서. 우리들에게 독수리의 날개 치는 힘을 주시고, 외양간에서 나온 송아지처럼 뛰게 하시며, 온전히 아버지의 영광만을 위하여 사는 삶이 되게 하여 주옵소서.

주일을 귀하게 여겨 이 시간에도 하나님의 이름을 경배하고자 모였나이다. 사망의 길에서 벗어나지 못할 죄인들을 죄인이라 하지 않으시고 하나님의 자녀 삼아 주셨사오니 오늘 예배를 통하여 우리 영혼이 하나님 앞에서 회복되게 하여 주옵소서. 십자가의 복음을 전하며 아버지의 사랑을 끊임없이 증거 하는 귀한 자녀들로 삼아 주옵소서.

아무 것도 염려하지 말라고 하신 주님!

이제 아버지 앞에 모든 무거운 짐을 내려놓았사오니, 아무 것도 염려하지 않겠나이다. 우리의 일생에 주께서 동행하여 주시며, 순간마다 인도하시고 지도하시며, 온 생애를 생명으로 채워 주옵소서.

기쁨과 감사와 찬송을 올리며, 예수 그리스도의 이름으로 간절히 기도드립니다. 아멘.

✝ 기도를 돕는 한마디
기도는 습득하는 것이 아니라 생성되는 것이다. – 그랜버그

오라 우리가 굽혀 경배하며 우리를 지으신 여호와 앞에 무릎을 꿇자

– 시 95:6

오늘도 귀한 하루를 열어 주시고 우리를 눈동자처럼 지켜주시는 하나님 감사합니다. 저희들에게 맡기신 일을 감당토록 지혜를 주신 하나님께 감사와 찬송과 영광을 돌립니다. 하나님의 자녀의 신분을 잃고 어둠 속을 소망 없이 헤매던 우리를 십자가의 피로 구속하셨습니다. 이제 죄 씻음 받고 하나님을 아버지라 부르며 하나님의 자녀로서 귀한 삶을 살게 해주신 주님의 은총에 다시금 감사드리옵니다.

순간순간 하나님의 영광을 위해 주님의 뒤를 따르는 삶을 살게 도와주옵소서. 바로 보고, 듣고 판단하여 용감하고 끈기 있게 살도록 이끄신 성령님께 감사와 찬송과 영광을 돌립니다. 하오나 이렇게 감사를 드리면서 한편 우리의 언행심사를 생각해 봅니다. 우리가 주 하나님의 뜻에 어긋나게 생각하고 말하고 행동한 일이 아프고 부끄럽게 기억됩니다. 주님의 흘리신 보혈로 씻어 주옵소서. 또한 꼭 하여야 할 줄 알고 하려고까지 하였으나, 힘들고 괴롭기에 이런 저런 핑계를 대며 회피한 일이 괴롭게 기억됩니다. 이 죄 또한 흘리신 보혈로 씻어 정결케 하여 주옵소서. 이 시간 드리는 예배를 통해 저희 안에 맑고 정한 새 심령을 주시옵소서. 어떤 죄이든지 과감히 거절하고, 어떤 힘든 일이든지 주의 뜻이라면 주저하지 않고 실천할 수 있는 용기와 끈기를 새롭게 입혀 주옵소서.

마음에 빛과 영혼의 참 생명이 되시는 아버지 하나님께서 이 시간 우리들이 죄와 허물을 낱낱이 고백하오니, 한량없는 자비하심으로 용서해 주옵소서. 우리들은 주님의 뜻대로 살지 못하고 내 뜻과 내 고집대로 살

아왔나이다. 주님께서는 목숨을 버리면서까지 우리들을 사랑해 주셨지만. 우리는 서로 사랑하지 못하고 헐뜯고 살았습니다. 세상에서 소금이 되라고 하셨지만, 그 직분을 잘 감당치 못했나이다. 이제 우리들의 죄를 용서해 주옵시고, 자비로 우리들 마음에 성령의 뜨거운 불을 붙여 주옵소서. 새로운 다짐을 하게 하셔서 기쁜 마음으로 주님을 따르며 즐거워할 수 있는 귀한 믿음을 허락해 주옵소서.

사랑이 많으신 하나님! 우리들의 가정과 사업과 자녀들을 축복하셔서 늘 강건하게 하시고 성장하게 하옵소서. 물질의 축복만을 간구하지 않게 하시고, 영혼의 축복을 사모하여 신령한 생활을 이어가게 하옵소서. 늘 기도에 힘쓰는 생활 되게 하셔서 하나님과의 대화가 끊어지지 않게 하시고, 영혼의 호흡이 늘 있게 하옵소서.

은혜로우신 하나님 아버지! 이 시간 주님의 거룩한 교회를 위하여 기도합니다. 주님의 교회를 진리로 채워 주시고, 평화와 사랑과 번영이 가득하게 하옵소서. 성도들이 서로 이해하고 감싸주면서 생활할 때 천국의 기쁨을 이곳에서 맛보게 하옵소서. 분열과 교만과 같은 마귀의 역사가 발붙이지 못하게 하옵소서. 교회를 섬기는 목사님에게 은혜와 진리가 늘 충만케 하시며, 이 시간도 하나님의 말씀을 증거하실 때 큰 은혜가 넘치는 시간 되게 하옵소서. 영육 간에 강건함으로 붙잡아 주셔서 피곤치 않고 주의 일을 잘 감당케 하여 주옵소서.

교회의 머리 되시는 예수님의 이름으로 기도 드립니다. 아멘.

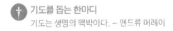

기도를 돕는 한마디
기도는 생명의 맥박이다. – 앤드류 머레이

하나님은 영이시니 예배하는 자가 신령과 진정으로 예배할찌니라 – 요 4:24

거룩하신 하나님,

주의 날을 구별하여 하나님의 성호를 찬양 드리고자 모였나이다. 사망의 길에서 벗어나지 못할 죄인들을 죄인이라 아니하시고, 하나님의 아들 딸로 삼아주심을 감사하나이다. 만입이 있어도 이 감사를 어찌 다 말로 할 수 있겠는지요? 이 시간 구원의 은총을 마음껏 찬양하는 시간이 되도록 성령님 충만히 임하옵소서. 저희에게 일찍이 믿음을 주셔서 성경을 통하여 하나님 아버지를 만나게 하셨습니다. 또한 우리의 속죄자이시며 중보자이신 예수님을 알고, 믿고, 구원받게 하여 주신 은혜를 다시금 감사하나이다. 주님께서 성경에 약속하신 것같이 저희 한 사람 한 사람을 항상 인도하시고, 보호하여 주심을 믿사옵고 감사하나이다.

하늘에 계신 하나님 아버지!

오늘 복된 주님의 날 아침에 주의 자녀를 원근각처에서 불러주심을 감사드립니다. 베푸신 은혜로써 주일의 첫 날을 주님께 예배하게 하시고, 우리의 몸과 마음이 주 안에서 쉼을 얻게 하시니 참으로 감사합니다.

거룩하신 하나님 아버지!

우리는 주님만이 영원하고 유일하신 찬양과 경배의 대상이 되심을 고백하며 영광을 돌립니다. "예배하는 자가 신령과 진정으로 예배할찌니라"고 하신 하나님께 우리들이 드리는 이 예배가 참으로 열납되기를 원합니다.

자비로우신 하나님 아버지!

우리는 주님 앞에 설 때마다 늘 우리의 부끄러운 모습을 숨길 수가 없습니다. 이 시간 우리가 우리의 죄와 부족함을 자백하오니, 우리의 영혼을 어루만져 주시사 새롭게 하시고 잘못된 마음을 고쳐주옵소서. 우리의 수다한 거짓과 숨은 죄악과 저지른 죄, 완악한 마음을 용서하옵시고, 사유하여 주옵소서. 예수 그리스도의 보혈로 우리들을 용서하여 주옵소서. 예배드리는 우리들로 하여금 이 시간 긍휼과 자비를 체험하게 하옵소서. 그리고 우리의 마음을 사랑과 소망으로 채워주셔서, 우리들로 하여금 그리스도의 장성한 분량까지 성장하도록 인도해 주옵소서.

이 예배의 모든 순서를 통하여 하나님께 영광을 돌리고, 우리 모두에게는 은혜의 시간이 되게 하옵소서. 특별히 하나님의 말씀을 전하시는 목사님을 도우시사, 하나님의 말씀을 능력있게 선포하게 하옵소서. 그 말씀이 살아서 우리의 혼과 영과 관절과 골수를 찔러 쪼개는 역사가 있게 하옵소서.

의로우신 하나님 아버지!

우리를 말씀으로 무장시키시고 성령의 능력을 덧입혀 주옵소서. 이 예배를 마치고 세상에 나아가 살 때에는 진정 주님의 증인 된 역할을 감당하여 아버지께 기쁨과 영광을 돌릴 수 있도록 도와주옵소서. 모든 권세와 영광이 영원히 주님께 있기를 원합니다.

이 모든 말씀을 믿음의 주요 또 온전케 하시는 우리 주 예수님의 이름으로 기도드립니다. 아멘.

✝ 기도를 돕는 한마디
기도의 사람이 아니면 아무도 하나님을 위해 위대한 일을 할 수 없다. – 바운즈

거룩하신 하나님!

하나님의 나라와 의가 이 땅 위에 선포되게 하옵소서. 북녘 땅에 있는 우리 형제들을 사랑하시사 주의 능력을 베풀어 주옵소서. 이 민족이 하나로 통일되며 복음화 되기를 진실로 원하옵니다. 교회의 머리 되시는 주님, 이 교회를 주님의 피 값을 주시고 세워주심과 지켜주시고 보호하심을 참으로 감사드립니다. 교회 부흥 성장은 하나님의 소원이요, 기쁨이요, 최대 관심사입니다. 주님의 지상명령인 영혼 구원과 제자 삼는 일에 생명을 드리는 성도들이 다 되게 하옵소서. 30배, 60배, 100배의 결실을 맺을 수 있도록 은혜 위에 은혜를, 믿음 위에 믿음을 더 하옵소서. 날로 부흥 성장하는 성도와 교회 되길 원합니다.

우리들과 이 세상 모든 것을 지으시고, 역사를 주관하시는 아버지 하나님께 감사드립니다. 하나님의 독생자 예수님은 하나님의 뜻을 거역하고 죄 중에 빠져 영 죽게 된 우리를 구원하시려, 하늘의 영광스런 보좌를 버리시고 이 땅에 오사 십자가를 친히 지셨습니다. 그 크신 사랑에 감사드립니다. 그리고 우리와 늘 함께 하시며, 깨닫게 하시고, 힘이 되시고, 위로가 되어 주시는 성령님께 감사와 찬송과 영광을 돌립니다.

능력의 주께서 우리들에게 주의 말씀과 진리 안에서 어두운 세상을 밝히고 빛 된 삶을 살게 하옵소서. 사도들의 신앙고백과 말씀 위에 세워주신 교회가 불의한 세속 중에서 믿음으로 의로운 생활을 이끌어 가도록 인도하옵소서.

거룩한 하나님의 백성으로 경건한 생활에 힘쓰게 하심을 감사합니다. 지난 한 주간의 삶도 돌이켜 보면, 우리들의 생각과 말과 행동이 하나님의 뜻에 어긋나는 일들이 많았음을 고백합니다. 이 시간 십자가의 보혈로 씻어주시고, 성령의 도우심 속에 용서의 확신과 새 힘을 주옵소서. 이 시간 우리들에게 주시는 말씀을 통하여 우리의 가슴이 뜨거워지게 하옵소서. 우리의 영이 밝아지게 하옵소서. 우리의 손과 발이 새로워져 하나님의 역사 속에 하나님의 뜻을 성취해 드리는 힘있고 올바른 새로운 일꾼들이 되게 하여 주옵소서.

이 시간 예배드림으로 아버지 하나님께 큰 영광을 돌리며, 우리들은 새롭게 변화되어 나아감으로 우리들의 각 가정이 작은 천국이 되게 도와 주옵소서. 또한 우리가 이 사회 속의 정치, 경제, 문화, 예술 등 각 분야에서 소금과 빛이 되어 하나님 나라를 이루어 나아가는 새 일꾼들의 사명을 감당하게 하옵소서.

주님은 가난한 자를 택하사 부요한 자를 부끄럽게 하시며, 어리석은 자를 택하사 지혜 있는 자를 부끄럽게 하신다고 했습니다. 우리의 부족함을 탓하지 않으시는 주님, 우리를 사용하여 주옵소서. 우리들이 주님의 선하시고 기뻐하시고 온전하신 뜻을 깨달아 산제사를 드릴 수 있도록 늘 붙들어 주옵소서. 날마다 우리 모두 사랑으로 하나 되게 하시고, 말씀으로 자라나게 하옵소서. 항상 함께하심을 감사드리오며 우리를 구원하시려 십자가를 지신 예수 그리스도의 이름으로 기도드립니다. 아멘.

✝ 기도를 돕는 한마디
기도하는 사람은 하나님의 은혜를 담을 수 있을 만큼 마음이 넓어진다. – 마더 데레사

은혜로우신 하나님!

　죄인의 괴수라도 버리지 않고 용납하시는 사랑과 자비를 믿고 기도합니다. 자비와 은총이 넉넉하신 하나님 아버지, 주님께서는 우리의 겉모습보다 속사람을 살피시는 줄 믿습니다. 우리 마음의 깊은 곳을 헤아리시고 평안을 허락하여 주옵소서. 우리를 특별히 많은 사람들 가운데서 하나님의 자녀로 선택하여 주시고, 오늘도 거룩하고 복된 하나님의 성전에 나아와서 신령과 진정으로 예배를 드리게 됨을 감사드립니다.

　이 시간 우리에게 믿음을 더하여 주시고, 언제 어디서나 온전한 몸으로 하나님을 향하여 힘있는 전진만 있게 하여 주옵소서. 여호수아가 믿음으로 요단을 밟을 때 요단강이 갈라진 것처럼 믿음으로 담대하게 하옵소서. 또한, 우리가 이 세상에서 살 때에 그리스도인으로서의 온전한 삶을 지켜 세상의 어둠을 밝히는 빛이 되게 하시고, 그리스도의 향기를 아름답게 발하여 이 세상이 아름다워지게 하여 주시기를 바라옵고 원하옵나이다.

　이 시간 회개의 영을 주셔서 우리의 연약함과 영육 간의 죄를 자복하오니 정결케 씻어 주시옵소서. 간절히 비옵기는 우리의 상한 마음과 통회하는 마음을 받아주시고, 새롭게 하여 주옵소서. 우리의 입술은 부정했고, 목은 곧은 교만한 죄인이었습니다. 잎만 무성한 무화과나무처럼 외식했습니다. 믿는다고 고백하고서도 믿음대로 살지 못했습니다. 주를 사랑한다고 했지만 주를 위하여 진심으로 봉사하지 못했고, 주님의 풍성

한 은혜를 받으면서도 열매를 맺지 못하고 살았습니다.

사랑의 하나님!

이 시간 우리 모두를 다시 한 번 용서하여 주시고 십자가의 보혈로 깨끗하게 하옵소서. 우리 모두를 예수 그리스도의 형상으로 변화시켜 주시고, 그리스도의 장성한 단계로 성장하도록 이끌어 주옵소서. 어둠 속에서도 빛을 밝히고, 절망 속에서 소망을 보여주는 성결한 자녀 되게 하옵소서. 하나님의 크신 은혜를 베풀어 주셔서 우리나라를 지키시고 복 내려 주옵소서. 이 나라에 참다운 민주주의가 정착되어 자유와 평화가 깃들게 하옵소서.

혹, 병든 자가 있습니까? 만병의 의사 되시는 주님의 손길로 치료하여 주시고, 성도들 가정에 근심 걱정이 사라지게 하여 주옵소서. 그리하여 찬송의 메아리가 울려 퍼지게 하여 주옵소서.

언제나 기쁨의 웃음이 넘치는 가정이 되게 하시고, 범사에 감사하는 아름다운 가정 천국을 이루며 살게 하여 주옵소서. 또한 이 시간 목사님을 통해 주시는 영의 양식으로 충만하여지기를 원합니다. 늘 살진 꼴을 먹이시느라 애쓰는 목사님에게 지혜와 능력을 허락하여 주시고, 말씀을 선포하실 때마다 성령의 두루마기를 입혀 주옵소서.

예수 그리스도의 이름 받들어 기도드립니다. 아멘.

✝ 기도를 돕는 한마디
기도할 수 있는 신을 가지고 싶어 하는 것은 인간의 욕망 중의 하나다. – 로쉬울트

감사와 찬송과 영광을 받으시기 합당하신 하나님 아버지!

이 시간 거룩한 주일을 온전히 지내게 하여 주심을 감사드립니다. 예배 가운데 운행하시고 기뻐하시는 사랑의 하나님, 우리 각 사람을 은혜 가운데 보호하여 주시고, 건강한 몸과 믿음을 가지고 하나님의 성전에 주의 이름으로 나오게 하심을 진심으로 감사드립니다. 우리 입술을 통해 드려지는 찬양이 진실한 마음이요, 온전한 신앙고백이 되기를 원합니다.

이 예배를 통해 더럽고 추하고 냄새나는 육신의 겉옷을 벗어버리고 찬송의 옷을 입혀 주시기 원합니다. 바울과 실라가 감옥에서 감사의 찬양을 드릴 때 옥문이 열리고, 다윗이 찬양할 때 악신이 떠나간 것처럼 오늘 우리가 드리는 찬양에도 그때와 동일한 생명이 넘치고, 능력이 넘치게 하옵소서. 예배를 통해 하나님의 진리를 미련한 저희들에게 가르쳐 주시고 하늘 가는 길을 보여 주시옵소서. 찬양이 우리의 삶이 되게 하시고, 이 땅에 사는 주의 백성들이 한마음으로 예배하게 하옵소서.

땅 위에서의 편안한 생활도 더 없이 좋으나, 하나님의 뜻을 먼저 찾는 영혼이 되게 하옵소서. 우리 앞에 고난의 쓴 잔이 있다 하더라도 하나님의 구원의 은총과 성호를 찬양하는 마음을 끝날까지 간직하게 하시고 쓴 잔을 마실 용기도 주옵소서. 나라와 교회를 안보하시고, 전 세계에 흩어져 선교하시는 주의 종들에게 강한 영력을 부어주시고 행하는 일을 형통케 하옵소서. 능력의 하나님께서 우리가 살아가는 동안 악한 사탄의 궤계를 물리칠 수 있는 영권을 우리에게도 허락하옵소서.

지금도 살아계셔서 인간의 역사를 불꽃같은 눈으로 살피시는 여호와 하나님!

이 나라와 민족을 불쌍히 여겨 주시기를 원합니다. 위정자들이 권세를 허락하신 여호와를 두렵고 떨림으로 섬기게 하시며, 백성들을 사랑으로 이끌어가게 하옵소서. 모든 백성들은 우상을 버리고 주께로 돌아와 오직 여호와 하나님만을 섬기게 하옵소서.

자비로우신 여호와 하나님!

우리의 가족들 가운데 군에 입대하여 수고하는 형제들이 있습니다. 불꽃같은 눈으로 지키사 늘 강건케 하시고 더욱 주님을 의지하게 하옵소서. 또한 외국에 나가 있는 형제들을 지켜주시고 타문화권의 장벽을 넘어서 수고하는 선교사들과 그의 가족을 지켜주옵소서. 영적으로 짓눌린 그곳에서 승리할 수 있도록 성령 하나님께서 붙들어 주옵소서.

이 시간에도 살아계신 주여!

강단에 세우신 주의 사자를 붙드시옵소서. 그 입술로 선포되는 하나님의 말씀을 통하여 우리의 주린 영혼이 살찌게 하시며, 낙심한 영혼이 위로를 얻게 하시며, 독수리의 날개 치며 올라감 같은 새 힘을 얻게 하옵소서. 세우신 성가대의 찬양을 통하여 주님 홀로 영광을 받으시옵소서. 이 시간 하나님께는 영광이요 우리에게는 은혜와 감격의 시간이 되게 하옵소서.

예수님의 이름으로 기도드립니다. 아멘.

내 이름으로 일컫는 내 백성이 그 악한 길에서 떠나 스스로 겸비하고 기도하여 내 얼굴을 구하면 내가 하늘에서 듣고 그 죄를 사하고 그 땅을 고칠찌라 — 대하 7:14

거룩하신 아버지 하나님!

복된 성일을 우리에게 허락하여 주시니 감사합니다. 이 예배 가운데 성령으로 오셔서 함께 계시고, 하나님의 뜻이 하늘에서 이루어진 것 같이 이 교회를 통하여 이 땅에도 이루어지게 하옵소서. 이 시간 정성을 하나로 모아 살아계신 하나님께 예배드리게 도와주옵소서.

하나님의 도우심 없이는 잠시도 생명을 부지할 수 없는 연약한 우리들을 지난 한 주간 동안도 여러 모양과 형편 속에서 보호해 주시고, 인도해 주신 그 크신 은혜를 진심으로 감사드립니다. 지나온 한 주간의 삶을 이 시간 다신 되돌아볼 때, 주님 앞에 죄스럽고 잘못된 일들이 너무도 많았음을 고백하지 않을 수 없습니다. 주님의 사랑으로 용서하여 주옵소서. 깨끗하게 하시고 정결케 하여 주시옵소서.

선한 목자이신 주님!

이 교회에 속한 양 무리를 지키사 진리와 사랑 안에 보호하시고, 영육간의 삶에 대한 안정을 주옵소서. 비록 고달픈 삶의 현장에 있을지라도 예수님이 지신 십자가 고난의 길을 따르며, 구원의 도를 증거하며, 시종여일하게 믿음으로 충성하고 소망으로 인내하며 사랑의 수고를 서로 나누게 하옵소서.

뜻이 있어 이곳에 교회를 세우시고 또 이 교회를 통해 이 지역을 축복하시길 원하시는 주님께서 이 교회로 하여금 지역사회 안에 존재하며 사회에 대한 의식과 책임을 다할 수 있게 하옵소서. 가난하고 약한 자들이

위로받는 좋은 교회가 되게 하시고. 많은 어린이들과 청소년들을 옳은 길로 인도할 수 있는 교회가 되게 하옵소서. 있는 자와 강한 자들에게는 이 교회가 저들의 섬김의 일터가 되게 하옵소서.

자비가 풍성하신 사랑의 하나님 아버지!

그리스도께서 흘리신 십자가의 보혈을 의지하며 이 시간 주님 앞에 머리 숙였사오니, 아버지여, 우리 죄를 용서하여 주옵소서. 이제는 진실로 죄를 떠난 삶을 살도록 더욱 노력하며 하나님이 기뻐하시는 삶을 살아갈 수 있게 하여 주옵소서.

오늘의 우리 현실을 볼 때 주님을 향하여 간구할 것이 너무나 많습니다. 주님께서 우리의 기도에 응답해 주시기를 간절히 원하오며 기도하옵나니 이 민족을 보호하여 주옵소서. 이 사회를 정화시켜 주옵소서. 우리 교회와 모든 성도들의 삶이 하나님의 말씀 따라 살아갈 수 있도록 힘과 용기를 주옵소서. 또한 충성된 청지기의 삶이 되게 하옵소서.

특별히 주일학교를 기억하여 주옵소서. 세상 문화가 이 땅의 청소년들의 영혼을 유혹하여 멸망으로 이끌고 있습니다. 가르치는 교사에게 힘과 지혜를 허락하셔서 옳은 길로 인도할 수 있도록 은혜를 덧입혀 주옵소서. 거룩한 이날 목사님을 통하여 주시는 말씀을 겸손히 받게 하시고, 즐겁게 안식하는 복된 날이 되게 하옵소서. 예배의 시종을 통해 성삼위 하나님만이 영광 받으옵소서.

예수님의 이름으로 기도드립니다. 아멘.

✝ 기도를 돕는 한마디
나는 곤란한 일을 기도한다. 고난 없이 지상으로 성취되는 것은 없다. – 오비디우스 하늘에 계신 아버지!

오늘 거룩한 성일에 베풀어 주신 모든 일에 대하여 감사와 찬양을 드립니다. 우리들은 늘 어리석고 약하여 하나님의 말씀대로 살지 못하고 죄와 허물에서 방황하는 어리석은 양입니다. 주님의 거룩한 보혈로 연약한 심령들을 정결케 하옵소서. 깨끗한 마음을 창조해 주셔서 새롭게 변화 받아 날마다 성결하게 살아갈 수 있도록 도와주옵소서.

우리들로 하여금 그리스도 안에서 풍성한 삶을 누리며 성령의 아름다운 열매를 많이 맺도록 도와주시옵소서. 하나님 아버지의 거룩하신 뜻을 하늘에서 이룬 것과 같이 주님의 몸 된 교회를 통해 이루어지게 하옵소서. 이 시간도 슬픔 속에 외로워하는 사람들, 병든 사람과 고통으로 잠 못 이루는 사람들, 이웃들로부터 버림받은 사람들과 고통 가운데 있는 사람들을 주의 은혜로 채워 주옵소서.

우리의 기도가 하나님께 상달되게 하시며, 말씀을 받는 순간 주님을 만나는 신령한 체험이 있게 하옵소서. 하나님의 자녀답게 살지 못한 지난날의 삶을 용서해 주시고, 긍휼로 우리들을 붙들어 믿음의 사람으로 승리하게 하옵소서.

고마우신 하나님!

몸소 행하신 놀라운 일을 찬양하며 자랑하며 정의로 다스리시는 하나님을 온 세상에 전할 수 있게 도와주옵소서. 한없는 사랑으로 교회를 지키시는 하나님께서 우리 교회가 성령 충만하고 사랑이 넘치는 교회가 되

게 하옵소서. 모든 성도가 사랑의 성도가 되게 하옵소서. 교회 각 부서마다 맡겨 주신 사명을 감당하여 빛과 소금의 역할을 하게 하옵시고. 세우신 제직들 모두 숨은 기도의 종이 되어 봉사와 헌신과 나눔으로 교회의 기둥들이 되게 하옵소서. 우리 각자에게 주신 달란트를 하나님의 뜻대로 선용하여 선하신 뜻을 드러내게 하옵소서.

이 민족을 사랑하사 시시각각 닥치는 위기에서 건져 주시고, 성령의 능력으로 이 땅의 평화와 정의를 지켜 주옵소서. 지금 이 나라는 경제적으로 큰 어려움을 겪고 있습니다. 선교하는 일이나 복음을 온 세상에 전파하는 일에도 물질은 큰 역할을 합니다. 우리 성도들에게 물질의 복을 주옵소서. 그래서 이 가운데 물질로 수많은 선교사를 후원하는 사람이 나오게 하시고 세계를 움직이는 위인도 나오게 하여 주시옵소서. 또한 육해공군을 주의 힘있는 팔로 품어 주시고, 늘 깨어 이 땅을 지키는 파수꾼들이 되게 하옵소서.

아름다운 찬양을 하나님께 드리는 성가대 위에 함께하시고, 강단에 세우신 주님의 종에게 말씀의 영을 부어 주옵소서. 우리들에게도 성령의 감동을 주사 아멘으로 받고, 실천하는 믿음이 되도록 도와주옵소서. 한 영혼도 헛되이 돌아가지 않도록 예배 가운데 성령 하나님만이 임재하여 주옵소서.

예수님의 이름으로 기도드립니다. 아멘.

기도를 돕는 한마디
기도는 무력함이 전능함에 기대는 것이다. – 보든

은혜와 진리가 풍성하신 여호와 우리들의 아버지 하나님이시여!

오늘은 거룩하고 복된 주님의 날입니다. 이른 시간부터 경건함으로 예배하게 하시고, 하늘에서 영혼의 만나를 적절히 내려주시니 진실로 감사합니다. 오늘 선포된 말씀이 우리 영혼 가운데 양식이 되게 하시고 그 말씀으로 이 땅에 하나님의 나라가 이루어지게 하여 주시옵소서.

우리의 연약함으로 세상에서 사는 동안 죄와 피 흘리기까지 싸우지 못하였습니다. 힘을 다하여 사탄의 유혹을 극복하려고 했지만, 좌절과 실패를 맛보았습니다. 죄로 얼룩진 상처를 안고 이 시간 주님 앞에 나왔사오니 예수님의 피로 흰 눈과 같이 씻어 주시고, 아픔을 싸매어 위로하여 주시고, 내 영혼이 주 앞에서 회복되게 하여 주옵소서.

예배시간은 우리들의 삶에서 가장 귀한 시간입니다. 마음의 문을 열고 겸손한 자세로 말씀을 듣게 하옵소서. 말씀을 통해 신령한 젖을 먹게 하옵소서. 한 주간 세상에서 일하며 살아갈 동안에 주님의 은혜로 영혼이 강건하여 보람되고 승리하는 삶이 되게 하옵소서. 세상에서 죽어가는 불쌍한 영혼들을 구원하시는 하나님의 일꾼이 되게 하여 주시고, 주를 위해서라면 고난도 피하지 않게 하옵소서.

우리 곁에 늘 계셔서 지키시고 우리의 기도를 들어 주시는 주님!

우리를 긍휼히 여겨 주옵소서. 주일을 맞아 우리가 드리는 이 예배가 하나님이 기뻐 받으시는 산제사가 되기를 원합니다. 우리들의 삶을 주님께 봉헌하고, 주님의 살과 피를 통해 우리들의 삶이 주님의 부활을 증거

하는 삶으로 변화되도록 복 내려 주옵소서.

자비로우신 하나님!

우리를 불쌍히 여겨 주시옵소서. 우리는 죄인입니다. 주님의 뜻을 따라 살겠다고 기도하면서도, 하나님의 나라와 의를 제일 먼저 구하는 기도를 드렸으면서도 오히려 우리들의 필요와 욕망을 따라 구하고 좇으면서 살았음을 이 시간 고백하오니 우리들의 거짓된 모습을 용서하여 주옵소서. 역사 앞에 정직하지 못하고 진실 앞에 성실하지 못했던 우리들의 모습을 보면서 실망과 부끄러움과 안타까움을 느낍니다.

하나님의 자녀로 부름받은 우리들이 회개와 낮아짐을 통해 나날이 새로워지는 믿음을 갖도록 이끌어 주옵시고, 나눔과 화해의 삶으로 이 땅 위에 평화를 이루게 하여 주옵소서.

인도자가 되시는 하나님!

어린 학생들을 기억하여 주옵소서. 가장 예민하고 유연한 시기에 힘든 입시제도의 틈바구니에서 갈등하고 고민하며 불안해하고 있사오니 그들과 함께하시어 잘 이기도록 하옵소서. 실패를 두려워 않게 하시고 다만 실패와 실수를 통해 성숙하지 못하고 주저앉는 나약함을 두려워하게 하옵소서. 하나님이 항상 그들과 함께하심을 기억하게 하시고 온전히 무릎 꿇는 주의 자녀로 삼아 주시기 원합니다. 말씀을 전하시는 목사님과 그 가정을 축복하여 주옵소서.

예수 그리스도의 이름으로 기도드립니다. 아멘.

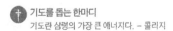 기도를 돕는 한마디
기도란 삼령의 가장 큰 애너지다. - 콜리지

나는 너희를 위하여 기도하기를 쉬는 죄를 여호와 앞에 결단코 범치 아니하고 선하고 의로운 도로 너희를 가르칠 것인즉 – 삼상 12:23

사랑이 많으신 여호와 우리 하나님 아버지!

이 시간 우리의 예배에 복을 내려 주옵소서. 우리가 드리는 이 예배를 통해 하나님의 사랑이 우리 심령 가운데 임하게 하여 주시고, 우리의 심령이 하나님의 은혜로 뜨거워지게 하여 주시옵소서. 세상에서 내 욕심만을 위하여 살아왔습니다. 내 생각과 내 뜻대로 살아왔습니다. 하나님, 오늘 이 시간 회개할 때 심령 가운데 역사하시는 주님을 만나게 하옵소서. 누구든지 주의 이름을 부르면 구원을 얻으리라고 하신 주의 말씀이 이 예배 위에 충만하게 임하옵소서. 우리 교회에 속한 모든 교인들이 사랑의 사람, 사랑의 사도가 되기를 원합니다. 사랑은 허다한 죄를 덮을 만한 능력이 있다 하였사오니, 우리들 가운데 사랑과 용서로 충만하여 그리스도의 모습을 본받아 가는 귀한 성도가 되게 하옵소서.

사랑의 하나님!

우리의 죄를 사하시고 허물을 용서하시며, 오늘도 교회에 나아와 하나님께 예배드리게 하시니 감사합니다. 오늘 이 예배가 우리의 몸과 마음을 바치는 거룩한 산제사가 되기를 원합니다. 예배를 통해 홀로 영광 받으옵소서. 주님! 우리 앞에는 넘어야 할 산과 건너야 할 강이 많습니다. 오늘 있다 내일 없어질 것들을 찾아 나서는 데 더 부지런했음을 고백합니다. 작은 것에 성실하기를 원하시는 주님 앞에 우리의 욕심과 안일을 따라 산 시간이 더 많았음을 고백합니다. 이 시간 우리들의 부족함을 용서하여 주옵소서.

은혜로우신 주님!

우리나라에 복을 주옵소서. 5천년 동안 우상숭배로서 가난과 저주와 질병 속에 살던 민족을, 100여 년 전에 복음의 씨가 떨어져 기독교 2천 년 역사에 그 유례를 찾아볼 수 없는 부흥을 주신 하나님께 감사합니다. 과거 일제 36년 동안 갖은 고통을 받으며 사람으로 겪을 수 없는 인고의 세월을 보내는 중에 해방을 허락하신 하나님, 다시 우리 민족이 남북통일이 되는 기적도 허락하옵소서. 이 나라 정치인, 경제인, 교육자, 문화인 모두가 하나님을 두려운 줄 알고 하나님 법대로 활동하는 복음국가가 되게 하옵소서.

우리나라의 경제를 튼튼하게 세워 주옵소서. 노사분규가 없게 하시고, 억울하게 퇴직당하는 일들도 없게 하여 주옵소서. 가슴 아픈 비정규직이라는 꼬리표도 사라지게 하시고, 누구든지 일한 만큼 소득을 받을 수 있는 민주적인 국가가 되게 하여 주옵소서. 하나님이 사랑하시고 하나님이 택하신 나라, 이 나라를 하나님의 중심에 서게 하시고 천국의 중심 국가가 되게 하시며, 하나님이 기뻐 받으시는 나라로 삼아 주옵소서.

이 시간 세우신 목사님을 인하여 감사드립니다. 주님의 이름을 위해 헌신하는 그 삶을 지키시고, 이 시간 말씀을 통해 하나님 기뻐하시는 역사를 이루게 하시고, 큰 능력을 더하여 주셔서 언제나 주님을 위하여 충성하게 하옵소서. 이 시간 우리들의 예배를 받아 주옵시고, 홀로 영광 받으옵소서. 예수님의 이름으로 기도드립니다. 아멘.

✝ 기도를 돕는 한마디
기도는 인간의 호소가 하나님께로 올라가는 사다리다. – 헤칠

전능하시고 자비로우신 하나님 아버지!

저주와 멸망 받을 땅 위에서 우리를 사랑하사 예수 그리스도의 보혈의 공로로 구원받아, 주의 거룩한 예배에 참여하여 은혜와 긍휼을 받게 하심을 감사드리옵니다. 그러나 우리들은 넘어지고 쓰러지고 발길질 당하면서 일어나지 못하고 허우적대는 나약한 자들입니다 남이 힘들여 이루어 놓은 것을 보면 저절로 된 것으로 착각하고, 나는 하나님의 은혜를 찾으며 거저 얻으려는 얄팍한 믿음, 부끄러운 신앙이었음을 고백합니다. 하나님께서 어리석고 둔한 지각을 열어 주시어 하나님께 내 인생의 초점을 맞추도록 도와주옵소서.

전능하신 하나님! 이 땅 위에 수십 억의 많은 인종들 가운데서 보잘 것 없는 죄인들을 택하시고, 우리의 이름을 생명록에 기록하사 아바 아버지라 부르게 하시오니 감사드립니다. 지난 일주일 동안도 죄악 된 세상에서 심령이 무디고 상한 채 생존경쟁에 허덕이던 심령들, 또 형제를 미워하고 질투하던 심령들이 주님께 나왔나이다. 주님의 피로 깨끗하게 씻어 새롭게 하시고 은혜를 풍성케 하옵소서.

그리스도를 닮아 그리스도의 인격에 도달하게 하시고 성령의 열매를 맺게 하옵소서. 하나님께 예배하는 자는 신령과 진정으로 예배하라고 하셨사오니, 우리 몸과 마음을 주님께 드리고, 산제사를 드리게 하옵소서. 주님 앞에 나올 때는 상하고 추하고 빈 마음을 가지고 나왔지만, 이 예배를 통하여 은혜를 받아 깨끗한 마음에 성령 충만을 허락하여 주옵소서.

우리 영혼이 새롭게 되기를 원하시는 하나님 아버지, 하박국은 외양간에 소가 없고 우리에 양이 없고 포도원에 열매가 없고 감람나무에 소출이 없어도 여호와를 인하여 즐거워하며 하나님을 인하여 기뻐한다고 하였습니다. 우리에게 닥친 어려움이 있을지라도 이를 새 출발의 계기로 삼아 한 주간 승리하기를 원합니다. 내게 아무것도 없을지라도 주님이 있으면 모든 것이 있는 것이며, 세상의 모든 것을 소유했다 할지라도 주님을 잃어버린다면 모든 것을 다 잃어버린 것임을 깨닫게 하옵소서.

우리 교회에 속해 있는 각 기관이 배가 되기를 원합니다. 부흥이 안 되는 시기를 살고 있는 이때에 우리 교회가 빛이 되게 하여 주시고, 좋은 소문난 교회가 되게 하셔서 민족의 장래를 이끌어갈 귀한 일꾼을 배출하게 하옵시고, 교회를 위해 헌신할 마음을 허락하시고, 기도의 문을 열어 주시기를 원합니다. 말씀을 증거하실 목사님께 영력을 칠 배나 강하게 하시어 듣는 저희의 눈과 귀가 열리는 은혜의 시간이 되게 하옵소서.

오늘 주의 날을 맞이하여, 성수하지 못하는 이들이나 허랑방탕하는 이들에게 긍휼을 베풀어 주옵소서. 속히 하나님을 아는 날을 허락하시어 우리와 같이 주의 자녀가 되어 구속의 은총을 입게 하여 주옵소서. 또한 이 민족을 구원하여 주옵소서. 이 땅의 황무함을 보옵소서. 긍휼히 여기사 미스바의 대각성이 이 땅에도 이루어지게 하옵소서. 우리 겨레들이 어찌 할꼬 회개하면서 하나님께 돌아오는 역사가 일어나기를 소원합니다. 이 모든 말씀을 예수님의 이름으로 기도드립니다. 아멘.

✝ 기도를 돕는 한마디
기도해보지 않은 사람은 기도의 맛을 모른다. – 타다

거룩하신 하나님!

우리를 사랑하셔서 하나님의 자녀로 회복시키신 그 은혜를 감사드리오며 찬양과 영광을 돌립니다. 우리를 택하시고 눈동자같이 아끼고 지켜주신 하나님의 은혜를 감사하며 찬양과 영광을 돌립니다. 주님의 십자가의 사랑과 은혜와 공로를 깨닫지 못하고, 성령을 무시하고 인간적인 지식과 세상의 권위만 내세워 지적인 신앙인이라고 자처했던 교만함을 불쌍히 여기시옵소서. 자비와 긍휼을 베푸사 우리 죄를 깨끗하게 하옵소서. 십자가의 죽음으로 영원한 생명을 선물로 약속하신 예수 그리스도의 사랑으로 말미암아 이 시간 우리가 예배의 성전에 나올 수 있음을 감사드립니다. 우리의 모습으로는 감히 하나님을 아버지라 부를 수 없으며 성전에 나와 예배드리는 것조차 생각할 수 없는 일이지만 예수님께서 육신의 몸을 입으시고 인간의 가장 천한 곳까지 겸손히 낮아지셔서 베푸신 그 사랑으로 우리가 예배에 참여할 수 있게 하심을 너무나도 감사드립니다. 또한 우리들의 심령에 사죄의 평화와 기쁨을 날마다 선물로 주시며, 성도의 복된 삶을 살도록 인도하시는 성령 하나님께도 찬양을 돌립니다.

하나님 우리 아버지! 이 시간 찬송을 통해 신앙의 열매가 영글게 하옵소서. 말씀을 듣는 중에 심령의 귀가 열림으로 하나님의 세미한 음성을 듣게 하옵소서. 죄로 가려진 심령에 영의 눈을 뜨게 하셔서 우리의 실제 모습을 바로 보게 하옵소서. 남에게는 관용하고 자신에겐 엄한 매질을 할 줄 아는 하나님의 지혜로 충만하게 하옵소서.

　모든 성도들에게 각각 은사를 주시고 여러 부서에서 봉사하게 하시니 감사합니다. 교만하지 않고 겸손한 마음으로 맡겨진 아주 작은 일이라도 충성을 다하는 믿음 있는 성도가 되게 하옵소서. 교만에 사로잡히지 않게 하옵소서. 나아가 다른 사람의 은사를 존중하는 자들이 되어 화목한 가운데 공동체의 일원으로서 책임을 다하게 하옵소서.

　지금 우리나라는 경제적 어려움과 혼란스러운 사회환경을 가지고 있습니다. 하지만 이 모습이 우리가 더 좋은 곳으로 나아가는 과정이 되게 하여 주시고 이 어려움으로 성숙한 민족으로 발돋움 하게 하옵소서. 사회 계층 간에, 노사 간에, 기성세대와 젊은이 사이에 심한 갈등을 겪고 있습니다. 원하옵기는 이 나라의 위정자들이 하나님을 두려워하는 성숙한 정치인들이 되어야 하겠습니다. 아무리 그들이 능력이 좋고 뛰어나도 하나님의 어리석음만도 못하다는 진리 앞에 고개 숙이게 하옵소서.

　고난 중에 있는 성도들을 위해 기도합니다. 복음의 사역자에게는 영광과 함께 고난도 항상 따름을 알게 하시고, 그들에게 영원을 바라보는 믿음 안에서 순간순간 말씀을 붙잡고 승리하게 하시며, 날로 새로워지게 하옵소서. 섬김의 본을 보여 주신 주님께 감사하오며, 우리들도 주님 본받아 살도록 다짐하는 시간이 되게 하옵소서. 제자의 삶과 증인의 삶을 살도록 우리들을 부르셨사오니, 선한 청지기가 되어 몸 된 교회를 섬기며 사랑하게 하옵소서. 말씀을 선포하시는 목사님과 듣는 우리들이 성령 안에서 하나 되게 하옵소서. 예수님 이름으로 기도합니다. 아멘

✝ 기도를 돕는 한마디
기도는 하나님을 변화시키지 않고, 기도하는 사람을 변화시킨다. – 키에르케고르

지금까지는 너희가 내 이름으로 아무 것도 구하지 아니하였으나 구하라 그리하면
받으리니 너희 기쁨이 충만하리라 - 요 16:24

자비하신 하나님 아버지!

이 시간도 하나님 앞에 자복하는 마음으로 예배합니다. 우리의 심령을
감찰하사 내 영혼이 하나님 편에 서게 하여 주옵소서. 지난 한 주간 동안
도 살면서 세상 가운데로 기울었습니다. 죄악과 벗하며, 하나님을 외면
하고 하나님의 마음을 상하게 하고, 근심하게 하였던 것을 용서하여 주
옵소서. 예배에 나왔사오니 모든 영적인 관계가 회복되게 하여 주시고,
예배 가운데 임하시는 하나님을 만나고 돌아가게 하여 주옵소서.

사랑의 주님!

성령의 은혜와 진리의 말씀이 살아 역사하는 능력을 힘입도록 성령으
로 충만케 하옵소서. 우리들의 무딘 마음과 엷은 귀, 우둔한 두뇌를 깨우
치시고, 생명의 만나를 늘 사모하게 하시고 진리를 깨달아 알게 하옵소
서. 사랑하는 성도들을 위하여 간절히 간구하옵니다. 구한 것은 받은 줄
로 믿으라고 확신을 주신 주님, 이 시간 먼저 하나님 말씀대로 살아가는
믿음을 더하옵소서. 우리의 삶 전체를 통하여 주님의 영광을 드러내는
삶이 되게 하시고, 믿고 순종하는 우리들이 되게 하옵소서.

우리로 하여금 이웃과 형제들을 사랑하게 하옵소서. 사랑의 빛, 생명
의 빛, 참 빛을 비추사 어둠이 물러가고 밝고 빛난 믿음의 삶, 영생의 삶
을 누리는 복된 심령들이 다 되게 하옵소서.

하나님 아버지!

이 나라 이 민족을 위해 기도하오니, 위정자들에게 하나님을 두려워하

는 마음을 갖도록 하옵소서. 불의와 부정부패를 근절시킬 수 있게 하옵소서. 남북으로 갈라진 이 나라 이 민족을 주의 복음으로 통일되도록 하나님의 크신 능력을 베풀어 주옵소서. 또한 문화, 경제, 교육, 교계를 하나님 뜻대로 인도하여 주옵소서. 주님께서는 십자가를 지시고 피 흘리시며 목숨을 내어 주시기까지 우리들을 위해 희생하셨습니다. 섬김의 본을 보여 주신 주님께 감사하오며, 우리도 주님 본받아 살도록 도와주소서.

이제는 한국 교회가 잠에서 깨어 여호와 하나님께 부르짖도록 역사하옵소서. 이 시간 한국 제단에 세우신 주님의 종들에게 대언의 영을 내리사 교회와 이 민족을 향하여 하시고자 하시는 메시지를 선포하게 하옵소서. 잠자는 민족을 깨우사 복음의 새 역사를 이루게 하옵소서.

"여호와께서 함께하시지 아니하면 파수꾼의 경성함이 허사"라고 하였사오니, 영원토록 주께서 피난처가 되시고, 요새가 되셔서 지켜 주옵소서. 민족의 복음을 성취되게 하시고, 복음을 수출하는 나라가 되도록 복 내려 주옵소서. 제자의 삶과 증인의 삶을 살도록 우리들을 부르시오니, 선한 청지기가 되어 몸 된 교회를 섬기며 사랑하게 하옵소서. 세우신 목사님을 더욱 강건하게 하옵시고, 성령의 능력으로 영생의 말씀을 주실 때에 은혜받게 하옵소서. 우리들의 믿음을 굳게 지켜, 주님 오시는 날까지 충성된 사명 감당케 하옵소서.

거룩하신 예수님의 이름으로 기도드립니다. 아멘.

✝ 기도를 돕는 한마디
기도에서 하나님을 찾는다는 것은 그분과의 대화 또는 그분에게 쓰는 일기를 뜻한다. - 마이클린 버그

사랑하는 하나님 아버지!

거룩한 주일을 맞이하여 주님의 성전으로 불러주심을 감사하오며, 하나님의 놀라우신 은혜와 사랑을 또한 감사드립니다. 죄로 인하여 영원히 죽을 수밖에 없었던 죄인들을 하나님께서 사랑하시고 긍휼히 여기셔서, 독생자 예수 그리스도를 십자가의 제물로 삼으시고, 부족하고 허물이 많은 우리를 구속하심을 감사드립니다.

하나님 아버지!

우리들은 너무나 허물이 많습니다. 하나님의 뜻대로 살지 못하고 하나님의 말씀에 순종하지 못하고 살았습니다. 하나님께서 우리를 사랑하시는 것만큼 우리는 그러한 사랑에 보답하지 못했습니다. 하나님의 자녀답게 살지 못했음을 고백하오니 우리의 허물과 죄악을 용서하여 주시고, 새 사람이 되게 하여 주옵소서. 우리에게 굳건한 믿음을 주시고, 세상의 어떠한 유혹과 시련이 닥친다 하더라도 넘어지지 않도록 힘을 주옵소서.

이 시간 주님의 성소에 찾아온 주님의 선택함을 받은 우리 모든 성도들에게 은총을 베풀어 주옵소서. 오늘도 이 예배를 통하여 하나님 홀로 영광을 받으시기 원합니다.

하나님 아버지!

우리는 늘 주님 앞에서 주님 뜻대로 살아가겠노라고 결단하지만, 자꾸 쓰러지고 넘어지는 삶을 살았습니다. 불쌍히 여기사 다시 한 번 전심전력하여 주님의 원하시는 뜻을 성취할 수 있도록 힘과 은혜를 베풀어 주

옵소서.

하나님 아버지!

우리나라가 정치적으로나 경제 · 외교적인 문제들로 인하여 많은 어려움에 처해 있습니다. 그러나 주님께서 이 나라 이 민족을 눈동자와 같이 지켜주시고 보호해 주시며 또한 이 어려움들을 통하여 한국 교회가 주님을 향하여 기도할 수 있는 계기가 되게 하여 주시옵소서. 한국 교회에 세우신 종들과 예배드리는 모든 성도들을 통하여 이 나라가 부흥의 새로운 길로 나아가게 하옵소서.

특별히 조국의 방패인 국군장병들을 지키시고, 군인들이 오직 나라를 지키는 일에만 전심을 다하도록 역사하여 주옵소서. 그들에게 헛된 사상이나 헛된 꿈이 꿈틀거리지 않도록 지키시고, 그들을 통해서 백성들이 평안을 누리고 안식할 수 있도록 지켜주시옵소서. 그들이 외롭지 않도록 하나님 동행하여 주시고 많은 일꾼들이 그들 가운데서 나오도록 하나님께서 도와주시고 군생활하는 동안에 구원 받는 숫자가 날마다 불어나게 하여 주시옵소서.

이 시간, 특별히 세우신 목사님을 통하여 주시고자 하시는 말씀으로 은혜 받는 시간이 되게 하여 주옵소서. 그리고 하나님께 영광 돌리고자 하는 성가대에도 함께 하여 주시고, 아름다운 찬양을 받으옵소서.

예수님의 이름으로 기도드립니다. 아멘.

✝ 기도를 돕는 한마디
기도는 쓸데없는 오락이 아니다. 기도를 이해하고 적용하면 가장 강력한 행동의 도구가 된다. – 간디

구원의 하나님 아버지!

우리들의 영혼이 하나님의 높으신 이름과 거룩하신 뜻을 찬양합니다. 한 주간 동안도 은혜 중에 보호해 주셨다가, 귀한 성일을 허락하사 성전에 나아와 신령과 진정으로 예배드릴 수 있도록 인도해 주심을 감사드립니다. 지난 한주간도 세상에서 살면서 세상과 타협하며 살았던 모습 가지고 나왔습니다. 이시간 주님의 보혈로 정결하게 씻어 주옵소서. 우리에게 깨끗한 마음을 주시고 주님을 향한 일사각오의 꿋꿋한 뜻을 세워 주시기를 원합니다.

하나님께서 우리를 그리스도 예수의 반석 위에 서게 하셔서 세상의 환난이 와도 무너지지 않는 믿음을 우리에게 허락하옵소서. 매번 어려움을 이기게 하시는 그리스도의 역사가 우리 가운데 일어나게 하시고, 날마다 주의 도를 믿고 행하는 성도들이 되도록 도와주시기를 원합니다. 사랑의 하나님 아버지께서 구원의 기쁨을 우리에게 주셨사오니 변치 않는 믿음을 더하여 주옵소서. 이웃들에게도 하나님의 길을 가르쳐 당신의 길을 전하게 하옵소서. 우리들의 입이 당신의 정의와 평화를 외치며 찬양하게 하옵소서.

어지신 하나님 아버지!

성령 안에서 우리들이 한 뜻으로 살게 도와주옵소서. 하나님 앞에 참된 신앙과 깊은 신앙을 갖게 하여 주옵소서. 주의 마음을 헤아려 애통하고 자복하는 마음으로 하나님만 의지하게 하옵소서. 하나님의 사랑을 영

원히 믿고 늘 푸른 나무와 같이 살게 하옵소서.

이 자리에 참예하여야 하나 여러 가지 생활의 분주한 중에 믿음의 길을 택하지 못하는 우리의 연약한 젊은 청년들과 가족들을 불쌍히 여기소서. 죄악이 깊어가는 이 시대에 무엇보다 하나님과의 관계를 더 중요하게 여기게 하시며 신앙 우선의 삶을 살게 하옵소서.

오늘도 주님의 이름으로 모이는 교회마다 주께서 그 예배를 받아주시고, 세우신 주의 종들에게 능력을 더하사, 선포되는 말씀이 성도들의 영혼 깊은 곳의 골수라도 쪼갤 수 있는 날선 검이 되게 하옵소서. 그 말씀이 생명이오니 온 마음으로 화답하게 하옵소서. 목사님의 간절히 구하는 기도마다 응답하시고 그 소원이 이뤄지기를 간절히 원합니다. 꿈꾸는 모든 계획이 이뤄지게 하시며 영육 간에 강건함을 주시옵소서.

사랑의 하나님!

이 나라 온 백성들이 다 회개하고 구원받을 수 있도록 크신 은혜를 베풀어 주옵소서. 국토방위에 수고하는 국군 장병들 한 사람 한 사람 마음속에 주님이 함께 하옵소서. 성을 지키는 자가 여호와와 함께하심이 아니면 파수꾼의 경성함이 허사인 것을 믿게 하여 주옵소서. 정치하는 이들이 하나님을 두려워하고 섬기므로 하나님의 복을 받는 국가로 만들어 주옵소서. 우리가 드리는 이 예배 가운데 주님 함께하시고 주관해 주시기를 바라옵고, 예수님의 이름으로 기도드립니다. 아멘.

✚ 기도를 돕는 한마디
기도는 음악처럼 신성하며 언제나 우리에게 구원이 된다. 기도는 신뢰이며 확인이다. – 헤르만 헤세

이러므로 여호와여 내가 열방 중에서 주께 감사하며 주의 이름을 찬양하리이다
- 삼하 22:50

길이요 진리요 생명이신 예수님을 찬양합니다. 우리를 세상에 버려 두지 않으시고 예배 가운데 불러주신 하나님, 예배를 통하여 말씀하시고 충만하신 성령을 모시게 하옵소서. 주님이 부르신 천국 잔치이오니 누구든지 이 예배당에 들어온 사람은 주님을 만나고 돌아가게 하옵소서. 우리 무리를 축복하사 더럽고 추하고 무지하고 죄로 검은 우리의 모습을 정결케 하시고, 모든 것을 용서하사 주님의 품 안에 품어 주옵소서.

이 시간 하루를 주님 앞에 모여 시작하게 하심을 감사드립니다. 우리 무리의 머리 위에 주의 사랑과 은총을 충만히 내려 주옵소서. 우리의 믿음이 뜨거워지게 하시고, 성령의 감동하심에 따라 하나님의 신령한 세계를 바라보게 하여 주옵소서.

우리가 험한 세상을 살아가느라 지치고 힘들 때가 많습니다. 하늘의 귀한 만나로 우리에게 새 힘을 공급하여 주시고, 빈들에 마른 풀들이 단비를 맞아 소성하듯이 우리의 영과 육이 주님의 은혜로 소성케 하여 주옵소서. 그리하여 선한 목자 되신 우리 주님의 뒤를 항상 기쁨과 즐거움과 소망 가운데 따르게 하여 주옵소서.

우리는 때때로 현실 속에서 불안하며 초조함을 감추지 못하는 생활을 할 때가 많사오나 그때마다 은혜로 도우셔서 결코 삶의 용기를 잃지 않게 하옵소서. 미래에 대한 희미한 기대와 꿈이, 그리고 이상이 결코 희미하고 불확실한 희망이 되지 않게 하시고, 신뢰와 확신으로 가득찬 미래의 소망이 되게 하여 주옵소서.

우리의 모든 존재와 삶의 전 영역이 하나님께 산제물로 드려지기 원하나이다. 때때로 물과 성령으로 거듭난 사람인지에 대해서 확신을 갖지 못하고 의심할 때가 있습니다. 주께서 우리의 어리석음을 용서하여 주시고 우리가 진정 물과 성령으로 거듭난 새 생명임을 확신할 수 있는 믿음을 허락하여 주옵소서.

하나님 아버지!

오늘 우리들의 상한 영혼을 회복시켜 주옵시고, 말로만이 아니라 우리의 몸과 마음과 시간과 물질, 그리고 우리의 생명을 다 바쳐 우리에게 맡겨주신 사명을 잘 감당할 수 있도록 인도하여 주옵소서. 우리의 도움을 필요로 하는 이웃에게 참된 사랑을 나타내게 하옵시고, 서로 사랑하며 용서하며 이해하며 화목하는 마음을 허락하여 주옵소서. 우리의 말이나 행동 속에서 언제나 예수 그리스도의 이름만 드러내며 하나님의 영광만을 위해 살 수 있는 우리들이 되게 하옵소서. 많은 백성들이 하나님 앞으로 돌아와 전능하신 하나님 앞에 무릎을 꿇고 겸손히 하나님의 뜻을 따르게 하옵소서.

이 시간 전해지는 말씀으로 우리를 감화하시어 우리의 내면의 진실과 영적인 성숙이 이루어지게 하시며, 우리 모두 부름 받은 하나님의 백성으로 복된 삶을 새롭게 이어나가게 하옵소서.

생명의 양식으로 우리를 채워주시는 예수 그리스도의 이름으로 기도드립니다. 아멘

✝ 기도를 돕는 한마디
기도는 일이나, 생각하는 것, 고통당하는 것을 위한 대체물이 아니다. 기도는 다른 모든 노력을 위한 후원이다.

은혜로우신 하나님 아버지!

오늘 주일을 맞아 하나님을 예배하고 섬길 수 있게 하시니 감사합니다. 구원받은 하나님의 자녀가 되어 하나님을 예배하며, 친교의 시간을 갖게 됨 또한 감사드립니다. 지난 한 주간 동안 말로나 행위로나 마음으로 지은 죄와 허물을 용서하여 주시고 예배 중에 성령의 충만함을 받게 하옵소서.

이 시간 예배를 은혜롭게 하시며 예배 위에 복을 주옵소서. 말씀을 전하는 목사님과 듣는 자가 다 성령에 이끌리게 하시고, 영감으로 지배되는 예배가 되게 하여 주옵소서. 수많은 성도들이 예배를 소홀히 여기는 시대에 살고 있습니다. 이럴 때일수록 더욱 깨어서 예배할 수 있도록 복을 내려 주옵소서. 성령은 깨어있는 자들에게 선물로 주시는 하나님의 은혜인줄 깨닫게 하시고, 인생의 마지막에 성령을 준비하지 못한 영혼들은 슬피 울며 이를 갈이 있으리라는 주님의 경고를 잊지 않게 하옵소서.

이 마지막 때에 더욱 모이기를 힘쓰게 하여 주옵소서. 우리들의 신앙이 더욱 성숙하게 하심으로 세상과 이웃에게 모범적인 삶이 되게 하옵소서. 말씀에 순종하는 성도가 되게 하여 주시고 주의 말씀이라면 가던 길이라도 멈출 수 있는 믿음이 있게 하여 주옵소서. 남의 실수나 허물에 대해서는 가혹하게 비평할 줄 알면서 자신의 실수에 대해서는 관대했던 우리를 용서하옵소서. 이제는 내 자신의 신앙성숙을 위해 자기관리에 엄격하고 냉정하게 하시며 이웃에 대해서는 너그러운 마음을 갖게 하여 주옵

소서.

만복의 근원되시는 하나님 아버지!

창세 전에 우리들을 하나님의 자녀로 택하여 주시고, 주님의 몸 된 교회에 성직을 맡겨 주시오니 감당할 수 있는 은혜를 허락하여 주옵소서. 하늘 문을 여시고 믿음 위에 믿음을 더하여 주옵소서. 성령으로 충만하게 채워주시고 건강 위에 건강을 더하여 주옵소서. 하나님을 섬기는데 부족함이 없도록 우리의 영혼을 준비하게 하옵소서. 여호와를 자기 하나님으로 삼는 민족이나 가정이나 개인이 복 받는 사실을 확실히 믿게 하옵소서. 온 세상 만민이 예수를 믿게 하시오며, 죄악에서 구원하여 주옵소서. 십자가에서 피 흘려주신 주님의 크신 사랑과 그 은혜를 믿게 하여 주옵소서. 주여! 이 나라 이 백성이 하나님을 순종하는 나라가 되게 하옵소서. 위대한 신앙을 가진 민족은 위대한 국가를 건설할 수 있으며, 위대한 신앙을 가진 사람은 위대한 역사를 이루는 줄 압니다. 이 민족과 이 국가가 주 예수를 믿는 믿음으로 세상을 주님께로 인도하는 영광을 주옵소서. 우리 교회가 주님을 모시고 주님의 뜻을 이루는 믿음과 사랑과 평화가 넘치는 천국이 되게 하옵소서. 아버지 하나님의 마음에 합한 교회가 되며, 영광과 찬송과 존귀를 주님께 돌리게 하옵소서. 말씀을 전하는 목사님에게 성령님 힘을 주시고, 우리들은 그 말씀을 믿음으로 받아들여 일어나 빛을 발하게 하옵소서. 이 예배를 통하여 영원한 복을 누리게 하여 주옵소서. 주 예수 이름으로 기도드립니다. 아멘.

✝ 기도를 돕는 한마디
기도는 하늘의 차, 노동은 땅의 차, 이 둘은 당신의 집에 행복을 실어다 준다. – 몽테뉴

여호와 이스라엘의 하나님을 영원부터 영원까지 찬양할지어다 모든 백성들아 아
멘 할지어다 할렐루야 - 시 106:48

살아 계셔서 우리를 인도하시는 거룩하신 하나님 아버지께 영광
과 존귀와 찬송을 드리옵나이다.

은혜로우신 하나님, 세상을 살면서 지고 있는 무거운 죄 짐을 주님 앞
에 모두 내려놓기 원하오니 우리의 더러운 죄를 불로 태워 주시고 물로
씻어 주셔서 우리의 영혼을 깨끗하게 하여 주옵소서. "내게 오는 자는 내
가 결코 내어 쫓지 아니하리라"하신 주님의 말씀을 믿고 주님께로 나왔
습니다. 우리들의 죄를 용서하시고, 죄로 시달렸던 우리의 마음을 위로
하여 주옵소서.

거룩하신 하나님 아버지!

우리들에게 거룩하고도 복된 날을 허락하여 주셔서, 아침 시간부터 예
배하게 하시며 아버지의 거룩한 성호를 찬송케 하시오니 감사하옵니다.
거룩하신 아버지시여, 이 시간에도 우리가 마음과 정성을 가다듬어 주님
께 경배드리고 예배하기 위하여 나왔습니다. 먼저 우리들을 깨끗케 하
시고 정결케 하옵소서. 우리의 입술의 부정한 악들을 제하여 주옵소서.
깨끗한 심성과 거룩한 입술로 거룩하신 아버지의 영광과 존귀와 능력을
찬양케 하옵소서.

사랑하는 하나님 아버지!

이 시간 우리 성도들에게 놀라운 변화의 은총을 허락하여 주옵소서.
죄를 해결하지 못한 소돔과 고모라가 불로 심판받은 것 같이 우리에게
있는 죄로 인해 그리될까 두려워 회개하오니 용서하여 주시고 이제는 새

로운 삶으로 변화시켜 주옵소서. 또한 사탄의 시험으로부터 연약한 우리들을 지켜 주옵소서.

이스라엘 백성들을 밤에는 불기둥으로, 낮에는 구름기둥으로 인도하신 하나님께서 우리들로 하여금 사탄의 시험에서 벗어나게 하시고, 죄악세상에서 생명의 길로 인도하옵소서. 이제 우리의 영혼을 멸망에서, 우리의 생명을 파멸에서 구원하여 주신 주님께 찬양을 돌리옵니다. 우리의 생명을 주님께로부터 다시 받았사오니 평생을 주를 위해 살게 하시며, 주의 구원의 은혜를 만방에 선포하며 복 있는 자의 삶을 살아가게 하옵소서. 이 나라와 이 백성을 여러 가지 위험과 위기 속에서 구원하여 주셨음을 찬양하옵나이다. 하나님의 보호하심이 없었다면 어찌 이 나라가 지금과 같은 복을 누릴 수 있겠습니까! 바라옵기는 백성들로부터 위정자들에 이르기까지 하나님을 경외하며 진실과 정직한 삶을 살게 하옵소서.

사랑 많으신 하나님 아버지!

목사님을 통하여 선포되는 말씀을 사모하며 기다립니다. 뜨거운 목사님의 열정이 우리 심령 가운데 전달되게 하시고, 그 증거하신 말씀으로 내 영혼이 변화되게 하옵소서. 찬양 가운데 거하시는 하나님, 성가대의 찬양을 통해 영광을 받으시고, 듣는 우리에겐 감동이 되게 하옵소서. 이시간 우리의 영혼과 육신이 새롭게 변하며 하늘의 만나가 풍성히 내리는 시간이 되게 하여 주옵소서.

거룩하신 예수님의 이름으로 기도드립니다. 아멘.

✝ 기도를 돕는 한마디
기도에 들인 시간은 어떤 약보다도 심장이나 신경 고통에 잘 듣는다. – 조지 데이빗 스튜어트

만군의 주 여호와 하나님!

우리를 지난 한 주간도 주님의 날개 아래에 고이 지켜주셨다가 불러주셔서 예배드릴 수 있게 하시니 감사드립니다. 이 시간 뜻과 정성을 다하여 주님께 예배하게 하시고, 온전치 못한 것들은 성령의 불로 태워 주옵소서. 오로지 주님의 말씀만을 사모하여 주님의 나라가 이 땅 위에 임할 수 있도록 우리 마음의 문을 열게 하옵소서. 얼어붙은 마음을 열어 주시옵소서. 주님께서 문밖에서 두드리시는 소리를 들을 수 있는 영의 귀가 열리게 하옵소서.

사랑의 하나님!

우리는 심히 연약하여 말과 행동이 일치되지 않는 생활을 할 때가 많습니다. 우리의 잘못으로 하나님의 영광을 가릴 때도 많습니다. 베드로도 끝까지 주님을 따르겠다고 다짐했지만 주님이 잡히시던 날 밤에 세 번이나 주님을 모른다고 부인했습니다. 이 시간 우리들을 강하게 붙드사 어떠한 경우라도 주님을 모른다고 부인하지 않고 믿음을 지켜 세상 끝나는 날 주님 앞에 설 때에 칭찬 받는 성도들이 되게 하옵소서.

어제나 오늘이나 영원토록 살아 계셔서 인류의 생사회복과 국가민족의 흥망성쇠를 좌우하시는 하나님. 만민 중에서 성별하사 구속의 복을 주시고, 고난과 시험도 헤쳐 나갈 믿음을 주시오니, 다시 한 번 감사드립니다. 음부의 권세가 이기지 못하도록 시시때때로 은총을 더하여 주옵소서. 믿음으로 죄악을 이기고, 우리의 정욕과 부정을 이길 힘과 능력을 주

옵소서. 사랑이 식고 이단 사설이 우후죽순처럼 나타나서 믿는 자라도 미혹되기가 쉬운 시대를 당하였습니다. 말세에 남종과 여종에게 주시기로 약속된 성령을 칠 배나 더하셔서, 승리의 개가를 부를 수 있도록 도와주옵소서.

하나님 아버지!

이 민족 위에 그리스도의 계절이 임하도록 역사하옵소서. 우리의 복음이 세계만방에 수출되어 온 천하 만민이 예수를 믿게 하옵소서. 특별히 북쪽 땅에도 무너진 제단을 구축하고 함께 할렐루야 찬송을 부르는 날이 오도록 허락하여 주옵소서. 함께하셔서 그 땅에도 복음의 따뜻한 봄날이 임하도록 역사하옵소서.

우리 교회에 속해 있는 모든 기관이 부흥하게 하시되 배가 되게 하옵소서. 특별히 교육기관에 복을 주셔서 민족의 장래를 이끌어갈 귀한 일꾼을 많이 배출하게 하시고, 교회를 위해, 하나님 나라를 위한 일꾼도 양성되게 하옵소서. 오늘 말씀을 증거하실 목사님께 영력을 칠 배나 강하게 하셔서 은혜의 시간이 되게 하옵소서.

사울이 여호와 하나님을 모를 때는 예수 믿는 자들을 핍박하고 죄를 지었지만, 하나님의 살아계심을 확인하였을 때 바울로 변하였나이다. 사울이 바울 되어 새 사람으로 주님께 생명 바쳐 복음의 전사가 된 것 같이 저희들도 능력의 일꾼이 되게 하옵소서.

예수님의 이름으로 기도드립니다. 아멘

✝ 기도를 돕는 한마디
  죄악에 맞서 싸우는 가장 최선의 길은 무릎으로 싸우는 길이다. – 헨리

자비와 은혜가 풍성하신 하나님!

티끌과 먼지 같은 우리를 택하여 주신 사랑과 오늘까지 지켜주시고 인도하여 주신 은혜를 감사드립니다. 주님께서 우리들의 죄를 대신하여 십자가 위에서 살이 찢기시고 피 흘려 돌아가시지 않으셨다면 저희들은 영원히 죄 가운데서 멸망 받을 수밖에 없었습니다. 하오나 주님, 저희들은 주님의 그 놀라운 사랑과 은혜를 깨닫지 못하고 있습니다. 주님을 배반하고 하나님 아버지의 곁을 멀리 떠나 스스로 혼자 살아보겠다고 하는 어리석은 탕자와 같은 사람입니다.

사랑이 많으신 주님!

우리가 주님의 그 위대하신 뜻을 깨달을 수 있도록 분별의 영을 주옵소서. 지혜와 총명을 더하여 주사 주님을 바로 알고 믿을 수 있는 성도들이 되도록 인도하여 주옵소서. 주님의 진리의 말씀을 믿고 따를 수 있도록 붙잡아 주소서. 자비로우신 주님, 넓고 편한 길이라 하더라도 세상의 잘못된 길로, 죄악 된 길로 나아가지 않게 하옵소서. 비록 좁고 험난한 길이라 하더라도 주님께서 가신 길을 따라갈 수 있도록 은총을 더하여 주옵소서.

거룩하시고 사랑이 충만하신 하나님 아버지께 영광과 찬양을 돌려 드립니다. 오늘 거룩한 성일을 맞이하여 우리를 주일 예배로 인도하시고, 은혜를 베풀어 주심을 감사합니다. 그러나 우리 각자를 살펴보건대 한 주간 동안 하나님께 불충한 일을 한 것이 한두 가지가 아닙니다. 우리 자

신들이 이 시간 자신을 돌이켜 볼 수 있도록 성령님이 깨우쳐 주옵소서.

죄를 깨닫고 자백하여 십자가의 공로를 힘입어 의로운 성도가 되게 하옵소서. 원하옵기는 우리 교회가 하나님의 뜻에 합당하게 쓰임 받아 주님께서 주신 사명을 잘 감당하게 하옵소서. 교회의 모든 기관들이 연합하여 주님의 크신 뜻을 성취하게 하옵소서. 또한 주님께서 이 나라를 사랑하셔서 대통령 이하 모든 위정자들을 말씀으로 감화사키시고, 주님을 영접하고 주님 뜻대로 나라의 살림을 꾸려갈 수 있도록 도와주옵소서.

하나님의 섭리를 따라 전선에서 국토방위에 힘쓰는 국군 장병들과 그 가족들에게 믿음과 건강을 주시기 원합니다. 그리고 평화의 왕이신 주님께서 이 나라에 평화를 지속시켜 주옵소서. 이제 이곳에 모인 성도들 각자의 소원을 하나님 들어주시고, 천국의 기쁨이 충만케 하옵소서.

이 시간 아름다운 노래로 주님께 영광 돌리는 찬양대원들에게 주님께서 복을 주셔서 먼저 그들이 은혜 받게 하옵소서. 나아가서 많은 성도들을 감화 감동시켜 예배를 은혜롭게 인도하게 하옵소서. 그들의 찬양이 하늘나라에 상달될 수 있도록 도와주옵소서.

사랑이 많으신 주님!

간절히 원하옵기는 이 교회에 소속된 모든 교우들이 들어가도 나가도 복 받게 하시며, 우리 교회가 말씀 안에서 굳게 세움을 입어 날로 부흥 발전하게 하여 주옵소서. 이 모든 말씀을 우리를 구속하신 예수님의 이름으로 기도드립니다. 아멘.

✝ 기도를 돕는 한마디
신실한 기도 속에 새로운 느낌, 새로운 의미, 새로운 용기가 주어진다. 기도는 교육이다. – 도스토예프스키

그것들이 여호와의 이름을 찬양할 것은 저가 명하시매 지음을 받았음이로다

– 시 148:5

이 세상 만물의 주인이 되신 하나님 아버지!

이 세상의 나그네인 우리들이 두 손 들고 주님 앞에 나왔습니다. 우리를 불쌍히 여기사 물속에서도 침몰당하지 않게 하시며, 불 속에서도 소멸당하지 않게 지켜 주옵소서. 우리가 어디로 가든지 주님께서 함께하시고 모든 일을 맡기오니 간섭하옵소서. 여호와만 의뢰하고 선을 행하오니 여호와를 기뻐하는 자가 되어 마음의 소원을 이루어 주옵소서.

능력의 주여!

이 시간 기도하옵기는 저희에게 기도의 문을 열어 주옵소서. 기도의 문이 열려야 주님과 교통할 수 있겠나이다. 주님의 뜻을 바로 깨달을 수 있겠나이다. 저희를 가로 막고 있는 의심의 빗장과 높이 쌓인 교만의 담을 스스로 무너뜨릴 힘이 없어 오직 주님의 전능하신 손길을 기다리고 있을 뿐입니다. 하나님과의 가로 막힌 담을 허시고, 주님의 은혜를 회복하게 하옵소서. 기도의 사람 다니엘이 죽음을 두려워하지 않고 하루 세 번씩 기도했던 것을 압니다. 저희들도 주님께 날마다 기도하게 하시고 기도할 때에 우리의 기도에 응답하여 주옵소서.

사랑의 주여!

사도 바울처럼 항상 주 안에서 기뻐하리라는 고백이 있게 하옵소서. 우리의 처한 생활 가운데서 기뻐하게 해 주시고 튼튼할 때 영혼의 건강함을 인하여 기뻐하게 하옵소서. 괴로울 때 주님의 임재를 느끼면서 기뻐하게 하옵소서. 즐거울 때 이 즐거움을 주신 주님을 기뻐하게 하옵소

서. 우리 교회에도 범사에 이 기쁨으로 충만하여 이 지역에 기쁨의 씨앗을 뿌리게 하옵소서.

사람의 외모를 보시지 않고 속마음을 보시는 하나님!

우리들이 신령과 진정으로 예배하게 하옵소서. 기쁨으로 하나님의 영광을 찬양하며, 진실한 기도로 우리들의 소원을 간구하게 하옵소서. 우리들에게 주시는 물질 중에서 가장 아름답고 귀한 것을 하나님께 드리게 하옵소서. 이 시간, 어느 한 사람이라도 성전 뜰만 밟고 돌아가지 않게 하옵시며 예배를 통하여 하나님과 더욱 친밀해지고, 주님을 더욱 사랑하는 뜨거운 마음이 되게 하여 주옵소서.

하나님이 내려 주시는 풍성한 은혜를 받아 영력을 강하게 하여 주시기 원합니다. 또한 간구하옵기는, 이 땅에 세워진 모든 교회들이 어두운 세상을 밝게 비추는 등대가 되게 하옵소서. 지역사회에 죽어가는 많은 불신 생명을 구원하는 구령의 기관이 되기 원합니다. 교회를 통하여 하나님께서 영광을 받아 주옵소서. 하나님의 거룩하신 뜻이 하늘에서 이룬 것처럼 이 땅에서도 이루어지게 하옵소서. 초대교회처럼 사랑의 나눔이 있게 하시고, 세상 사람들로부터 칭송받는 역사가 일어나게 하옵소서. 또한 많은 선교사들을 세우고 후원할 수 있는 복음의 전초기지가 되게 하여 주옵소서. 이 시간부터 마칠 때까지 성삼위 하나님께서 이 예배 전체를 주관하여 주옵소서.

예수님의 이름으로 기도드렸습니다. 아멘.

🕆 기도를 돕는 한마디
감사한 생각을 하늘로 올려 보내는 것이 가장 완벽한 기도다. – 레싱

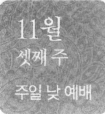
우주만물의 주인이 되신 아버지 하나님!

오늘 거룩하고 복된 날 허락해 주셔서 예배하게 하시니 감사합니다. 지난 한 주간 살면서 주님의 영광을 가리운 일이 없는지, 형제들의 마음을 상하게 하지 않았는지, 주님의 말씀에 불순종하지 않았는지, 반성하며 회개하게 하옵소서. 잘못된 것이 있으면 주님께서 용서하여 주옵시고 새로운 마음으로 이 한 주간을 보낼 수 있도록 도와주옵소서.

시험에 빠지지 않도록 늘 기도하게 해 주시고 주님의 사랑을 만민에게 나타내며 믿지 않는 백성들을 주님 앞으로 인도할 수 있도록 믿음과 용기를 더하여 주옵소서. 주님께서 말씀하시기를 항상 기뻐하라 범사에 감사하라고 말씀하셨나이다. 저희의 생활 가운데에서 불평하고 불만을 가질 것이 아니라 항상 기뻐하며 다른 사람을 기쁘게 해 줄 수 있도록 하게 하옵소서. 매사에 주님의 도우심을 감사하면서 생활하는 저희들이 되게 성령님께서 인도하여 주옵소서.

사랑의 하나님!

이 시간 주님의 말씀이 그리워 주님 존전에 찾아 나왔사오니 저희에게 필요한 말씀으로 채워 주옵소서. 저희의 바라고 원하는 바를 주님께서 이루어 주실 줄을 믿습니다. 하나님의 말씀은 살아서 운동력이 있다고 하셨사오니, 저희들의 미지근한 심령을 변화시켜 주옵소서.

주님의 말씀이 역사하는 곳에는 눈먼 자도 눈을 뜨며, 귀머거리도 듣게 되며, 벙어리도 말하게 되며, 앉은뱅이도 걸으며, 병자도 즉시 회복되

며, 죽은 자도 다시 사는 역사가 있는 것을 믿나이다.

주님의 능력의 손으로 이 시간 저희들의 영육을 새롭게 하여 주실 것을 원합니다. 걱정과 고민 가운데 처해 있는 자 있으면, 주님께서 해결하여 주옵소서. 걱정과 고민으로 인하여 스스로의 몸을 상하지 않도록 주님께서 도와주옵소서.

이 예배에 참석치 못한 성도들을 주님께서 기억하여 주셔서 어디에서 무슨 일을 하든지 우리와 동일한 은혜를 받게 하옵소서. 이 시간 사탄의 역사가 없게 하시고, 주의 성령이 저희들을 붙들어 인도해 주옵소서.

이 모든 말씀을 우리 주 예수 그리스도의 이름으로 감사하며 기도드렸습니다. 아멘

✝ 기도를 돕는 한마디
아무것도 염려하지 말라. 모든 일에 기도하며 감사하라. - 무디

거룩하고 자비로우신 우리 아버지 하나님 감사합니다.

주님 앞에 나아와 모두 함께 예배를 드리오니, 오늘도 은혜를 충만하게 내려 주옵소서. 이 세상 살아가는 동안 우리들에게 어려운 일과 괴로운 일들이 많사오나, 일마다 때마다 지켜주시고 인도하셔서 잘 감당하게 하옵소서.

악한 마귀가 우리들의 영혼을 삼키려고 우는 사자와 같이 두루 찾아다니는 이때에, 우리들의 영혼을 지켜주옵시고, 영혼의 닻이 되어주셔서 시험에 들지 않게 하옵소서. 언제나 주님의 사랑의 날개 아래 품어 주옵소서. 이 거룩한 예배에 온 몸과 온 정성을 모두 묶어 바칩니다. 오직 하나님께 영광만 넘치게 하옵소서.

우리들은 넘치는 은혜와 사랑의 품속에서 지난 한 주일 동안 살았습니다. 그러나 주님 말씀대로 살아야 하고, 주님의 뜻대로 살아야 하건만, 말씀대로 살지 못한 우리들을 용서하여 주옵소서. 마음은 원이로되 연약하여서 원하는 것은 행하지 않고 원치 않는 것만 행하여, 주님을 기쁘시게 하기보다도 섭섭한 하게 행한 것이 많았습니다. 우리들의 잘못을 용서하시고 십자가의 보혈로 정결하게 씻어 주옵소서.

하나님 아버지!

이 시간 우리 성도들이 일하는 직장을 위해 기도합니다. 정직하게 운영하게 하시고 그곳에서 복음의 빛을 발하는 성도들이 되도록 믿음으로 세워 주시옵소서. 또한 복 위에 복을 주시고 지경이 넓혀지는 은혜를 주

시옵소서. 그래서 경제적인 어려움이 없게 하시고, 귀한 재물을 귀한 곳에, 선한 곳에, 하나님의 영광을 나타내는 곳에 사용할 수 있도록 도와주시옵소서.

주님!

말씀을 전하는 주의 종에게 권능과 능력을 주셔서 피곤치 않게 하시고, 갈급한 양떼들에게 만나와 같은 귀한 꼴로 먹여 주옵소서. 목마른 양떼들에게 생명수로 채워 주옵소서. 성도들에게 힘과 용기를 주시고, 마음에 평화와 기쁨과 사랑이 넘치게 하옵소서. 주님의 몸 된 제단에서 봉사하는 주의 종들과, 각 기관마다 크신 은혜를 내려 주옵소서.

이 시간 질병으로 괴로워하는 이들이 있다면 건강을 주옵시고, 국방의 의무를 다하는 국군 장병들과 위정자들에게 은혜와 지혜를 주옵소서, 이 나라와 민족을 눈동자와 같이 지켜주셔서 이 민족 위에 복을 주신 하나님의 뜻을 헤아려 순종하게 하옵소서.

우리 주 예수님의 이름으로 기도드립니다. 아멘.

✝ 기도를 돕는 한마디
　기도 없이 사는 것은 가장 저주스러운 일이요, 말할 수 없이 어리석은 것이다. – 브룩스

오늘도 살아 계셔서 성령으로 역사하시는 하나님!

영원한 생명으로 구원하여 주심을 감사드립니다. 부족한 우리들로 하여금 하나님께 찬양과 영광을 돌리게 하시니 감사드립니다.

우리 삶의 순간순간을 지키시는 하나님!

먼저 하나님을 아는 말씀의 지혜를 허락하옵소서. 감사와 찬양이 마르지 아니하는 진실한 믿음을 허락해 주옵소서. 때로 우리의 삶에 어려움이 몰려올지라도, 오직 예수 그리스도만을 푯대 삼아 승리하게 하옵소서.

범사에 감사하라는 말씀대로, 세상의 어떠한 것도 끊을 수 없는 주님의 사랑을 확인하게 하옵소서. 우리의 서야 할 자리와 가야 할 장소를 인도하시며, 일생을 주님께 맡기고 살아가는 심령들이 되게 하여 주옵소서. 우리의 삶을 외면하지 않고 불꽃같은 눈으로 감찰하시는 하나님, 오직 십자가만 붙들고 믿음으로 승리하게 하옵소서.

교회의 주인이신 하나님!

교회의 사명을 기쁨으로 감당케 하옵시며, 세계를 향한 선교의 사명을 잘 감당하게 하옵소서. 성도들도 서로 관심과 사랑으로 교제하게 하옵소서. 특별히 주의 복음을 들고 해외로 나간 선교사들을 기억하여 주시기 원합니다. 복음 들고 산을 넘는 자들의 발길이 아름답다고 하셨사오니 그들에게 크신 복을 더하여 주시옵소서. 그들이 뿌리는 복음의 씨앗이 발아하여 성장하되 삼십 배, 육십 배, 백 배의 성장을 주시고, 하나님 나

라가 널리 확장되게 하옵소서.

때로는 생명의 위협을 당할 때도 있을 줄 압니다. 그러나 하늘의 상급을 바라보며 기쁨으로 감당케 하여 주시고, 항상 건강과 평안함을 허락하여 주시옵소서. 이 시간에도 상한 심령을 주 앞에 내려놓는 성도들을 불쌍히 여겨 주셔서 하나님의 사랑으로 위로하여 주옵소서. 믿음으로 현실을 극복하며, 소망 중에 인내하며, 위엣 것을 사모하면서 영원한 생명을 얻는 기쁨으로 살아가게 하옵소서.

주님의 능력으로 세우신 교회를 사랑하여 주시고, 각 기관과 모든 성도들이 하나가 되어서 주님의 역사를 이루게 하옵소서.

이 시간 드리는 예배를 성령께서 주장하여 주시길 바라오며, 우리를 구원하신 예수님 이름으로 기도드립니다. 아멘.

내 영혼아 네가 어찌하여 낙망하며 어찌하여 내 속에서 불안하여 하는고 너는 하나님을 바라라 - 시 42:5

은혜를 풍성히 내려 주시는 하나님의 크신 사랑에 감사드립니다.

지혜도 없고, 가난하고 영적으로 메마른 자들이 주님께 나왔습니다. 이 시간 하늘의 지혜와 영적 풍성함을 허락하여 주옵소서. 미지근한 자들이 왔으니 성령으로 뜨겁게 하여 주옵소서. 영적으로 바로 서지 못한 자이오니 확고하게 서서 걷기도 하고, 뛰기도 하게 하여 주옵소서. 백부장, 마리아, 나다나엘과 같이 알찬 믿음의 사람이 되기를 원합니다. 언제 어디서나 예수의 이름으로 승리하게 하옵시며, 능력을 주시되 갑절이나 더 주옵소서.

능력의 주여!

오늘 우리는 먹을 것을 앙망합니다. 하나님 아버지께서 들의 풀과 공중의 새도 입히시고 먹이시듯 우리도 먹여 주옵소서. 특별히 영적인 양식으로 우리의 심령을 채워 주옵소서.

사랑의 주님!

우리는 사랑을 갈망합니다. 그래서 하나님께서는 인간의 심장에 애정의 불을 붙여 뜨거운 사랑을 받는 것보다 주는 자가 되게 하여 주옵소서.

능력의 주님!

우리는 지식을 갈망합니다. 우리 두뇌에 지혜와 총명을 주셔서 앞으로의 일을 바로 알게 하옵시며, 숨겨진 재능을 개발할 수 있고 정복하고 창조할 수 있게 하옵소서.

사랑하는 주님!

구하옵기는 우리들에게 물질의 풍요를 채워 주실 뿐만 아니라 영적인 은혜와 신령한 복도 쏟아부어 주옵소서. "의에 주리고 목마른 자는 복이 있나니 저희가 배부를 것임이요"라고 하셨사오니, 항상 의를 구하고 의를 행하는 자들이 되게 하옵소서.

아름다운 이 예배 시간에 주님의 음성을 듣기 원합니다. 주님을 만나기 원합니다. 성령 하나님께서 임재하셔서 우리의 영의 소원을 들어 주시옵소서. 사랑으로 교제하며 서로를 용납하는 우리들이 되게 하옵소서. 예배 순서마다 함께하시며 찬양으로 영광돌리는 성가대 위에 크신 은총을 내려 주옵소서. 또한 목사님을 통해 주시는 말씀이 알찬 생명의 양식이 되게 하옵소서. 그 생명의 물줄기가 우리 심령 하나하나에 촉촉이 적셔지도록 은혜 내려 주옵소서.

주 예수님 이름으로 기도드립니다. 아멘.

역사의 주인이신 하나님 아버지!

주님의 이름을 온 맘과 정성을 다하여 찬양합니다. 아버지께서 주관하시는 역사 속에 지나간 한 주간도 무사하게 살게 하시고 오늘 거룩한 주일을 맞아 성도들이 주 앞에 나아와 예배드리게 됨을 감사드립니다. 언제 어디서 무엇을 하든지 주님의 날을 기억하게 하시고 이 날을 성수하여 영광돌리게 하옵소서.

사랑의 주님!

지난 한 주간의 삶을 온전한 믿음으로 살지 못한 것을 참회하오니 용서하여 주옵소서. 하나님 뜻을 알면서도 그 뜻대로 살지 못했던 우리들을 용서하여 주옵소서. 분주한 생활에 쫓겨 핑계하며 기도하지 못했고, 성경도 읽지 못했으며, 전도하지 못하였음을 불쌍히 여겨 주옵소서. 더욱이 자신의 욕심에 사로잡혀 본의 아니게 형제들에게 상처를 준 일이 있다면 용서하여 주시옵소서. 세상은 강하고 악한데, 하나님의 뜻과 다른 것들과 지난 한 주 살면서 그들과 타협하며 살았음을 용서하옵소서.

하나님 아버지!

우리들로 하여금 혼탁한 세파에 휩싸이지 않게 하옵소서. 능력 있는 그리스도인들이 되어 승리하는 삶을 살게 하시고, 하나님의 뜻을 이루기 위하여 들어 쓰시며 영광 받으옵소서. 너희는 세상의 빛과 소금이라 하

셨사오니 죄로 어두워져 가는 세상에서 진리의 빛을 발하게 하시고, 죄로 썩어져 가는 세상에서 썩어짐을 막는 방부제의 역할을 하도록 도와주시옵소서. 우리 모두가 하나님만을 앙망하여 새 힘을 얻어 굳세게 살아가게 하옵소서.

오늘도 단 위에 목사님을 세워주셨습니다. 우리에게 주시는 말씀을 통하여 바르게 살아갈 수 믿음을 허락하시고, 연약한 심령들이 강건함을 얻으며, 생활의 안정을 얻지 못한 자들이 안정된 생활을 누리게 하여 주옵소서. 하나님께서 우리 성도들에게 주시고자 하는 말씀이 되어 은혜받고 힘을 얻어 능력 있는 성도로 성장하게 하옵소서.

주 예수님의 이름으로 기도드립니다. 아멘.

✝ 기도를 돕는 한마디
어떤 생각은 기도하는 것과 같다. 몸은 어떤 상태이건, 영혼은 무릎을 꿇고 있는 때가 있다. - 빅토르 위고 영광과 찬송을 세세 무궁토록 받으실 하나님 아버지!

귀한 주님의 날을 우리에게 허락해 주셔서 신령과 진정으로 주님께 경배드릴 수 있는 건강과 믿음을 주시오니 감사와 찬송을 드립니다. 세상의 수많은 사람이 있지만 부족한 저희들을 선택해 주셔서 자녀 삼아 주심을 감사합니다. 자녀의 신분으로 오늘도 기쁜 마음으로 드리는 예배를 받으시고, 주님의 사랑과 은혜를 깨달아 알게 하옵소서. 우리의 삶은 항상 예배하는 자세를 잃지 않게 하시고 예배자의 기쁨을 누리며 살게 하여 주시옵소서. 또한 오늘 이 예배시간에 내리는 하늘의 만나로써 힘 있는 신앙생활을 하게 하옵소서.

우리의 일상생활이 주님의 은혜에 대한 감사로 충만케 하옵시고, 먼저 그의 나라와 그 의를 구하며, 기도하는 우리의 간구가 열납되며, 기도의 응답을 받아 하나님의 선하신 뜻을 이루게 하옵소서. 어려움과 고통을 당하는 자를 위해 기도하오니, 그 가정과 하는 일에 함께하시고, 평안을 내려 주옵소서. 병든 자에게 치료의 광선을 비추시고, 속히 나음을 주옵소서. 우리 교회가 날로 부흥 성장하게 하시고, 말씀을 증거하시는 주님의 사자에게 갑절의 영감을 입혀 주옵소서. 영력을 칠 배나 주셔서 영감 있는 말씀을 선포하게 하시고, 체력도 주시어서 하나님 나라를 위해 뛰고 달려도 피곤하지 않도록 도와주옵소서.

사람의 외모를 보시지 않고 속마음을 보시는 하나님!

우리들이 신령과 진정으로 예배하게 하옵소서. 기쁨으로 하나님의 영광을 찬양하며, 진실한 기도로 우리들의 소원을 간구하게 하옵소서. 우리들에게 주시는 물질 중에서 가장 아름답고 귀한 것을 하나님께 드리게 하옵소서. 이 시간, 어느 한 사람이라도 성전 뜰만 밟고 돌아가지 않게 하옵시고, 예배를 통하여 하나님과 더욱 친밀해지고, 주님을 더욱 사랑하는 뜨거운 마음이 되게 하여 주옵소서.

오늘 하나님에게 예배하는 곳마다 함께하시어 평강과 은총을 더하여 주시며 하늘의 신령한 것으로 채워 주시옵소서.

예수님의 이름으로 기도드립니다. 아멘.

✝ 기도를 돕는 한마디
기도한 후에는 기도보다 더한 것을 할 수 있지만, 그러나 기도할 때까지 그보다 더한 것을 할 수 없다. – 존 번연

12월
다섯째 주

주일 낮 예배

새 노래로 여호와께 찬송하라 대저 기이한 일을 행하사 그 오른손과 거룩한 팔로
자기를 위하여 구원을 베푸셨도다 - 시 98:1

만왕의 왕이시며 만유의 주가 되신 우리 주 여호와 하나님!

하나님의 은혜를 생각할 때마다 감사와 찬송을 드립니다. 지난 한 주간 동안도 주님의 그 크신 사랑으로 눈동자 같이 지켜주시고, 오늘 거룩한 안식일을 맞아 하나님 앞에 나아와 예배드리게 됨을 감사합니다.

아브라함과 이삭의 하나님!

빈들에 마른 풀같이 시들은 우리 영혼들이 주님 전에 엎드렸습니다. 험한 세상 살아가느라 무거운 짐을 지고 왔나이다. 이 시간 주님 앞에 무거운 짐 다 내려놓으니 마음의 평강과 기쁨으로 채워 주시옵소서.

상한 갈대도 꺾지 않으시며 꺼져가는 등불도 끄지 않으시는 주님!

우리들의 심령을 불쌍히 여겨 주옵소서. 우리들이 온전히 신령과 진정으로 예배할 수 있도록 주께서 인도하여 주옵소서.

권능의 주님!

하나님의 뜻에 따라 이 교회를 세워주신 줄을 믿습니다. 인간의 눈으로 보기에는 너무나 연약하지만, 주님께서 항상 우리들과 함께하셔서, 반석위에 지은 튼튼한 교회가 되게 하여 주옵소서. 날마다 믿는 이들이 더하게 하시고, 빈 자리가 차고 넘치는 큰 역사가 일어나게 하옵소서.

사랑하는 주님!

너희 믿음대로 이루어지리라 말씀을 우리들은 믿습니다. 복 있는 자는 악한 자의 의논대로 행치 아니하며, 죄인의 길에 서지도 아니하며, 오만한 자의 자리에 앉지도 아니하며, 오직 여호와의 율법을 즐거워하여 그

율법을 주야로 묵상하는 자라고 말씀하셨습니다.

우리들로 하여금 복 있는 자가 되어서 말씀을 좇아 사는 백성들이 되게 하옵소서. 이웃 사랑하기를 내 몸과 같이 하라는 말씀을 실천할 수 있도록 주님께서 도와주옵소서. 나 혼자만 잘 살고 권세를 누리는 것보다, 비록 가난할지라도 주 안에서 항상 기뻐하게 하옵시고, 쉬지 않고 기도하며, 범사에 감사하는 생활이 되도록 주님께서 인도하옵소서.

이 시간 우리들이 갈급한 심령으로 주님 전에 왔사오니, 세우신 목사님에게 성령의 두루마기를 입히시고, 그 입술을 통하여 나오는 하나님의 말씀으로 목마른 양떼들이 목을 축이는 데 부족함이 없도록 인도하옵소서. 또한 영육간의 귀한 양식이 되고 생명수가 되어, 거친 세상에서 생활할 때에 빛과 소금의 직분을 다 할 수 있게 하여 주옵소서.

우리 주 예수님의 이름으로 기도드립니다. 아멘.

✝ 기도를 돕는 한마디
하나님께 기도하는 것만으로도 사람들을 움직이는 것이 가능하다. – 오스왈드 샌더스

절벽 가까이로
나를 부르셔서 다가갔습니다

절벽 끝에
더 가까이 오라 하셔서 더 다가갔습니다

그랬더니 절벽에 겨우 발을 붙이고 서 있는 나를
절벽 아래로 밀어버리는 것이었습니다

물론 나는
절벽 아래로 떨어졌습니다

그런데
나는 그때까지
내가 하늘을 날 수 있다는 것을 몰랐습니다

로버트 슐러

하나님과 소통하는

Chapter 2

주일 저녁 예배 대표기도

하나님은 육체적 수고보다는 기도와 영적교제에 더 큰 가치를 둔다. 하늘나라의 신랑은 신부에게 구애하고 있는 것이지 하인을 고용하고 있는 것이 아니다.

기도는 하나님을 그의 은신처에서 불러내어 이 땅에서 기적을 행하게 하고 신자를 통하여 길잃은 영혼의 세계속에 그 자신을 나타낸다.

— A.W.로프

주일 낮예배 대표기도문

우리를 언제나 사랑과 은혜로 도우시는 하나님 아버지!

오늘도 그 크신 사랑과 은혜를 감사하오며 주일 저녁예배로 모였사오니 저희들의 예배를 열납하여 주시옵소서.

늘 하나님을 의지하며 주님의 뜻대로 살기를 원하는 성도들이 이 자리에 모였습니다. 저희들이 하나님께 헌신하게 하여 주시고 언제 어디서든지 주님의 귀한 도구가 될 수 있도록 도와주시옵소서.

사랑의 주님!

저희가 복음의 씨앗이 되기를 원합니다. 귀한 주일 저녁에도 저희들이 이렇게 모였사오니 이 시간 드리는 찬양에 하나님의 은혜가 있게 하시며, 찬양 중에 주의 능력이 임하게 하여 주옵소서. 바울과 실라가 옥중에서도 찬양했사오며, 다니엘이 기도할 수 없는 중에도 하루에 세 번씩 기도하며 감사한 것을 알고 있습니다.

저희의 믿음이 환경에 지배받지 않게 하시고 주님을 믿는 절대 믿음으로 하나님을 찬양하게 하옵소서. 하나님의 전능하심을 믿사오니 저희를 찬양의 도구가 되게 하여 주옵소서. 불의와 적당히 타협하며 세속의 종이 되지 않게 하시며, 뿌리를 잃은 갈대처럼 세상에 떠다니는 어리석음을 범치 않게 하옵소서.

자비로우신 주님!

저희의 염려는 기도의 제목이 되게 하시고, 저희들의 한숨은 찬양이 되게 하옵소서. 오늘 드리는 예배가 저희들의 허물로 인하여 방해될까 두렵사오니 저희의 모든 죄를 용서하여 주옵소서.

이 나라와 교회를 위해서 간구하오니 정치의 혼란과 경제의 어려움으로 불안한 백성들의 마음을 위로하여 주옵시고, 저들에게 평안을 주사 신음하는 민족에서 소망이 되게 하옵소서.

저희가 주를 향하여 더욱 기도하게 하시고, 죽어 가는 영혼들을 불쌍히 여기는 긍휼을 주옵소서. 진리의 말씀을 듣고 단 위에 서신 목사님을 기억하사 강건케 하시되 주의 말씀을 증거 하실 때 담대함을 허락하시고, 성령의 인도하심 속에 주의 진리만을 전할 수 있도록 하옵소서. 말씀 중에 은혜가 있게 하시고, 깨달음이 있게 하시며, 결단이 있게 하옵소서.

예수님의 이름으로 간절히 기도하옵나이다. 아멘.

✝ 기도를 돕는 한마디
밤에 하는 기도는 낮 동안의 원기의 샘물이다. – 나이팅게일

가로되 내가 모태에서 적신이 나왔사온즉 또한 적신이 그리로 돌아 가올찌라 주신 자도 여호와시요 취하신 자도 여호와시오니 - 욥 1:21

여호와를 찬양하라 내 속에 있는 것들아 다 여호와를 송축하라!

오늘도 저희의 기도를 들어주시는 하나님 아버지 감사합니다. 이 시간에도 우리의 입술을 벌려 주님의 은혜를 찬양할 수 있도록 도와주시고, 우리의 부정한 입술이 있다면 주님의 말씀으로 깨끗하게 씻겨지는 시간이 되게 하여 주시옵소서.

주님의 말씀을 사모하여 모였사오니 주님의 은혜로 가득 찰 수 있는 시간이 되게 하여 주시며, 예배를 통하여 하나님과 하나가 될 수 있는 저희가 되게 하여 주시옵소서. 저희가 주님께 드리는 예배가 하나님과 신령한 교제를 나눌 수 있는 귀한 시간이 되게 하시고, 성도들 간에도 사랑이 넘치는 교제가 이루어지게 하여 주시옵소서.

우리의 기도를 받으시고 응답하시는 하나님!

저희의 약함으로 주님의 강함이 드러나게 하여 주시고, 저희의 근심이 주님께 기도할 수 있는 기도의 끈이 되게 하여 주시옵소서. 기도의 응답이 없음으로 인해 실망하지 않게 하여 주시고 연단과 인내로 끝까지 기도하며 승리할수 있는 믿음이 되게 하여 주시옵소서.

믿음은 하나님의 말씀을 듣는 데서 생긴다고 하셨사오니 하나님의 말씀이 선포되는 이 시간 말씀으로 거듭나게 하시고, 저희의 약함이 주님 앞에서 강하게 되는 역사를 체험하게 하여 주시옵소서.

저희의 생각과 힘으로 할 수 없음을 고백하게 하시고, 주님 앞에 엎드

림으로 인해 주님의 공급하심을 맛볼 수 있는 귀한 시간이 되게 하여 주시옵소서. 주님의 말씀으로 저희의 믿음을 강하게 하옵소서.

찬양받으시기 합당하신 주님!

찬양이 끊이지 않으며, 기쁨이 중단되지 않고, 감사가 넘치는 생활이 되게 하옵소서. 조건을 초월하여 하나님을 섬기게 하시고 경외하게 하옵소서. 특별하신 하나님의 섭리 속에 이곳에 주님의 몸 된 교회를 세워주셨으니 주님의 사랑을 실천하는 귀한 지체가 될 수 있는 믿음을 더하여 주시옵소서. 저희에게 이웃을 돌아보게 하시고, 저희에게 늘 공급하여 주심과 같이 주님의 돌보심으로 그들을 돌아보게 하여 주시옵소서. 저희가 주님의 사랑으로 본을 보임으로 그들이 거룩한 백성으로 변화될 수 있도록 그들에게 주님을 증거하게 하여 주시옵소서.

예배를 위해서 기도합니다. 예배로 인하여 저희에게 복을 허락하시되 앞날이 열려 형통케 되는 복을 허락하시고, 저희의 감사와 찬양으로 인하여 복을 허락하시되 주 하나님이 주시는 새 힘으로 날마다 승리하게 하여 주시옵소서. 저희에게 훌륭한 목사님을 보내주셨사오니 저희가 하나님의 말씀을 들을 때에 죄인의 옷을 벗게 하시고, 하나님의 신령한 옷을 입어 새롭게 하여 주시옵소서.

예수 그리스도의 이름으로 기도합니다. 아멘

✝ 기도를 돕는 한마디
기도는 말 이상의 것이다. 이는 듣는 것이요 보는 것이요, 느끼는 것이다. ─ 노먼 빈센트 필

여호와는 나의 힘이요 노래시며 나의 구원이시로다 그는 나의 하나님이시니

– 출 15:2

사랑의 하나님!

오늘 하루도 순간순간 하나님의 역사하심을 보게 하시사 지켜주심을 감사합니다. 저희에게 행하신 모든 일들과 능력과 행하심에 영광과 찬송을 돌립니다. 주님을 사모하는 자를 만족케 하시며 주린 영혼에게 좋은 것으로 채워주시는 그 크신 사랑을 생각할 때 감사합니다. 저희에게 일찍이 믿음을 주셔서 말씀과 예배를 통하여 하나님 아버지를 만나게 하여 주시니 참 감사합니다. 또한 우리의 구원자이시며 중보자이신 예수님을 알고 믿고 구원받게 하여 주신 은혜를 다시금 감사드립니다.

그러나 저희는 하나님께 나올 때만 순종했으며, 생활속에서는 경건의 모양만으로 경건의 능력을 상실했음을 고백하오니 용서하여 주옵소서.

피리를 불어도 춤추지 않고 애곡하여도 가슴을 칠 줄 모르는 세상을 한탄하면서도 저희들도 그러한 모습으로 살아왔음을 고백하오니 저희의 죄를 용서하여 주시옵소서. 저희의 모든 모습이 이 시간 주님 앞에 예배 드릴때 새롭게 거듭나는 역사를 체험케 하여 주시옵소서.

예배의 주인이 되신 주님!

이 시간 드리는 예배가 응답의 예배가 되게 하시고 문제 해결의 역사가 일어나는 예배가 되게 하시고, 질병이 치료되며, 답답한 심령이 새 힘을 얻는 복된 시간이 되게 하여 주옵소서. 영적으로 더러운 눈도 열리게 하여 주옵시고, 신령한 세계를 바라보게 하시며, 믿음의 시야를 넓게 가

짐으로써 주님의 주권을 인정하며 살아가는 복된 삶이 될 수 있도록 복을 내려 주시옵소서.

"너희는 먼저 그의 나라와 그의 의를 구하라"고 말씀하신 주님의 가르침을 너무나도 잘 알고 있지만 떠나지 않는 고통으로 인하여 늘 경직된 삶을 살 수밖에 없는 연약함을 불쌍히 여겨 주시기를 원합니다. 모든 죄악된 습관들을 믿음으로 물리치게 하시고, 모든 어려움을 믿음으로 극복하게 하시며, 믿음의 주요 또 온전케 하시는 예수만 바라보고 살아가는 성도들이 되게 하옵시고, 달음박질하여도 곤비치 아니하고, 걸어가도 피곤함을 모르는 성도들이 되게 하여 주시옵소서. 오늘도 예배를 통하여 주님의 음성을 듣게 하옵시고, 갈급한 심령들이 성령의 위로하심을 받는 시간이 되게 하여 주시옵소서.

말씀을 전하시는 목사님께 성령의 충만하심이 있게 하시옵소서.

모든 영광을 하나님께 돌리오며, 예수님의 이름으로 기도합니다.

아멘.

우리를 날마다 사랑하시는 하나님!

부족한 저희의 인생을 버려두지 아니하시고 주님의 백성으로 불러 주셔서 빛과 진리 가운데로 인도하여 주시니 감사드립니다. 사망의 길에서 벗어나지 못한 죄인들을 죄인이라 아니하시고 하나님 자녀 삼아주시니 감사합니다.

저희의 연약함으로 인하여 또다시 주님과 멀어지고 있지는 않은지 두렵고 떨리는 마음으로 주님을 찾았습니다. 믿음이 부족한 저희들의 연약함을 용서하여 주시옵소서. 지난 한 주간도 우리 영혼을 지키시는 주님께서 함께 계심에도 불구하고 나 혼자인 것처럼 생활하며 괴로워했습니다. 주님 이제 주님의 집으로 돌아온 저희들을 긍휼이 여기시고 탕자를 용서하심과 같이 저희를 용서하여 주셔서 주님을 주인으로 모시고 살아갈 수 있는 심령으로 거듭나게 하시옵소서.

자비로우신 주님!

오늘도 주님 앞에 메고 온 온갖 근심과 절망의 멍에들을 풀어서 가볍게 하시옵소서. 수고하고 무거운 짐 진자들아 다 내게로 오라 하신 주님 앞에 우리들의 어려운 문제들을 내려 놓으므로 해결 받는 복된 시간이 되기를 원합니다. 오늘도 예배를 드리는 가운데 성령의 위로가 있게 하옵시고, 목사님을 통하여 주의 말씀을 전달 받을 때에 위로부터 내려오는 계시의 은총을 충만히 받는 시간이 되게 하여 주시옵소서.

기관마다 세우신 귀한 주의 종들을 기억하시고, 저들을 통해서 주의 교회가 반석 위에 튼튼히 세워지게 하옵시며, 주의 나라가 날마다 확장되는 역사가 있게 하여 주시옵소서. "맡은 자들에게 구할 것은 충성이라"고 하셨사오니 주님께서 주신 직분을 인하여 더욱더 눈물을 흘리며 무릎을 꿇는 자들이 되게 하시옵소서.

가난하여 굶주리며 추위에 떠는 이웃들을 불쌍히 여기시고, 그들에게도 따뜻한 주님의 손길이 전달되게 하여 주시옵시고, 모두가 잘 살고 더불어 행복하게 사는 나라가 구현될 수 있도록 복을 내려 주옵소서.

저희에게 예수님의 고난을 기억함으로 그들을 사랑하게 하시며, 그들의 필요를 공급할 수 있는 복을 허락하여 주시옵소서. 세상의 빛과 소금의 역할을 충실히 감당함으로 하나님의 영광을 드러내게 하옵소서.

예수 그리스도의 이름으로 기도합니다. 아멘.

✝ 기도를 돕는 한마디
하나님이 살아 계심을 자신 있게 말할 수 있는 이유는 매일 아침마다 그와 이야기하기 때문이다. – 그레이엄

할렐루야!

찬양을 받으시기에 합당하신 하나님 감사합니다.

호흡이 있는 자마다 여호와를 찬양하라 말씀하신 하나님 아버지!

하나님의 성호를 찬양케 하심을 감사합니다. 메말랐던 저희의 심령을 주님의 단비로 적셔 주시길 간절히 원합니다.

사랑의 하나님!

우리의 죄로 인하여 돌아가신 예수님을 우리는 알고 있으면서도 우리는 한 주간 동안 주님과는 상관없는 삶을 살았음을 고백하오니 하나님 저희를 긍휼이 여겨 주시옵소서.

저희의 죄로 인하여 저희를 멸하지 마시고 의의 길로 인도하시며, 저희의 죄 된 습성을 버릴 수 있는 지혜와 힘을 허락하여 주시옵소서. 주님의 피 흘리심과 주님의 고난을 기억하게 하시며 주님의 고난에 동참할 수 있는 믿음을 주옵소서.

사랑과 은혜가 충만하신 하나님 아버지!

저희로 믿지 않는 가족을 구원할 수 있도록 능력을 더하여 주시옵소서. 가족의 구원을 위하여 눈물로 간구할 수 있는 믿음을 주옵소서. 먼저 믿은 저희들이 온전한 가정을 이루게 하시고, 모든 것을 주님께 드릴 수 있는 사람들이 되게 하여 주시옵소서.

오늘 이 시간 주일저녁예배로 모였습니다.

예배 가운데 거하시는 하나님을 만나는 체험이 있게 하시고, 찬양으로 하나님께 영광 돌리는 복된 시간이 되게 하옵소서. 이 교회가 늘 건강한 교회가 되어 말씀으로 새롭게 되고, 성령으로 뜨거워지며, 기도로 역사가 끊이지 않으며, 찬양이 살아있는 역동적인 교회가 되기를 바랍니다.

오늘도 저희가 주 앞에 나왔사오니 저희들의 입술이 복되게 하옵소서.

예배 가운데 말씀을 듣는 가운데, 찬양 중에 질병이 치유되게 하시고, 근심이 해결되게 하시며, 사탄이 떠나가는 역사가 있게 하옵소서.

예수 그리스도의 이름으로 기도합니다. 아멘

✝ 기도를 돕는 한마디
마귀는 기도 없는 학문, 기도 없는 작정, 기도 없는 종교, 기도 없는 성전에서 비웃는다. - 체드윅

은혜로우신

사랑의 하나님 아버지를 찬양합니다.

저희에게 구속의 은혜를 베푸시고 예수 그리스도를 십자가에 내어 주시고, 택하여 주시고, 믿게하여 주시니 감사합니다. 하나님의 은혜로 부름 받은 저희들이 감사와 찬양 중에 예배를 드리오니 기뻐 흠향하여 주시옵소서. 하나님의 형상대로 창조함을 입었사오니 주의 성품으로 날마다 닮아가게 하여 주옵소서.

사랑의 하나님!

죄악된 저희들의 모습들을 회개하오니 십자가의 보혈로 용서하여 주시옵소서. 죄의 쓴 뿌리로 인하여 고통 당하는 저희들을 도우셔서 죄와 결별하게 하시고, 진리의 말씀으로 충만히 채우사 자유케 하여 주시옵소서. 하나님의 사랑하심만 믿게 하시고, 공의를 잃어버리지 않게 하여 주시옵소서.

능력의 하나님!

우리의 싸움은 혈과 육에 대한 싸움이 아닌 것을 아오니, 보이는 것들과의 싸움 때문에 보이지 않는 것들을 잃지 않게 하옵소서.

원수를 주께 맡기고 어두움의 세력들을 예수 이름으로 물리치게 하여 주시옵소서. 어두움이 그치고 새날이 오기를 기다리는 저희들의 상한 심

령을 아시는 하나님! 저희를 향하신 연단이 지나고 하나님의 응답과 은혜가 임하게 하옵소서.

하나님의 말씀을 들을 때마다 깨닫게 하시고, 기도하게 하시고, 순종으로 받기에 부족함이 없도록 복을 내려 주옵소서. 우리를 날마다 쳐서 복종하게 하시고 하나님의 뜻이 이루어지게 하옵소서. 성령으로 충만케 하시고, 은사로 충만케 하셔서 지체로써의 사명을 온전히 감당하게 하여 주옵소서. 오늘 말씀 전하시는 목사님에게 갑절의 영감과 능력을 주옵소서. 하늘의 보화를 저희들에게 잘 전달할 수 있도록 지켜주옵소서. 오늘 예배에 참석한 모든 성도들이 하나님의 은혜와 사랑 안에서 충만하여질 수 있도록 도와주시옵소서.

이 모든 말씀 예수님의 이름으로 기도합니다. 아멘.

기도를 돕는 한마디
우리가 기도에 대해 배울 시간은 위기가 발생했을 때가 아니라 바로 지금이다. - 조지 A브랜들리

찬양과 영광 가운데 거하시는 은혜로우신 하나님,
오늘도 주님의 사랑 가운데 모이게 하심을 감사드립니다.

세상에 빠지고 향락에 취하여 주님을 부인하며 살았던 저희들을 위해
서 예수 그리스도께서 십자가에 대신 못 박혀 죽으심으로 저희 죄를 용
서하여 주시고 구원하여 주시니 감사를 드립니다. 이제는 주님 안에서
새로운 삶의 목표와 비전을 가졌사오니 늘 승리하며 하나님과 가까이 동
행하게 하옵소서.

이제는 예수님을 잃어버리지 않게 하시고, 아버지를 향한 사랑과 믿음
을 버리지 않도록 강건케 하옵소서. 영적으로 날마다 성장하게 하셔서
예수 그리스도의 장성한 분량까지 성장하고 부흥할 수 있도록 복을 내려
주옵소서. 정죄받을 죄악들을 용서하시고 저희들의 허물로 기도가 막히
지 않게 하옵소서.

우리의 주인이 되신 주님!

저희 교회에 은혜를 주셔서 예배를 사모하여 모이게 하시고, 모일 때
마다 은혜와 믿음으로 충만히 채워주시니 감사합니다. 성도들의 가정을
위하여 기도하오니, 부부가 하나 되게 하시고, 자녀들에게 지혜와 건강
을 주셔서 가정이 건강함으로 믿음 안에서 평안을 누리게 하옵소서. 사
업과 일터와 가정 위에 주님의 인도하심이 늘 함께 해 주옵소서

교회의 머리가 되신 주님!

저희 교회를 축복해 주옵소서. 한국교회에 본이 되게 하시고, 믿음의 동역자들 많이 허락하여 주셔서 세계복음화의 주역이 되게 하옵소서.

오늘도 하나님의 말씀을 들을 때 아멘으로 순종하게 하시고, 행함으로 열매 맺을 수 있는 은혜를 주옵소서. 저희들의 삶이 시험에 들지 않도록 은혜주시고, 주의 사랑으로 충만케 하여 주옵소서.

한 주간도 믿음 안에서 승리할 줄 믿고 예수님의 이름으로 기도합니다. 아멘.

✝ **기도를 돕는 한마디**
진실한 기도는 즉흥적 충동에서 얻을 수 없고 생애의 자세로부터 얻어진다. – 뮐러

나의 피난처 되시는 주 하나님!

거룩한 성회로 저희를 다시 하나님의 전에 불러 주신 은혜에 감사합니다. 저희의 예배를 받아주시옵소서. 기쁘고 영광스러운 순간에도 부끄럽게도 저희의 약한 모습을 먼저 내놓습니다.

저희의 약함으로 인하여 정죄하지 마시고, 저희의 부끄러움으로 인하여 저희를 외면하지 않으시기를 원하오니, 하나님 저희를 성결하게 하심으로 오직 하나님의 성결하심을 찬양하기에 부족함이 없는 저희가 되도록 복을 내려 주시옵소서.

경배 받으시기에 합당하신 하나님 아버지!

주님이 이 땅에 계실 때에는 인생들에게 경배 받지 못하셨지만, 십자가에 달려 죽으시고 사망의 권세를 이기신 후에는 만물들도 주님을 찬양했음을 기억하나이다. 아직도 모든 피조물들이 영광의 주님을 찬양할 수 있는 깨우침과 은혜를 베풀어 주시옵소서.

저희로 주님을 이웃에게 증거할 수 있는 믿음을 더하여 주시옵소서. 저희의 입술이 주님의 기사와 이적을 전하게 하시고, 저희의 발걸음이 하나님의 긍휼이 필요한 곳에 하나님의 약속의 말씀을 전하게 하시고 저희의 생각이 주님의 나라를 향하여 삶을 영위할 수 있도록 복을 내려 주시옵소서.

주님의 피 값으로 사신 영혼들을 위하여 저희로 헌신하게 하시고, 저

희에게 그들을 용납할 수 있는 믿음을 더하여 주시옵소서.

사랑의 하나님!

오늘 이 저녁 저희에게 하늘의 비밀을 알게 하시려고 강단에 세우신 목사님께 말씀의 능력을 더하시고, 말씀으로 인하여 하나님의 나라를 더욱 사모하며 주님의 재림을 기다릴 수 있도록 은혜 내려 주시옵소서. 예배를 위하여 헌신하는 모든 손길들 위에 복을 주시고 저들의 수고로 하늘의 창고에 보화가 쌓일 수 있는 복을 허락하여 주시옵소서.

이 모든 말씀을 우리를 죄에서 구원하신 예수님의 이름으로 기도합니다. 아멘.

✝ 기도를 돕는 한마디
기도 없이 사는 것은 가장 저주스러운 일이요, 말할 수 없어 어리석은 것이다. – 브룩스

나의 반석이시요, 우리의 구원이신 하나님!

모든 지각에 뛰어난 하나님의 평강이 그리스도 예수 안에서 우리의 마음과 생각을 지키심을 받고 감사와 영광을 돌립니다.

매일 매일 후회를 하면서도 하나님을 멀리하며 세상의 풍조와 쾌락을 추구하며 나아갔음을 회개하오니 저희를 용서하여 주시옵소서.

우리가 세상으로 눈을 돌린 채 주님을 잃어버린 때가 너무도 많았습니다. 우리에게 구원의 주님을 찬양하며, 오직 주님만이 나의 반석이 되심을 고백하오니 저희를 긍휼히 여기시기를 간구합니다. 바로 지금 회개하게 하시고 순종으로 헌신하도록 복을 내려 주시옵소서. 넓고 쉬운 죄악의 길을 버리고 주님의 뜻을 찾을 수 있는 저희가 되게 하여 주시옵소서.

교만과 허위, 부정, 부패와 자만이 앞서는 시대 속에서 주님이 찾으시는 의인으로 살게 하시고, 우리의 상한 마음을 주님의 사랑으로 고쳐 주시옵소서. 저희에게 위로를 주시고, 우리와 함께하여 주시옵소서.

이 시간 하나님께서 온 세상 만유를 섭리하심을 고백하며 사람이나 세상의 어떤 것으로도 나의 문제를 해결할 수 없음을 고백하오니 오직 하나님을 나의 구원자로 바라보게 하시고 우리의 문제를 하나님께만 구하게 하여 주시옵소서.

은혜로우신 하나님!

우리로 하여금 주님을 찾고 의지하게 하신 은혜에 감사합니다. 우리가

어떤 상황에 있든지 주님을 위해서 살도록 하시고, 현재 처한 환경이나 욕심 때문에 세상적인 삶에 연연하지 않도록 도와 주시옵소서.

특별히 주님의 보혈 위에 세워진 주님의 교회를 위하여 기도합니다.

일찍이 주님의 크신 섭리가 계셔서 이곳에 주님의 교회를 세워 주셨사오니, 성령의 뜨거운 역사가 늘 강하게 역사하는 교회가 되게 하시고, 부르짖는 기도마다 응답 받는 은혜의 현장이 되게 하시옵소서. 무엇보다도 주님의 도우심 아래 날로 왕성해지는 교회가 되게 하시고, 영혼 구원의 사명 또한 잘 감당할 수 있는 교회가 되게 하여 주시옵소서. 예배가 하나님께 영광이 되고 성령으로 감화되는 역사가 일어나게 하여 주시옵소서.

거룩하신 예수님의 이름으로 기도합니다. 아멘

✝ 기도를 돕는 한마디
백년을 살 것처럼 일하고 내일 죽을 것처럼 기도하라. – 벤자민 프랭클린

기쁨과 평안과 안전을 오늘도 저희에게 부어주시는 하나님 아버지!

오늘 하루도 주의 은택을 입어 주일을 성수하게 하시며, 이 저녁시간까지 주님을 사모하여 찬양과 말씀의 자리에 나오게 하심을 감사합니다.

찬양 중에 임하시는 주님께 간구합니다. 아침에 여호와로 인하여 눈을 뜨게 하셨사오니 저녁에는 여호와 하나님께 찬양하게 하옵소서.

이 저녁 저희가 드리는 예배로 하나님 영광 받으시옵고 성도들은 충만한 은혜 가운데서 기뻐할 수 있도록 도와주옵소서. 황소를 드림보다 찬양의 제사를 기뻐하신다고 말씀하셨습니다. 저희들의 입술이 찬양의 입술이 되게 하옵소서.

의뢰하는 자의 하나님이 되시는 주여!

오늘 성도들이 주 앞에 나와 부르짖는 기도를 들어 주시옵소서. 마음의 상처는 싸매어 주시고, 믿음의 시련을 당하는 성도들에게 위로와 응답으로 함께하여 주셔서 새로운 힘으로 살아가게 하여 주시옵소서. 영적인 시험에 빠진 성도들을 기억하시고 말씀을 해결 받을 수 있도록 인도하여 주시옵소서. 세상을 이기고 하나님께 더 가까이 나갈 수 있는 성도들이 되게 하여 주옵소서.

의인의 간구를 기뻐하시는 하나님!

우리의 성품이 성결하여지도록 인도하여 주시옵소서. 죄를 미워하게

하시고, 어둠을 물리칠 힘을 허락하여 주시옵소서. 우리가 정죄하지 않게 하시고 선으로 악을 이기게 하여 주시옵소서. 선한 눈으로 여호와를 바라보며 의인에게 주시는 복을 맛보게 하옵소서.

사랑의 주님!

오늘도 말씀을 증거하시는 목사님을 위하여 간절히 간구합니다.

입술을 주장하시고, 심령을 주장하셔서 하나님의 음성을 대언하실 때 말씀이 저희들의 삶을 변화시키게 하여 주시옵소서. 하나님이 우리에게 들려주시고자 하는 말씀이 되게 하여 주옵소서.

하나님의 말씀을 살았고 운동력이 있다고 말씀하셨사오니 살아 있는 말씀이 역동적으로 활동하는 말씀 충만한 시간이요, 예배가 되게 하여 주옵소서.

예수 그리스도의 이름으로 기도합니다. 아멘

기도를 돕는 한마디
지나친 사랑이 없는 것처럼 지나친 기도란 없다. – 빅토르 위고

은혜와 평강이 늘 넘치는 하나님!

주께서 저희들을 택하시고 주를 찾아 나오게 하시고 주의 뜰에 거하게 하시니 감사하고 감사합니다. 우리가 주의 집 곧 성전의 아름다움으로 만족케 하옵소서. 저희가 받은 복이 많음을 알면서도 주님을 찬양할 제목을 잃어버리고 불평과 슬픔 속에서 살아가는 저희들에게 이 예배를 통하여 확신과 감사가 넘치며 찬양이 솟아나게 하시옵소서.

주님을 높이고 찬양드림에 인색해 하며 교만과 내 고집으로 살았음을 고백하오니 주님! 용서하여 주시옵소서. 주님께서 임하시는 그날 저희가 찬양하는 입과 기뻐하는 마음으로 맞이하게 하여 주시옵소서.

은혜의 주 하나님!

우리가 어떠한 자리에 있든지 늘 주님을 기억하게 하시고 주님의 이름을 높이는 자리에 있을 수 있는 은혜를 허락하여 주시옵소서.

주님의 자녀 된 본분을 지키게 하심으로 저희의 삶이 늘 주님께 드리는 예배의 삶이 되게 하여 주시옵소서. 주님이 저희를 위하여 고난 받으시고 죽으시기 위하여 오신 주님이심을 알게 하시고, 저희가 더욱 경건한 마음으로 매일의 삶을 살아가게 하여 주시옵소서.

이 저녁 시간에도 주님의 말씀과 주님의 명령을 듣고자 저희가 나왔사오니 저희에게 들을 수 있는 귀를 허락하시고 순종할 수 있는 마음을 허락하시고 하나님을 온전히 만날 수 있는 시간이 되게 하여 주시옵소서.

그저 왔다가 가는 형식적인 예배가 되지 않게 하시고 주님을 온전히 바라는 시간되게 하옵소서.

말씀을 전하시는 목사님에게 영육 간에 놀라운 은혜를 허락하시고 하나님께서 저희에게 주시는 말씀을 전하실 때 은혜의 말씀만을 전할 수 있도록 하여 주시길 간절히 원합니다.

우리의 마음도 주님께 집중함으로 하나님과 하나되는 시간이 되며, 그 말씀에 순종하며 한주간도 살아가는 하나님의 백성이 되게 하여 주시옵소서.

예수님의 이름으로 기도합니다. 아멘.

✝ 기도를 돕는 한마디
하나님은 그대가 원하는 것을 주시든지 아니면 더 나은 것을 주시든지 둘 중 하나를 택하실 것이다. – 브룩스

주린 영혼을 만족케 하시며 찬양 받으시기에 합당하신 주님!

하나님의 선하시고 기쁘신 뜻을 찬양합니다. 저희에게 향하신 하나님의 신실하심이 크고 영원하심을 믿사오니 항상 하나님의 뜻을 겸손하게 받아들이며 세상으로 향하는 저희의 의지와 욕심을 십자가에 못을 박게 하여 주시옵소서. 저희에게 생명을 주신 것과 같이 저희가 주님 앞에 예배드릴 수 있도록 허락하신 주님의 모든 섭리하심을 감사합니다.

이 시간 하나님만을 바라보며 주의 말씀에 겸손히 순종함으로 주님을 더욱 섬기기를 원합니다. 주님께서 저희를 다스려 주시옵소서.

성령께서 저희의 삶 가운데 임재하시사 매일의 삶을 주관하시고 지켜 주시옵소서. 매일 매일 분주함으로 인하여 주님을 멀리하지 않게 하시고 하나님을 온전히 섬길 수 있게 하옵소서.

저희가 저희의 감정과 육체의 소욕을 따르지 않고 주님의 인내를 받을 수 있도록 도와주시옵소서. 하나님의 사랑과 인내를 본받아 저희 중 누군가 실수하였을 때 따스한 사랑으로 품어 줄 수 있게 하시고 하나님의 위로와 평강을 전하게 하여 주시옵소서. 저희의 삶 가운데 놀라운 기적을 체험할 수 있도록 도와주시옵소서.

사랑의 하나님!

이 추운 겨울에 저희에게 주님의 사랑을 전하는 귀한 사명을 감당하게 하여 주시옵소서. 저희에게 더욱 큰 믿음을 허락하사 주님의 사랑의 복

음을 세상에 전하는 귀한 영혼들이 되도록 인도하여 주옵소서. 주님의 놀라우신 복음의 능력을 믿고 의지하여 기도하오니 저희에게 주님의 크신 권능으로 사마리아와 땅 끝까지 이르러 증인이 되라고 하신 주님의 사명을 감당하도록 복으로 더하여 주시옵소서.

저희에게 주님의 백성 된 본분을 지켜 행하게 하심으로 저희의 삶이 주님께 예배가 될 수 있도록 은혜 위에 은혜를 더하여 주시옵소서.

목사님과 예배를 돕는 손길들 위에 주님의 크신 권능으로 은총을 더하여 주실 줄로 믿사오며 저희를 구원하신 예수 그리스도의 이름으로 기도합니다. 아멘.

✝ 기도를 돕는 한마디
　나는 이렇게 아름다운 우주에서 삶을 누리게 해주신 하나님께 감사드린다. – 우찌무라 간조 사람이 떡으로만 사는 것이 아니요 여호와의 입에서 나오는 모든 말씀으로 사는 줄을 너로 알게 하심이니라 - 신 8:3

할렐루야! 거룩하신 하나님!

귀한 주일 저녁까지 주님께 나와서 경배와 찬양을 드리게 하신 은혜를 감사합니다. 하나님이 창조하신 만물들이 영적인 잠에서 깨어나 주님 앞에 늘 새롭게 돋아나는 주님의 제자의 삶을 살아가게 하여 주시옵소서.

봄비 같은 성령의 단비를 내려 주시사 메마른 심령이 해갈하게 하옵소서. 우리 영혼에 따사로운 주의 자비와 사랑을 베푸시사 용서받고, 풍요한 삶을 살게 하여 주시옵소서.

주님의 몸된 교회로 인하여 감사합니다. 혼란스러운 세대 속에서 주님의 교회를 통하여 은혜를 공급받게 하시니 감사합니다. 이처럼 주님이 임재하셔서 저희들과 함께하시는 거룩한 처소를 잘 받들고 잘 섬길 수 있게 하시고, 교회를 통하여 일하기를 원하시는 주님의 열심을 깨달아 순종이 넘쳐날 수 있는 저희들이 되게 하여 주시옵소서.

은혜로우신 하나님!

천국에 소망을 두고 주님의 몸된 교회를 사랑하며 봉사해야 할 우리가 세상의 분주함으로 인해 주의 일에 무관심했음을 고백합니다. 주님의 기대를 외면했습니다. 잎만 무성한 무화과처럼 열매가 없었습니다. 저희들의 무익했던 삶을 용서하여 주옵소서. 지금부터는 저희에게 성령의 아름다운 열매들이 맺히게 하시므로 온전히 하나님을 찬양할 수 있게 하시고, 세상을 이길 수 있는 힘을 허락하여 주셔서 세상을 정복하며 살게 하

옵소서. 저희를 강하고 담대하게 하사 저희로 주님의 향기를 풍기는 성도들이 되게 하여 주시옵소서.

이 시간, 이 예배를 통하여 우리의 심령이 새롭게 거듭나는 은혜를 허락하여 주시옵소서. 이 예배에 참석한 모든 심령들이 은혜를 충만히 받고 돌아갈 수 있도록 주께서 인도하여 주시옵소서.

말씀을 증거하실 목사님을 성령으로 강하게 붙들어 주시기를 바랍니다. 우리의 예배가 하나님께 영광이 되고 성령으로 감동되는 귀한 시간이 되게 하시며, 이 예배를 통하여 우리를 새롭게 하여 주시기를 원하옵니다.

우리를 사망에서 생명으로 옮기신 예수 그리스도의 이름으로 기도합니다. 아멘

✝ 기도를 돕는 한마디
하나님이 당신의 기도에 응답하시고자 하는 방식을 예견하려 들지 말라. – 오스왈드 챔버스

우리의 소원을 이루어 주시는 은혜의 하나님!

이 거룩한 주일 저녁까지 저희가 주님을 의지하게 하심을 감사합니다. 이 시간 우리를 성결하게 하시사 저희가 하나님의 성호를 찬양할 수 있는 믿음을 더하여 주시옵소서. 우리의 마음을 겸손하게 하사 저희가 은혜 받는 귀한 시간이 되게 하여 주시옵소서.

사랑의 하나님!

저희가 주님의 은혜에 합당치 못한 삶을 살고 있음을 고백합니다. 저희가 주님 앞에 부끄러운 자들임을 고백합니다. 기쁨으로 감사드려야 할 부모님께 근심과 눈물을 짓도록 삶을 살았고, 육신이 연약하고 부족한 이웃에게 마음의 상처를 입히고 살아왔음을 고백합니다. 긍휼이 많으신 하나님께서 우리의 죄와 무지함을 용서하여 주시옵소서. 사랑을 실천하는 사람으로 살아갈 수 있도록 은혜 내려 주시옵소서.

내 이웃을 사랑하되 원수까지 사랑하라고 명령하신 주님!

그 명령대로 순종하는 삶을 살게 하옵시고, 우리를 통해서 살아계신 하나님을 나타내게 도와주시옵소서. 주님 앞에 늘 서있는 모습으로 우리의 정성을 드리게 하시고 하늘에서 뿐만 아니라 땅에서도 하나님의 자녀로서의 삶을 살아갈 때 부족할지라도 인내하며 성실하게 살아갈 수 있는 자들이 되게 하여 주시옵소서.

　이시간 정성으로 예배드리오니 성령으로 우리를 인도하여 주옵시고 진리로 이끌어 주시기를 원합니다. 주님을 떠나서는 아무 것도 아님을 고백합니다. 구원의 감격이 우리 모두에게 골고루 내려지는 역사가 일어나게 하여 주시옵소서. 이 예배를 통하여 저희의 근심이 기쁨이 되게 하실 줄로 믿사옵나이다.

　부족한 저희들이 드리는 이 예배를 기쁘게 흠향하여 주시고, 예배의 시종을 주님께 의탁하오며, 예수 그리스도의 이름으로 기도합니다. 아멘.

✝ 기도를 돕는 한마디
　내가 놀라운 능력과 지혜, 창의력을 경험할 수 있었던 모든 것은 오직 기도를 통해서였다. – 존 맥스웰 너희가 성경에서 영생을 얻는줄 생각하고 성경을 상고하거니와 이 성경이 곧 내게 대하여 증거하는 것이로다 - 요 5:39

전능하신 하나님!

저희의 연약함을 강하게 하시는 주님의 은혜를 감사합니다. 하나님의 말씀을 의지하여 하나님의 전으로 나아와 저희의 연약함으로 고백하게 하심을 감사합니다. 예수님의 은혜로 저희에게 죄사함을 주시며 의롭다고 인정해 주신 주님의 사죄와 구속의 은혜에 감사합니다.

이 시간 하나님께 드리는 예배가 향기가 넘치는 거룩한 산 제사가 되게 하여 주시고, 주님께서 기뻐 받으시는 헌신이 되게 하시며, 예비하신 은혜를 넘치도록 받는 시간이 되게 하여 주시옵소서.

생명의 주인이신 주님!

지난 한 주간을 돌이켜 보건대, 저희는 주님이 주신 생명의 감사함을 잊은 채 숨쉬며, 생각하고, 행동하였음을 고백하지 않을 수 없습니다.

생명은 죄와 죽음과 함께할 수 없음을 깨닫사오니 이제 주님의 영원한 기운을 저희에게 허락하사 죽어가는 것들로부터 새로워지게 하옵소서.

사랑의 주님!

성령님께서 역사하시고 인도하셔서 매일 매일 새로운 삶이 될 수 있도록 인도하여 주시옵소서. 무엇보다도 자기를 비워 종의 형체를 가져 사람과 같이 되셔서 십자가에 달리시기까지 인간을 사랑하신 주님을 본받게 하시고, 항상 자신을 아버지께 순종시키며, 아버지의 뜻을 따름으로

'하나 됨'을 실천하신 예수님을 본받아, 저희도 주님과 하나가 되게 하시고, 성도들과 온전히 연합할 수 있게 하시옵소서. 저희도 주님의 십자가의 사랑을 본받아 세상에 드러낼 수 있는 백성의 삶을 살게 하여 주시옵소서.

오늘도 성령님을 의지하여 말씀을 선포하시는 목사님을 주님의 권세로 사로잡아 주셔서 능력의 말씀, 생명을 말씀을 온전히 전할 수 있도록 하여 주시옵소서. 또한 듣는 저희에게는 말씀에 귀를 귀울여 성령의 역사하심을 체험하고 은혜 받는 시간이 되게 하여 주시옵소서.

주 하나님의 거룩하심을 믿사오며 우리 주 예수 그리스도의 이름으로 기도드립니다. 아멘.

하나님의 말씀은 살았고 운동력이 있어 좌우에 날선 어떤 검보다도 예리하여 혼과 영과 및 관절과 골수를 찔러 쪼개기까지 하며 또 마음의 생각과 뜻을 감찰하나니 - 히 4:12

성령을 충만케 하심으로 권능을 허락하시는 하나님 아버지!

생활 가운데 그리스도의 증인이 되게 하시다가 이처럼 주일 저녁 예배에 나와 다시 충만한 은혜를 누리게 하심을 믿고 감사를 드립니다. 주여 간구하오니 영안이 열리게 하시고, 하늘의 보고를 여시사 성령의 충만함과 말씀의 은혜를 내려 주시옵소서. 저희에게 새 생명을 허락하신 주님을 찬양합니다.

긍휼이 풍성하신 하나님!

백 번을 잘하다가도 한 번 잘못하여 실언하고 실수하여 실족한 저희를 용서하여 주시기를 원합니다.

저희가 죄에 대해서 완전히 죽게 하시고, 주의 의에 대하여 온전히 새로운 인격과 신앙을 갖춘 변화된 사람들이 되게 하시옵소서. 오는 한 주간을 말씀을 붙들고 그 길을 걷게 하여 주시옵소서.

이 시간 영광을 받으시고 이 예배가 신령과 진정으로 드리는 예배가 되게 하여 주시옵소서. 이 예배가 저희의 일상 생활의 토대가 되어 강퍅해지고 거칠어진 우리의 심령을 순화시키는 윤활유가 되게 하여 주시옵소서. 저희 모두를 하나님의 영으로 뜨겁게 감동시켜 주시사 말씀으로 은혜 받고 새로운 각오와 결심으로 신앙의 무장을 하게 하여 주옵소서.

하나됨을 위하여 간절히 기도하신 주님!

저희도 주님의 사랑 안에서 아름다운 동역이 있게 하여 주시옵소서. 조화를 이루며 살 수 있도록 복을 내려 주시옵소서. 가정에도 조화를 이루며 아름다운 동역이 있게 하시고, 이 사회도 자신만을 생각하는 주장들이 무너지고 상대를 높이고 상대의 영광을 위해서 서로 봉사하는 아름다움이 있게 하여 주시옵소서.

말씀을 전하시는 목사님을 성령의 능력으로 함께하시고, 주님의 계시된 말씀을 저희에게 선포하실 때에 주의 능력이 나타나는 놀라운 역사가 있게 하여 주시옵소서.

이 시간 예배드리는 가운데 보혜사 성령님이 친히 운행하심을 믿사옵고 예수님의 이름으로 기도합니다. 아멘.

✝ 기도를 돕는 한마디
우리는 항상 올바른 길을 선택할 수 있도록 지혜를 달라고 항상 하나님께 기도해야 한다. – 우디 앨런

합력하여 선을 이루시는 전능하신 하나님!

이 저녁에도 저희를 죄악된 세상에 버려두지 않으시고 주님의 전으로
인도하여 주신 은혜에 감사합니다. 풍성한 은혜의 기쁨을 맛보게 하시니
감사합니다. 예배를 드릴 때에 주님의 은혜와 사랑으로 가득 덮여지게
하시고, 진리의 말씀으로 가득 채워 주시옵소서.

오늘 거룩하신 주님의 교회에 참여한 저희들에게 용기와 힘을 주셔서,
신앙에 역행하는 것을 단호하게 거절하고, 믿음에 일치하는 것만을 확고
하게 따라가게 하여 주시옵소서.

은혜가 풍성하신 주님!

지난 날들을 되돌아보면 허물이 가득한 죄인이었지만 주님의 은혜로
여기 섰습니다. 주님의 말씀으로 날마다 무장을 하지만 저희가 달라지지
않은 모습으로 여기에 있사오니 저희를 긍휼히 여기사 용서하여 주옵소
서. 이제 남아 있는 날들을 주님의 주권을 인정하고 살아갈 수 있도록 은
혜 내려 주시옵소서.

교회의 주인이신 주님!

주님의 몸 된 교회도 주님의 사랑을 전하기 위하여 선교에 힘을 낼 수
있도록 복을 내려 주시옵소서. 국내 선교와 북한 선교에 힘쓸 수 있도록
이끌어 주시옵시고, 민족 복음화를 위해서 앞장서는 교회가 되게 하여

주시옵소서. 기도로 믿음의 역사를 일으키며, 믿음의 좋은 소문을 낼 수 있는 교회가 되게 하여 주시옵소서. .

하나님 앞에서 교만한 태도 취함을 버리게 하시고, 이제 세상 방종의 꿈에서 깨어나 정신을 차리게 하시고, 진정으로 이 민족이 살 길이 주님 앞에 있음을 깨닫게 하여 주시옵소서.

이 시간 귀한 말씀으로 저희에게 증거하실 목사님을 성령의 역사 하심으로 강하게 붙들어 주시옵소서.

예수님의 이름으로 기도드립니다. 아멘.

✝ 기도를 돕는 한마디
매일의 양식을 위해 감사기도를 해야 할 뿐 아니라 날마다 시련을 위해서도 동일한 기도를 해야 한다. - 오웬

살아계신 주님!

오늘도 교회에 임하신 성령의 불길이 앞으로도 계속해서 타오르게 하시고, 저희의 심령이 온전한 변화를 이루게 하여 주시옵소서. 성령의 충만함으로 삶의 멍에를 내려놓게 하시고, 늘 주님을 향한 뜨거운 고백이 넘치는 신앙생활을 할 수 있도록 은혜 내려 주시옵소서.

새롭게 거듭나는 삶을 주님의 인도하시는 길로 저희가 순종할 수 있도록 믿음을 주시옵소서.

저희의 심령을 사로잡아 주셔서, 마음을 쏟고 영혼을 쏟으며 회개하지 아니하고는 견딜 수 없는 마음을 주시고, 주님의 자녀로서 맡은 바 본분을 다할 수 있는 저희들이 되게 하여 주시옵소서.

이 마지막 때에 악한 마귀들이 세력을 떨치고 있습니다. 늘 깨어 기도하며 진리로 무장하고 주님의 말씀을 방패삼아, 악한 세력들을 물리치고 승전가를 부르면서 전진할 수 있는 굳건한 믿음이 되게 하여 주옵소서.

은혜로우신 주님!

오늘 이시간 주님께 참 예배를 드리기를 원하면서도 세상의 온갖 염려와 근심으로 인하여 무거운 마음으로 예배를 드리는 성도가 있는 줄로 압니다. 저들의 답답한 마음들이 예배를 드리는 동안 주님의 평안으로 채워지게 하시고, 주님의 말씀으로 위로받게 하시며, 신앙의 힘을 얻어서 소망이 넘치는 생활이 되게 하여 주시옵소서.

경제가 어려워지면서 근심하지 않는 가정이 없고, 미래에 대한 계획도 불투명해 저희의 삶이 무거워 감당할 수 없을 때가 많사오니 저희에게 주님의 권능으로 새 힘을 허락하여 주시옵소서.

주님께 예배드리지 못하는 많은 심령들이 주님의 은혜를 알 수 있는 기회를 허락하시기를 원합니다. 예배의 처음과 끝을 주님이 친히 주장하셔서 은혜의 시간이 되게 하여 주시옵소서.

거룩하신 예수님의 이름으로 기도합니다. 아멘

✝ 기도를 돕는 한마디
내 비결은 간단하다. 기도하는 것이다. – 마더 데레사

5월
둘째 주
주일 저녁 예배

내 눈을 열어서 주의 법의 기이한 것을 보게 하소서 — 시 119:18

사랑의 주 하나님 아버지!

오늘 이 저녁 예배의 시간이 성령으로 심게 하시고 영생을 거두는 하나님을 생각하며, 신령과 진정으로 드리는 예배가 되게 하여 주옵소서.

저희의 삶에 주님의 공의가 나타나게 하심을 감사합니다. 저희의 삶이 주님께 드려지는 예배가 되게 하여 주시옵소서. 저희가 입술로 주님의 공의를 증거하며 저희의 삶이 성도 된 자의 본을 보일 수 있도록 믿음을 더하여 주시옵소서.

꺼져가는 등불도 끄지 않으시며, 상한 갈대를 꺾지 않으시는 하나님 아버지!

패역하고 죄많은 세상에서 환경의 유혹으로 허약해진 심령들이 모여 거룩하신 주님께 머리를 숙입니다. 저희의 갈급한 심령에 성령의 단비를 허락하여 주시옵소서. 연약해진 믿음의 심지를 돋워주시옵소서. 저희를 소생시켜 주시사 저희의 마음의 잔에 성령의 생수가 넘치도록 복을 내려 주시옵소서.

특별히 이 시간 마음 가운데 믿음의 확신이 없는 성도들에게는 말씀을 통하여 확고한 믿음으로 덧입혀 주시옵소서. 시험과 고난 중에 있는 성도들에게는 어려움을 이겨내는 말씀이 되게 하옵소서. 질병으로 고생하는 성도들에게는 인간의 생사화복을 주관하시어 죽은 자도 살리시는 전능하신 하나님의 말씀이 되어 치료의 역사가 있게 하옵소서.

자비로우신 주님!

저희의 교만한 마음을 겸손하게 하여 주시옵소서. 거짓에 찬 입술을 진실하게 하시고, 허영과 다툼으로 인한 생활을 변화시켜 주시옵소서. 또한 형제와 자매를 진심으로 섬기는 낮은 자의 삶이 되게 하여 주시옵소서.

이 시간 주의 영이 냉랭한 저희의 가슴에 뜨거움을 주시고, 주의 말씀으로 빈속을 채우며, 주의 위로로 힘을 얻어 하나님의 은혜가 저희의 심령 속에 충만하게 하여 주시옵소서.

저희의 찬송과 정성을 받아 주시옵소서. 저희의 기도를 들으사 응답하여 주시옵소서. 저희의 마음과 뜻과 정성을 드리오니 받아 주시옵소서.

말씀을 전하시는 목사님께 성령님의 충만한 은혜가 함께하시기를 원하옵나이다.

거룩하신 예수님의 이름으로 기도드립니다. 아멘.

✝ 기도를 돕는 한마디
우리들이 기도할 때 쏟는 정성만큼 삶에서도 그렇게 노력하지 않는다면 헛수고에 그칠 뿐이다. – 이솝 사랑의 주님!

사람의 마음과 생각과 뜻을 감찰하셔서 운동력 있는 말씀으로 삶을 변화시키시는 전능하신 하나님 앞에 경배와 찬양과 영광을 돌립니다.

저희의 마음에 하나님의 영을 보내사 이 시간 예배드리게 하심을 감사합니다. 창조적인 삶을 살 수 있는 근본이 주님께 있음을 고백합니다. 주님께서 들려주시는 음성을 바로 듣고 그 음성에 순종하는 믿음을 주시옵소서. 주님께서 허락하신 삶을 하나님의 소명으로 귀하게 여길 수 있는 진정한 용기를 허락하여 주시옵소서.

저희의 예배를 기쁘게 받아 주시옵소서. 저희 모든 성도들에게 하늘의 복과 신령한 은혜를 허락하여 주시옵소서.

긍휼의 하나님!

주님의 뜻과 말씀에서 벗어난 저희를 용서하여 주시옵소서. 저희의 입술로 정죄하던 이웃을 위해 기도하게 하시기를 원합니다. 이 시간 저희의 영혼을 어루만지사 새롭게 하시고 잘못된 마음을 고쳐 주시옵소서. 많은 거짓과 숨은 죄악과 저지른 죄들을 용서하여 주시고, 외로운 마음에 위로를, 병든 몸에 건강함을 허락하여 주시옵소서. 저희의 절망스러운 가슴에 주님의 성령으로 소망을 주시옵소서. 저희가 가지고 있는 무거운 짐을 주님 앞에 내려 놓으니 받아 주시고 기쁨으로 채워 주옵소서.

회복하시는 하나님!

저희가 많은 분주함으로 인하여 주님을 멀리했음을 고백합니다.

분주함 속에서도 주님과의 교제가 끊어지지 않게 하시고, 하나님을 향한 저희의 첫 사랑을 잃지 않도록 은혜 내려 주시옵소서.

교회의 각 기관들을 주님의 오른팔로 강하게 붙드시기를 원합니다. 비전을 잃은 시대에 세속의 관점을 좇아 불경건한 마음이 없게 하시고, 더욱 힘써 활발하게 움직일 수 있는 교회가 되게 하여 주시옵소서.

이 자리에 주님 앞에 예배 드리기 위해 겸손하게 머리 숙인 저희들, 주님의 뜻을 받들어 섬기기에 부족함이 없도록 역사하여 주시옵소서.

예배의 온 과정을 주님께 의탁하오며 거룩하신 예수님의 이름으로 기도드립니다. 아멘.

✝ 기도를 돕는 한마디
기도를 통해 하나님은 보다 나은 미래를 위해 우리의 눈이 활짝 뜨이게 하신다. – 지미 카터

또 나의 사랑하는바 주의 계명에 내 손을 들고 주의 율례를 묵상하리이다

– 시 119:48

거룩하신 하나님!

약속하신 메시아 예수 그리스도를 이 땅에 보내셔서 구속의 사역을 완성하심으로 말미암아 우리가 생명을 얻게 되었음을 감사합니다. 감사한 마음으로 드리는 저희의 예배가 기쁨의 제사가 되기를 원합니다. 신령한 제사가 되기를 원합니다. 진정의 제사가 되게 하옵소서.

하나님 아버지!

저희에게 세상의 유혹에 빠져 탕자처럼 방황하고 주님께서 허락하신 은혜를 허비하지 아니하도록 도와주시기를 원합니다. 오늘의 평안으로 하나님의 구속에서 떠난 삶을 살고 있지는 않은지, 오늘의 배부름으로 인하여 하나님의 간섭하심을 잊고 있지는 않은지 저희의 삶을 되돌아보게 하옵소서. 그러므로 교만한 마음, 주님을 멀리 하려고 했던 마음, 형제 자매의 마음을 아프게 했던 우리의 마음을 용서하여 주시옵소서.

오늘 이 시간 주님께 예배 드리는 이 모습이 바로 십자가의 사랑 앞에 죄사함 받은 인생들의 삶인 것을 믿습니다. 주님 앞에 예배할 때마다, 못 박혀 죽으신 주님을 기억하며, 주님의 몸 위에서 쏟아지는 십자가 보혈을 생각하면서 감사하게 하옵소서. 우리의 마음을 깨끗케 하사 주의 영광을 보게 하여 주시옵소서. 우리의 입술을 정하게 하사 저희로 하나님의 영광을 찬양하게 하여 주시옵소서. 신령한 귀를 열어 주시사 진리의 말씀을 듣게 하여 주시옵소서.

　온 심령이 새롭게 창조되고 피곤한 육신이 치유함을 얻을 수 있는 귀한 시간이 되기를 원합니다.

　우리를 향하신 선하심과 인자하심을 찬양합니다. 오늘도 십자가의 복음을 설교하시는 목사님을 십자가의 능력으로 붙드시고, 말씀을 듣는 저희 모두 저희의 삶을 붙들고 계시는 주님의 은혜를 깨닫게 하시옵소서.

　주님의 몸 된 교회를 위하여 몸 바쳐 충성하는 일꾼들을 붙잡아 주시옵고, 저들의 수고가 더해질 때마다 신령한 주의 은혜를 맛보게 하시옵소서.

　지금부터 예배를 마치는 시간까지 함께하시고 주님 홀로 영광 받으시기를 원하오며 예수 그리스도의 이름으로 기도합니다. 아멘.

✝ 기도를 돕는 한마디
기도가 틀림없이 실현될 것이라는 굳은 믿음으로 기도할 때에야 긍정적 결과를 기대할 수 있다. – 나폴레온 힐

할렐루야!

여호와로 즐거워하게 하시고, 하나님으로 기뻐하게 하시니 감사와 찬양을 돌립니다. 영광을 받으옵소서.

오늘도 우리 하나님을 예배할 수 있는 은혜를 주셔서 감사드립니다. 하나님의 말씀을 사모하여 이곳에 오게 하시고, 저희의 마음을 하나님의 은혜를 사모하는 갈급한 심령으로 허락하심을 감사합니다. 하나님의 말씀으로 인하여 복을 받게 하시고 그 약속의 말씀으로 소망을 갖게 하심으로 세상을 이기는 복을 허락하여 주시옵소서!

거룩하신 하나님!

이 시간 회개하며 기도하오니 생활 속에 하나님을 부정하고, 기도 없이도 할 수 있으리라 행하였던 모든 불신앙을 용서하여 주옵소서. 믿음 없는 것만 한탄하지 않게 하시고, 하나님의 말씀을 부지런히 읽고 듣고 새겨서 믿음이 더하여지게 하여 주옵소서.

오직 여호와를 신뢰함으로 저희의 마음이 정결케 되기를 원하오며, 저희의 마음이 깨끗케 됨으로 하나님의 성호를 찬양하도록 은혜 내려 주시옵소서. 저희의 모든 것들을 친히 주장하시기를 원합니다. 저희는 이제 사나 죽으나 주의 것임을 고백하오며 주를 위한 삶을 살겠다는 고백이 흔들리지 않게 도와주옵소서.

은혜로우신 하나님!

또한 성도의 가정 가정마다 붙들어 주시기를 원합니다. 고통과 어려움이 있는 가정도 있사오니, 이런 때일수록 고난도 유익이 된다는 성경말씀을 굳게 의지하고, 우리의 목자 되셔서 좋은 것을 주시기를 원하는 주님만을 의지하게 하여 주시옵소서.

나라가 힘들고 어려워지면서 교회의 책임도 크고 무거워짐을 고백합니다. 우리가 진정으로 이 조국을 위하여 주님 앞에 부르짖지 아니하고는 견딜 수 없는 영적인 부담으로 교회마다 성도마다 기도하게 하여 주시옵소서.

오늘도 목사님을 붙들어 주옵시고, 말씀마다 저희 심령 속에 살아서 역동하는 역사가 있게 하여 주시옵소서.

예수님의 이름으로 기도합니다. 아멘.

✝ 기도를 돕는 한마디
미움 보다는 사랑을 택하고, 포기보다는 인내를 택하고, 낙심보다는 기도를 택하라. – 스피크 맨

나의 반석이시요 나의 구속자이신 여호와여 내 입의 말과 마음의 묵상이 주의 앞
에 열납되기를 원하나이다 — 시 19:14

살아계신 하나님!

오늘 이 저녁 시간에도 우리에게 큰 기쁨이 되시고, 즐거움이 되셔서
찬양케 하시는 만왕의 왕이신 주를 찬양합니다. 주님의 고통은 저희의
허물 때문인 것을 이제 깨닫고 감격과 찬양으로 십자가를 바라봅니다.
저희들의 죄를 용서하여 주시옵소서.

우리의 삶 속에서 늘 주님의 고난을 철저히 배우게 하옵소서. 나귀 새
끼를 타시고 예루살렘에 올라가신 주님의 겸손, 자기의 뜻보다 아버지의
뜻이 이루어지기를 원하시고, 섬김을 받기보다는 섬기며 사신 주님의 생
애, 만민의 죄를 담당하고 희생의 제물이 되어 주신 주님의 사랑을 상기
하며, 저희들 또한 그렇게 살기를 원하며 다짐하게 하여 주시옵소서.

자비로우신 하나님!

이 시간 또한 저희의 믿지 아니하는 이웃을 위해서 기도합니다.

무엇보다도, 갈 길을 몰라 방황하는 심령들이 자유와 평화를 주시기
위해 오신 주님을 만나게 하시고, 천국의 복음이 임함으로 주님의 복된
소식을 깨닫게 하시옵소서. 주님의 교회를 사랑하여 몸을 드려 충성하는
성도들에게 주께서 주시는 기쁨이 충만하게 하시옵소서.

저희들도 때때로, 호산나를 부르고 주님을 왕으로 섬긴다고 하였으나
곧 마음이 변하여 주님을 십자가에 못 박은 무리들처럼 알게 모르게 주
님을 부인하고 배반하는 것을 일삼고 있나이다. 저희를 강하게 주장하사

하나님의 거룩한 백성으로 살기에 부족함이 없도록 복을 내려 주옵소서.

사랑의 하나님!
특별히 단 위에 세워주신 목사님을 위해서 기도합니다. 저희에게 하나님의 말씀을 대언하실 때에 성령님의 인도하심을 원하옵고, 저희의 심령들이 깨어지는 역사가 일어날 수 있도록 복을 내려 주시옵소서. 저희로 온전히 말씀에 의지하여 순종할 수 있게 하시고, 하나님의 인도하심에 따라 순종하는 저희들이 되도록 은혜를 더하여 주시옵소서.
거룩하신 예수 그리스도의 이름으로 기도합니다. 아멘.

✝ 기도를 돕는 한마디
기도는 하늘의 수레이며 근로는 지상의 수레이니 둘 다 행복을 가져온다. – 하인리히

형제들아 지혜에는 아이가 되지 말고 악에는 어린 아이가 되라 지혜에 장성한 사람이 되라 - 고전 14:20

사랑의 하나님!

흔들리는 자에게 반석이 되시며, 쫓기는 자에게 요새가 되시고, 위험을 당한 자를 건지시는 여호와 하나님의 은혜를 생각할 때 존귀와 경배를 드립니다. 이 저녁 시간에도 자비한 자에게는 주의 자비하심을, 완전한 자에게는 주의 완전하심을 보이시는 줄 믿습니다. 저희로 하여금 깨끗케 하시되 사특함으로 주의 거스림이 되지 않게 하여 주시옵소서.

주께서는 곤고한 백성을 구원하시는 줄 믿습니다. 겸손과 가난한 심령으로 나온 성도들에게 구원을 베푸시고, 애통함으로 나온 성도들에게 치유와 위로와 응답을 허락하여 주시옵소서.

은혜로우신 주님!

저희 교회가 기도하는 교회가 되기를 간구합니다. 모세가 손을 들 때 아말렉을 파하고 이스라엘이 이기게 하신 하나님께서 우리가 기도할 때 승리하도록 인도하여 주옵소서. 온 교회와 성도들이 기도로 무장되게 하옵소서. 만물의 마지막이 가까웠으니 그러므로 깨어 근신하며 기도하게 하여 주시옵소서.

저희 교회를 축복하시어 새벽마다 주님의 자녀로 넘치게 하여 주옵소서. 저녁마다 눈물의 간구가 있도록 은혜를 주시옵소서. 어려움을 기도로 이길 수 있도록 은혜 내려 주시옵소서.

목사님의 사역을 기도로 동역하게 하시고, 각 기관들의 헌신을 기도로

돕게 하여 주시옵소서. 이웃을 정죄하지 않게 하시며, 그들을 위하여 눈물로 기도와 간구를 올리게 하옵소서.

저희 교회가 마지막 시대적인 사명을 감당하게 하옵소서. 선지적인 사명을 허락하심으로 세상을 깨우게 하여 주시옵소서. 하나님께로 돌이키게 하시되 복음을 바로 외치게 하여 주시옵소서. 빛과 소금의 사명을 감당하게 하옵소서. 그리스도의 향기가 나게 하옵소서.

오늘 드리는 예배를 통하여 역사하시기를 간구합니다. 찬양 중에 함께 하시고, 기도에 응답을 주시며, 증거되는 하나님의 말씀에 변화 받는 은혜를 주시옵소서.

예수 그리스도의 이름으로 기도합니다. 아멘

✝ 기도를 돕는 한마디
기도의 원리를 통해 우리는 우리들 안에 있는 하나님에 대하여 우리들 자신을 일깨웠다. – 헨리 나우엔

전능하신 하나님!

이 저녁 시간 슬픔을 기쁨으로 바꾸시고 괴로움을 희락으로 바꾸시는 주님의 은혜를 사모하여 주님의 전으로 나왔사오니 저희에게 복을 내려 주시옵소서. 주님의 거룩한 백성이 되게 하여 주시옵소서.

사랑의 하나님!

주님을 믿고 사랑한다고 하면서도 주님의 영광을 위하여 살지 못했음을 고백합니다. 주님 앞에 엎드려 용서를 구합니다. 주님을 따르는 자들은 자기를 부인하고 제 십자가를 져야 한다는 말씀에 순종하여 우리가 우리에게 맡겨진 사명에 충성하며 주님을 기뻐 따르는 제자가 되게 하여 주시옵소서.

예배를 드리는 귀한 이 시간 이 성전에 성령으로 충만하게 하여 주시옵소서. 주님의 새로운 은혜를 체험하는 귀한 시간이 되게 하여 주시옵소서. 그래서 교회는 교회의 역할을 잘 감당할 수 있도록 하여 주시고, 우리는 주님의 은혜로 날마다 세상에서 주님의 귀한 사명을 잘 감당하게 하여 주시옵소서. 저희의 발길이 전도하는 발길이 되게 하시고, 저희의 손길이 봉사하는 손길이 되게 하여 주시옵소서. 저희의 모든 것은 주님의 것임을 고백하오며, 저희의 모든 것들이 주님의 도구로 쓰여지기를 원하오니 저희의 기도를 들어 응답해 주옵소서.

자비로우신 하나님!

교회에 속한 여러 기관들이 있습니다. 연약해지는 기관이 없게 하시고 풍요로운 열매를 거두는 귀하고 복된 기관들이 되게 하여 주시옵소서.

오늘도 주님께 예배 드리는 이 시간에 보이지 않는 많은 성도님들이 있습니다. 어떤 이유로 주님의 전에 나오지 않았는지 저희는 알 수 없사오나 주님께서 저들의 사정을 아시오니 긍휼히 여겨 주시옵소서. 또한 이 시간 주님께 드리는 거룩한 예배를 위하여 돕는 손길들이 있사오니 주님께서 저희에게 함께하사 하늘의 신령한 비밀들을 알게 하시고 하늘의 은혜로 채워 주시옵소서.

주님의 말씀을 전하시는 목사님 위에 함께하시고 권세있는 말씀을 전하시기에 부족함이 없도록 성령께서 붙들어 주시기를 원합니다.

거룩하신 예수 그리스도의 이름으로 기도드립니다. 아멘.

✝ 기도를 돕는 한마디
기도하기 전에 반드시 기도가 절실할 것인가 자신에게 물어보라. 습관적인 기도는 참되지 못하다. ─ 탈무드

내가 이를 때까지 읽는 것과 권하는 것과 가르치는 것에 착념하라

- 딤전 4:13

사랑과 능력의 주 하나님!

귀한 성일을 저희에게 허락하시고 이 저녁 시간까지 저희와 함께하심으로 주의 백성들이 함께 모여 주님 앞에 예배 드릴 수 있도록 이끌어 주신 은혜를 감사드립니다. 특별히 저희에게 주님을 경외하고 의지하는 지혜를 주셔서 감사합니다.

은혜의 주 하나님!

저희의 삶은 주님의 용서를 구할 수 밖에 없는 삶임을 고백합니다. 주님의 영적인 일에 우선하기보다는 썩어 없어질 육신의 양식을 위해 몸부림치며 살아가는 저희들임을 고백합니다. 어떤 때는 타협해서는 안 될 세상과 타협하기도 했습니다.

주님의 것보다는 세상의 눈이 멀고, 이웃을 위해 선한 일을 하지 못하고 오히려 귀찮아 했던 저희들이었습니다. 영원한 생명의 양식을 위해 일하지 못했던 저희를 불쌍히 여겨 주시옵소서. 오늘도 주님 앞에 아뢰는 허물이 다윗의 고백처럼 진정한 것이 되어서 주님의 긍휼과 용서를 받을 수 있게 하여 주시옵소서.

저희를 새롭게 하심으로 찬양 받으시는 주님!

이제 저희가 주님 앞에 빈 마음으로 나왔사오니 주님의 것으로 채움을 받을 수 있는 시간되게 하옵소서. 주님만이 저희 삶의 인도자가 되심을

감사합니다. 주님이 아니면 소망도, 살길도 없는 저희임을 고백합니다. 이 시간도 죄의 씻음을 받고 감사와 감격에 찬 예배를 드리게 하여 주옵소서.

생명의 말씀을 증거하기 위해 단 위에 세우신 목사님을 기억하시고, 선포하시는 말씀마다 권세를 더하여 주셔서 이 자리에 참석한 모든 성도들의 심령에 뜨거움을 경험하게 하시고, 새 힘을 얻어 승리의 삶을 살아가도록 다짐하는 복된 시간이 되게 하여 주시옵소서. 저희로 주님의 역사를 이끌어가는 도구로 삼아 주시옵소서.

이 시간 하늘의 문을 넓게 여시고 충만한 주의 능력이 온 영혼을 변화시키게 하여 주시옵소서.

우리 주 예수 그리스도의 이름으로 기도드립니다. 아멘.

✝ 기도를 돕는 한마디
기도 그것은 하늘 문은 아니라도 우리를 성령과 기쁨으로 인도하는 열쇠다. – 토마스 브룩스

거룩하신 하나님!

주님께서 택하여 구원을 받게 하사 영생의 복을 받는 아버지의 거룩한 백성들이 이 저녁 시간에 거룩한 성전에 모여 신령과 진정으로 예배를 드리고자 하오니, 이제 저희를 성령으로 거룩하게 하시옵소서.

사랑과 은혜가 풍성하신 하나님!

저희의 죄와 허물을 사하여 주시고 의의 거룩한 옷을 입혀 예배 드리기에 합당한 형상으로 거듭나게 하옵소서. 예배하는 무리들 속에 낮아지는 저희를 돌아보시옵소서. 거룩한 성전에 나아가기에는 아직도 사랑의 마음이 열리지 못하였고, 영적 빈곤에 허덕이는 저희들을 불쌍히 여겨 주시고 채워 주시옵소서. 부족함을 깨닫고 머리 숙인 자들을 그냥 돌려 보내지 않으시는 주님의 사랑이 함께하실 줄을 믿고 왔사오니 주여 주님의 것으로 변화시켜 주시옵소서.

주님의 사랑은 항상 구하면서도 이웃에게 사랑을 베풀기를 너무도 소홀히 했음을 고백합니다. 나의 영생에만 관심을 보였을 뿐 주님께서 천하보다 귀하게 여기시는 생명들을 향해 전도하는 사명조차 망각하고 있었습니다. 이러한 이기적인 삶을 용서하여 주시옵소서.

교회의 머리가 되시는 주님!

이 땅 위에 빛의 역할을 감당하지 못하는 교회가 없게 하시고 세상의

것들로 채워지는 교회가 없게 하여 주시옵소서. 신령한 하나님의 은혜로 늘 충만한 교회가 되게 하시옵소서. 길을 잃은 영혼들에게 등불이 되어 줄 수 있는 교회가 되게 하시고, 서글픔에 아파하는 영혼들에게는 진정한 위로를 줄 수 있는 교회가 되게 하시옵소서. 안식이 없는 이 세상에서 이 제단을 통하여 안식을 얻게 하시옵소서.

오늘 이 저녁 영적인 부담을 안고 단 위에 서신 목사님을 기억하시고 성령의 능력을 덧입혀 주셔서, 힘있고 권세 있는 말씀을 증거하실 수 있도록 붙들어 주시옵소서.

예수님의 이름으로 기도드립니다. 아멘.

✝ 기도를 돕는 한마디

기도하고자 하는 불타는 열망이 있어도 스스로 기꺼이 훈련하지 않으면 곧 기도할 수 없게 된다. – 존 맥스웰 오직 우리 주 곧 구주 예수 그리스도의 은혜와 저를 아는 지식에서 자라 가라 영광이 이제와 영원한 날까지 저에게 있을찌어다 - 벤후 3:18

우리의 길을 평탄케 하시는 하나님 아버지!

귀한 주일 저녁 이 시간에도 저희를 주님의 전으로 불러주셔서 거룩한 예배를 드리게 하신 은혜를 감사합니다. 주님의 귀한 은혜로 날마다 승리케 하심을 감사합니다. 저희의 기도를 들어 응답하시고, 저희의 찬양을 주님께서 기뻐 받으시며, 저희가 드리는 예배를 기쁘게 흠향 하시기를 간구합니다.

저희가 주님의 사랑을 늘 깨닫고 주님의 사랑 안에 거하게 하여 주시옵소서. 주님의 사랑 안에서 날마다 승리할 수 있도록 복을 주시옵소서.

신실하신 하나님!

지금껏 세상을 악하다 하면서 저희가 스스로를 선하다고 말했음을 고백합니다. 사람이 보는 눈이 아닌 주님이 보실 때 저희에게 그러한 모습이 없나, 가식적이며 위선적이지 않았나 고백하오니 저희를 용서하여 주시옵소서. 주님의 의를 행하는데 주저하며 강포를 행하는 불의한 백성이 다른 사람이 아닌 바로 저희들임을 깨닫지 못하고 있었던 무지를 용서하여 주시옵소서.

사랑이 많으신 하나님께서 믿음으로 거듭나기 원하는 저희들의 간구를 들으시옵소서. 저희를 풍요케 하시고, 주님의 사랑으로 소외된 이웃들에게 주님의 사랑을 나누어 줄 수 있도록 복을 내려 주시옵소서.

사랑의 하나님!

주님의 역사하심으로 세워 주신 교회를 주님께서 지켜주시고, 많은 심령들을 구원할 수 있도록 우리와 함께하여 주시옵소서. 늘 주님의 예비하심으로 동행하여 주시고 늘 채워지는 역사가 있게 하여 주시옵소서.

거룩하신 하나님!

이 시간 주님의 말씀을 대언하시기 위해 단 위에 서신 목사님께 함께하사 능력 있는 말씀으로 저희에게 역사할 수 있도록 도와주시옵소서. 말씀의 권세와 성령의 동행하심의 역사가 늘 함께하여 주시옵소서. 오늘 예배에 함께하시는 하나님의 은혜가 충만하시기를 원합니다.

예수 그리스도의 이름으로 기도드립니다. 아멘.

✝ 기도를 돕는 한마디
우리는 기도할 때 늘 "주님의 뜻대로 하소서." 라고 끝을 맺는다. ─ 지그 지글러

이렇게 귀한 주일 저녁에 다시 한번 나와 주님을 부를 수 있도록 하신 하나님 아버지!

이 시간 하나님의 말씀을 다시 한번 묵상하며 예배 드릴 수 있게 하시니 또한 감사와 영광을 돌립니다.

황무지 같은 이 땅 위에 복음의 씨앗을 뿌려주시고 교회를 세우사 구원의 역사로 열매 맺게 하시니 감사와 찬송을 드립니다. 주님께서 저희들을 위하여 당하신 십자가의 고통을 생각하며 복음의 동역자가 될 수 있도록 은혜를 주옵소서.

사랑의 주님!

저희들은 작은 십자가도 지기 싫어서 회피하고 다가서지 않았던 지난 날들을 회개하오니 저희를 불쌍히 여기시고 용서하여 주시옵소서.

주님의 복음에 헌신하며 결단할 수 있도록 용기를 주시옵소서. 찬송과 기도로 성령의 은혜와 도우심을 간구하는 심령 위에 흡족한 은혜를 베풀어 주시옵소서. 예배 중에 임하시는 성령의 충만함을 누리게 하시고 주님의 은혜가 하수같이 흐르게 하여 주시옵소서.

사랑의 주 하나님!

온 땅에 나아가 주님 나라의 확장을 위해 세상의 것들을 포기하고 멀리 나가 있는 선교사님들을 위해 기도합니다. 늘 저희들이 일일이 선교

현장에는 동참하지 못한다 할지라도 눈물의 기도와 물질로 그분들과 동역하게 하시며, 주님의 나라가 이 땅에 이루어지기까지 같은 관심과 열정이 식지 않게 하시옵소서. 가까운 이웃에게 주님의 사랑을 증거할 수 있는 저희들이 되게 하여 주시옵소서. 여기에서 저희가 작게 기도했지만 선교사님들이 있는 그곳에서 그 기도의 응답이 매일처럼 일어나게 하여 주시옵소서.

은혜의 하나님!
오늘도 주님의 말씀을 선포하시는 목사님을 성령의 능력으로 붙들어 주시옵시고 저희들이 주님의 말씀에 새롭게 다짐하는 시간이 되게 하여 주시옵소서. 주님의 말씀이 저희의 삶의 척도가 될 수 있도록 복을 내려 주시옵소서. 예배를 위해 수고하는 많은 분들의 손길 위에도 성령님께서 함께하셔서 그들의 드려지는 모든 것이 거룩함으로 채워지게 하시옵소서. 저희의 예배를 기쁘게 받아 주시옵소서.
예수 그리스도의 이름으로 기도드립니다. 아멘.

✝ 기도를 돕는 한마디
나는 가벼운 짐을 달라고 기도하기보다는 더욱 튼튼한 어깨를 달라고 기도한다. – 필립스 부룩스

또 내가 보매 거룩한 성 새 예루살렘이 하나님께로부터 하늘에서 내려오니 그 예비한 것이 신부가 남편을 위하여 단장한 것 같더라 – 계 21:2

하나님을 청종할 때마다 좋은 것을 먹이시며 기름진 것으로 즐거움을 허락하시는 아버지 앞에 감사와 찬양을 돌립니다. 저희의 부족함을 채워주시고 저희의 연약함을 채워주시는 은혜 또한 감사하오니 영광을 받으옵소서.

저희들의 죄로 인해 멸망 받아 마땅한 죄인들을 주님의 사랑으로 독생자를 통한 대속의 은총을 베푸시고 희망이 없던 저희들로 소망의 삶을 누리게 하신 하나님께 영광과 찬양과 감사함으로 경배를 드립니다.

사랑의 주님!

이 시간 저희 주변의 가족을 위해 기도합니다. 그들을 미워했던 저희의 마음을 용서하시고 이웃에게 좋은 마음을 갖지 못했음도 용서하옵소서. 저희의 형제와 이웃들에게 무례히 행하고 미워했던 것을 자복합니다. 나 혼자만 선하다고 생각했고, 다른 사람을 어리석으며 모질고 악하다고 여겨왔던 자만감의 과거를 용서하여 주시옵소서. 저희가 하나님과 여러 이웃들에게 얼마나 많은 허물을 범하였으며 마음을 아프게 했는지를 깨달아 알고 주님의 은혜를 구할 수 있게 하여 주시옵소서.

위로와 소망의 하나님!

택함 받은 자녀로서 그 어떤 시련이 닥쳐 온다 할지라도 언제나 주님의 크신 사랑과 능력을 신뢰하며 살아갈 수 있도록 하시고, 주님의 사랑

의 능력으로 하나님을 날마다 찬양하는 저희들이 되게 하여 주시옵소서.

저희의 삶의 주관자가 되시는 주님께 온전히 의지할 수 있도록 은혜로 더하여 주시옵소서. 저희의 연약함에 소망을 주시고 강하고 담대하게 하여 주시옵소서. 저희가 주님의 나라를 바라보는 믿음으로 세상을 이길 수 있도록 은혜 내려 주시옵소서.

이 시간 교회와 예배를 위하여 헌신적으로 봉사하는 손길들을 주님 기억하시고 귀하신 주님의 사랑 안에서 날마다 승리할 수 있도록 은혜로 더하여 주시옵소서. 오늘도 목사님께서 주님의 말씀을 대언하실 때 저희에게 귀한 은혜의 말씀이 되도록 복을 내려 주시옵소서. 귀한 말씀으로 늘 승리하는 역사가 있게 하여 주시옵소서.

예수 그리스도의 이름으로 기도드립니다. 아멘.

✝ 기도를 돕는 한마디
단 하나의 완전한 기도는 하늘에 감사하는 마음이다. – 레싱

교회의 머리가 되시고 역사를 진행하시는 하나님!

많은 사람들 중에 저희들을 자녀 삼으시고, 그리스도의 좋은 군사가
되게 하셔서 주를 기쁘게 하는 삶을 살아갈 수 있는 은혜를 주심을 감사
합니다. 주님의 전에서 예배로 영광 돌리게 하시니 감사를 드립니다. 고
난과 갈등의 구조 속에서도 화평을 위하여 애쓰게 하시고, 어둠의 세상
중에 빛이 되게 하시며, 부패를 허락지 아니하시려고 소금의 사명을 감
당케 하시는 은혜에 감사를 드립니다. 죄로 인해 멸망을 받아야 마땅한
저희를 사랑하사 독생자를 통한 대속의 은총을 베푸시고, 희망이 없던
인간들이 이 은혜를 인하여 소망의 삶을 누리게 하셨사오니, 아버지께
영광을 돌리는 자녀들이 되게 하옵소서.

사랑의 주님!

은혜 가운데 한 주간을 보내고 주님의 전으로 나왔습니다. 그동안 묻
은 때와 세상적인 것들을 말씀으로 점검하게 하시고, 하나님의 뜻에 벗
어난 모습들을 바로 잡을 수 있는 은총을 허락하여 주시옵소서. 기도할
때 회개케 하셔서 심령도 입술도 정결케 하여 주시기를 원합니다. 말씀
을 들을 때 깨달음이 있게 하시고 찬양 중에 기쁨이 있게 하여 주옵소서.

은혜의 하나님!

날마다 모여 기도하고 전도하며 교제에 힘쓰는 성도들을 위해서 기도

합니다. 모일 때마다 주님의 사랑과 은혜가 넘치게 하시고, 주님의 몸 된 교회를 세우고, 가정을 주님의 말씀으로 세우는 성도들이 되게 하여 주시옵소서. 특별히 저희들을 통하여 이웃들이 주님을 영접하게 하시고, 그리스도의 몸 된 교회로 나아오도록 하시고, 주님의 사랑을 가지고 복음을 증거하는 영혼들이 되도록 축복하여 주시옵소서.

오늘 증거되는 말씀이 우리 앞의 등이 되게 하셔서 한 주간을 인도 받기에 적당한 말씀들로 복을 주옵소서.

예수 그리스도의 이름으로 기도드립니다. 아멘.

✝ 기도를 돕는 한마디
신앙의 기도는 당신이 처해있는 특정한 순간에 쉽게 해결을 얻는 것이다. ─ 카우맨

만물을 그 발 아래 복종하게 하시고 그를 만물 위에 교회의 머리로 주셨느니라 교회는 그의 몸이니 만물 안에서 만물을 충만케 하시는 자의 충만이니라

- 엡 1:22,23

할렐루야!

찬양받으시기 합당하신 하나님,

오늘도 이 저녁 시간을 저희에게 주심을 찬양합니다.

깊은 물 가운데로 지날 때에라도 침몰치 않게 하시며, 불 가운데 지날 때에 타지 않도록 하시는 하나님께 감사와 찬양을 돌립니다.

가장 위험할 때마다 저희들을 보호하시고 지키시며 안위하심을 믿습니다. 한 주간 동안도 주의 날개 아래 품어 주셨다가 주일을 성수하게 하시고, 사모하는 심령으로 저녁 시간에 나와 경배와 찬양을 돌리게 하심을 감사합니다.

오늘 저녁예배로 하나님을 섬길 때에 신령한 찬미의 제사가 되게 하시고, 찬양을 드릴 때 저희 안에 거하시는 주님을 만나는 복된 시간이 되게 하옵소서. 찬양을 받으시기 위하여 인생을 창조하심을 믿습니다.

여호와의 이름을 높이며, 하나님의 얼굴을 구할 때에 기쁨이 충만하게 하옵소서.

은혜로우신 하나님!

허물의 사함을 받고, 죄의 가리움을 받게 하여 주옵소서. 마음의 간사와 여호와를 정죄한 죄악을 고백하오니 용서하여 주시옵소서. 교만과 완악한 말로 의인의 길을 굽게 하였다면 용서 받게 하옵소서. 정직의 영을 사모하게 하시고, 성결의 은혜를 받게 하여 주시옵소서.

신령과 진정으로 예배하는 자들을 찾으시는 주님!

오늘 주일 저녁 예배가 은혜의 시간이 되기를 원합니다. 찬양에 은혜 받게 하시고, 목사님의 말씀에 은혜를 주시옵소서. 위로가 넘치는 예배가 되게 하여 주시고, 기쁨이 충만한 예배가 되게 하여 주시옵소서. 성도의 교제로 승리하게 하옵소서. 주 안에서 만날 때마다 사랑으로 문안하게 하시고, 모여서 기도하고 흩어져서 전도하게 도와 주시옵소서. 나눔의 신앙생활을 감당하게 하옵소서.

복음 전파의 사명을 주신 주님!

저희 교회의 전도의 사명을 놓고 간구합니다.

목표를 정하여 전도하고, 초청하고, 인도하여 주님이 택하신 자들을 이곳으로 날마다 불러모으는 역사를 체험하게 하여 주시옵소서. 모든 과정들을 통하여 구원받는 이웃이 날마다 더하여지게 하옵소서.

오늘 예배의 시종을 주님께 의탁하며 예수 그리스도의 이름으로 기도합니다. 아멘.

✝ 기도를 돕는 한마디
꿈과 이상의 연료는 칭찬이다. - 지그 지글러

그가 혹은 사도로, 혹은 선지자로, 혹은 복음 전하는 자로, 혹은 목사와 교사로 주셨으니 이는 성도를 온전케 하며 봉사의 일을 하게 하며 그리스도의 몸을 세우려 하심이라 — 엡 4:11,12

사랑과 은혜가 충만하신 하나님!

주님의 전으로 모여 귀한 예배를 드리게 하시니 감사합니다.

저희에게 날마다 감사의 귀한 열매가 맺혀지게 하여 주시옵소서. 시온에서 주시는 복을 받게 하여 주시옵소서.

저희의 입술을 주장하사 주님의 거룩한 백성이 되게 하시며, 저희의 부족함과 저희의 교만과 저희의 믿음 없음을 고백하오니 채워 주옵소서. 저희의 교만을 주님의 거룩하심으로 낮아지게 하여 주시옵소서. 또한 주님, 저희의 믿음 없음을 용서하시고, 주님을 절대적으로 신뢰하고 주님만을 의지하도록 귀하신 은혜와 복으로 동행하여 주시옵소서.

또한 이 저녁에 주님께 구할 것을 믿지 않는 모든 영혼들을 위해서 기도합니다. 그들의 영혼을 긍휼히 여겨 주시옵소서. 주님의 사랑 안에서의 충만함을 맛보게 하심으로 주님의 사랑이 얼마나 기쁜지 알게 하여 주시옵소서. 주님의 사랑으로 삶의 척도가 바뀌게 하시고, 주님의 사랑으로 성품이 변화되게 하시고, 귀한 주님의 성도가 될 수 있는 복을 허락하여 주시옵소서.

거룩하신 하나님!

이 시간 주님의 귀한 예배를 위하여 봉사하는 귀한 손길들을 기억하시고 귀하신 은혜와 복으로 저들에게 채워 주시옵소서. 저들의 수고와 봉사가 하늘 나라에 귀한 상급으로 쌓여지도록 은혜로 더하여 주시옵소서.

주님의 귀한 제단을 위한 봉사와 주님을 섬기는 귀한 봉사 또한 주님께서 갚아주시기를 기도합니다.

주님의 전을 사랑하는 복을 허락하시고 주님께 귀한 영광 돌리기에 부족함이 없도록 귀한 은혜와 능력으로 동행하여 주시옵소서. 이 시간 귀한 말씀을 듣는 저희에게도 하나님의 귀한 은혜가 넘치게 하여 주시고, 말씀 전하실 때 힘있는 귀한 말씀, 권세 있는 말씀이 되어서 저희의 상한 심령이 치유되어 돌아갈 수 있는 은혜의 시간이 되게 하여 주시옵소서.

이 시간 하나님 홀로 영광 받으시기를 원합니다.

예수님 이름으로 기도드립니다. 아멘.

✝ 기도를 돕는 한마디
꿈을 실현하려면 먼저 꿈이 있어야 한다. – 덱스터 예거 자기 앞에 영광스러운 교회로 세우사 티나 주름잡힌 것이나 이런 것들이 없이 거룩하고 흠이 없게 하려 하심이니라 - 엡 5:27

전능하신 주님!

복된 성일 저녁 주님께 예배드림을 허락하심에 감사합니다.

이 시간 예배드림 속에 함께하여 주시사 영광을 받아 주시옵소서. 교회와 성도들이 주님의 능력과 사랑으로 충만케 하옵소서. 강한 능력을 더하시사 말씀을 듣는 자마다 회개의 가슴이 열리게 하여 주시옵소서. 말씀을 들을 때마다 주의 크신 권능이 나타나게 하여 주옵소서.

거룩하신 주님!

주님의 말씀을 받아 새롭게 자신을 정비하게 하시고 세상에서 여러 일로 상처받고 흩어진 마음을 가지고 또다시 주님 앞에 고백하오니 저희 상처 난 심령을 가지고 나온 죄인을 긍휼히 여겨 주시옵소서. 이 모든 죄악과 허물에서 건져 주시기를 기도 하옵나이다. 십자가의 보혈로 속량하시고 크신 권능으로 새롭게 하여 주시옵소서.

저희에게 십자가의 사랑을 주시는 주님!

이제는 용서 받기보다는 용서하면서 살아가도록 크신 은혜로 동행하여 주시옵소서. 남을 탓하기 전에 먼저 스스로 마음을 정하게 하여 주시옵소서. 저희 참회의 마음과 심령을 불쌍히 여겨주셔서 사죄의 은총을 덧입는 은혜를 입게 하소서.

주님의 말씀을 들을 수 있는 열린 귀를 주시옵소서. 사탄의 유혹을 이

기고 믿음에 굳게 서게 하여 주시옵소서. 이 시간 귀한 말씀을 전하시는 목사님과 동행하여 주시어서 성령의 불길을 일으키고 이 시대에 주시는 하나님의 음성을 선포하게 하여 주시옵소서.

가정에 평강을 허락하시고 저희 교회에 날마다 믿는 무리가 많아지게 하옵소서. 저희의 영과 몸과 마음도 하나 되게 하시고, 겸손과 진실로 하나님이 기뻐 받으시는 예배를 드리게 하여 주시옵소서.

저희에게 성령의 능력을 주셔서 죄악과 마귀를 이기게 하시고 자신의 혈과 육을 이기게 하여 주시옵소서. 성령님이시여, 도와주시옵소서.

이 예배의 향기가 주님의 보좌로 올려지기를 간구하오며 거룩하신 예수님의 이름으로 기도드립니다. 아멘.

주님!

주님의 은혜와 사랑을 감사드리며 영광을 돌립니다.

귀한 이 예배 시간에 저희의 예배가 주님을 기쁘시게 하는 예배가 되길 원합니다. 이 시간 우리의 육신과 세상의 정욕들을 다 버리게 하여 주시고 신령과 진정으로 주님 앞에 드리는 예배가 되게 하여 주시옵소서.

오늘도 갈급한 심령으로 나왔사오니 주님께서 저희의 기도를 응답하여 주시옵소서. 먼저 하나님의 말씀대로 살아가는 믿음을 허락하시고, 삶 전체를 통하여 주님의 영광을 드러내는 삶을 살도록 인도하여 주시옵소서. 저희에게 주님께서 명하신 대로 땅 끝까지 이르러 주님의 복음을 전할 수 있도록 능력을 더하여 주시고, 영혼 구원의 사명을 감당하기에 부족함이 없도록 복을 내려 주시옵소서.

교회의 주인이 되신 예수님!

잠잠한 영혼이 되지 않게 하시고 주님의 명령에 순종하여 열매를 맺게 하여 주시옵소서. 교회의 머릿돌이 되셔서 교회가 든든히 서 가게 하시고, 주님의 사랑과 진리와 은혜가 가득찬 교회가 되게 하여 주시옵소서.

하나님이 귀하게 들어 쓰시는 담임목사님의 가정과 심령에 평강이 넘치게 하시고, 성령의 권능으로 인도하여 주시옵소서. 말씀을 선포하실 때에 말씀이 성령의 검이 되어서 저희의 심령과 골수를 찔러 쪼개고, 변화되는 생명의 만남을 허락하여 주시옵소서.

　병든 사회, 병든 인간, 상한 심령들이 말씀을 듣는 중에 신유의 역사를 체험하기를 원합니다. 에스겔 골짜기의 새 생명의 바람이 불어 이 지역이 민족의 심령 속에 역사할 줄 믿습니다.

　오늘도 마음을 다하여 예배를 돕는 손길들을 기억하시고, 저들의 헌신과 봉사를 통하여 이 시간이 더욱 주님께 큰 영광을 돌리는 예배가 되게 하여 주시옵소서.

　예배의 시종을 주님께 의탁하오며, 거룩하신 예수 그리스도의 이름으로 기도드립니다. 아멘.

✝ 기도를 돕는 한마디
　꿈은 우리에게 힘을 준다. 꿈은 세계를 확장한다. - 존 맥스웰 모이기를 폐하는 어떤 사람들의 습관과 같이 하지 말고 오직 권하여 그날이 가까 움을 볼수록 더욱 그리하자 - 히 10:25

영광의 주 하나님!

주님의 성전에 모여 저희의 정성과 마음을 다하여 하나님 아버지께 찬양과 기도로 감사와 예배를 드리오니 기쁨으로 받아 주시옵소서.

저희가 이 시간 하나님께 받은 모든 은혜를 감사하오니 이 시간도 새롭게 되기를 원합니다. 주께서 이 예배 중에 저희에게 임재하사 저희를 만나 주시고, 저희들의 예배를 통하여 성령의 연합이 일어나고 주의 사랑으로 서로 사랑함이 있게 하여 주시옵소서. 더욱 주님께 영광이 되도록 역사하여 주시길 원합니다.

은혜가 풍성하신 하나님!

저희가 주님의 지체로서, 주님의 몸된 교회를 위하여 마땅히 해야 할 일을 다하지 못하였음과 주님을 섬기는 일에 최선을 다하지 못하였음을 회개하오니 저희를 긍휼히 여기사 용서하여 주시옵소서.

거짓이 많은 세태 속에서 진리의 허리띠를 든든히 매지 못하였으며 불의한 세상에서 신실한 언행으로 일관하지 못한 저희의 삶을 용서하여 주시옵소서. 성령의 불로 원치 않는 죄악의 성질과 정욕과 숨은 악을 태우시사 그리스도의 보혈로 깨끗게 하여 주시옵소서.

자비로우신 하나님!

넘어지기 쉽고 쓰러지기 쉬운 때인 만큼 어떠한 시련이 닥친다 하여도

절대 세상과 타협하지 않는 저희들이 되게 하여 주시고, 십자가의 믿음으로 승리하게 하여 주시옵소서.

이 은혜로운 자리에 육신의 일에 얽매여서 참석하지 못하는 성도들이 있습니다. 하나님을 재물과 겸하여 섬길 수 없음을 깨달아 하나님께 영광을 돌리며 사는 복된 삶으로 이끌어 주시옵소서.

이 시간 단에 서신 목사님을 주님의 능력의 오른팔로 붙드시고 주님의 권세 있는 말씀을 선포케 하셔서 주의 은혜를 사모하는 저희 모두가 주님의 임재하심을 체험하는 놀라운 시간이 되게 하여 주시옵소서.

지금도 영원히 저희와 함께하시는 예수 그리스도의 이름으로 기도드립니다. 아멘.

기도를 돕는 한마디
꿈을 향해 자신 있게 나아가면서 꿈대로 살기 위해 진지하게 노력한다면 어느 덧 성공은 눈앞에 와있다.

오직 성령의 열매는 사랑과 희락과 화평과 오래 참음과 자비와 양선과 충성과 온
유와 절제니 이같은 것을 금지할 법이 없느니라 - 갈 5:22,23

거룩하신 하나님!

오늘도 살아 역사 하시는 주님을 찬양합니다.

이 저녁 원하옵기는 감격의 찬송과 감사와 용서의 기도를 드리게 하시
고 마음과 뜻과 정성이 담긴 진실한 예배를 드리게 하여 주시옵소서.

이 시간 성령의 충만하신 역사가 저희에게 임하여 주시옵소서.

은혜의 하나님!

저희는 하나님께서 저희에게 맡겨주신 달란트를 땅 속 깊이 묻고 안일
한 세월을 보낸 악하고 게으른 종임을 고백합니다. 저희가 받은 달란트
를 주님을 위해 쓸 수 있게 하시고 마지막 때에 주님께로부터 착하고 충
성된 종이라 칭찬받는 성도들 되게 하여 주시길 원합니다. 행여 게을러
서 주신 달란트를 땅에 묻는 어리석은 종이 되지 않게 하옵소서.

자비로우신 하나님!

분주함으로 주님의 음성을 듣지 못했고 화려한 세상의 환경에 영의 눈
이 어두웠습니다. 이 시간 주님께 나아왔사오니 모든 허물을 말끔히 씻
어 주시옵소서. 손과 발, 머리와 몸과 마음과 영혼도 하나님의 의의 보혈
로 깨끗이 씻어 주시옵소서. 인자와 긍휼을 기다리는 심령에 주님의 위
로의 손길을 베풀어 주시고, 십자가의 보혈의 은총을 덧입는 시간이 되
게 하여 주옵소서.

소망의 하나님!

저희의 영혼이 주님의 은혜를 사모하며 하늘의 소망을 바라보는 자가 되게 하여 주시옵소서. 이 시간 말씀으로 은혜 받고 찬송으로 감동하고, 기도로 새 힘을 얻게 하여 주시옵소서.

교회와 목사님을 권능의 손으로 붙들어 주시고 성도들이 서로가 사랑할 수 있는 은사를 받아 하나님의 사람으로 하나 되게 하옵소서.

저희가 믿음의 말씀과 진리로 날마다 바르게 성장하게 하시며 주님께서 부탁하신 영혼 구원의 사명을 잘 감당하게 하여 주시옵소서. 어두워진 눈을 밝혀 주시사 신령한 것을 보게 하시고 귀가 둔하여 듣지 못했던 주님의 음성을 듣기를 원합니다.

저희의 심령을 정결하게 하시고 감사와 찬송하는 삶을 살게 하여 주시옵소서. 주님의 영광이 오늘 예배에 충만하게 하옵소서. 예비하신 은혜를 허락하시옵소서.

거룩하신 예수 그리스도의 이름으로 기도합니다. 아멘.

✝ 기도를 돕는 한마디
꿈을 실현 시키려면 꿈에서 깨어나야 한다. – 앙드레 지그프리트 오직 하나님이 성령으로 이것을 우리에게 보이셨으니 성령은 모든 것 곧 하나님 의 깊은 것이라도 통달하시느니라 — 고전 2:10

찬양과 경배를 받으시기에 합당하신 주님!

언제나 저희와 함께하신 주님의 은혜를 감사합니다. 온 세상에 주님이 주신 은총으로 생명이 있는 것마다 주님을 찬양하도록 복을 내려 주시옵소서. 저희들의 의지와 생각이 주님 앞에서 하나로 묶여져 더욱 큰 믿음으로 성장하게 하시며, 그 믿음이 죽을 영혼도 살려내는 생명력이 넘치는 믿음이 되게 하여 주시옵소서.

은혜의 주님!

주님을 믿는 자는 죽어도 살겠다고 하신 말씀을 기억하고 있으면서도 죽음을 두려워하고 있었습니다. 두려움의 신앙이 아니라 소망의 신앙이 되게 하여 주시며, 슬픔과 탄식이 달아나는 은혜가 있게 하여 주시옵소서. 저희가 때때로 생활에서 실족할 때마다 주님께서 함께하셔서 바로 설수 있는 믿음이 있게 하여 주옵소서. 죄악과 허탄한 것에 매인 바 되어 주님의 자녀된 모습을 늘 잃어버리고 사는 저희를 불쌍히 여기시고 용서하여 주시옵소서.

사랑의 주님!

항상 주님 앞에서 경건한 생활의 모습이 되게 하시고 저희가 어떤 일을 하든지 먼저 주님을 생각하게 하셔서 주님께 인정받고 칭찬 받으며 복 받을 수 있는 주님의 귀한 자녀가 되게 하여 주시옵소서. 주님의 은혜

를 흠뻑 받아 사랑과 찬양을 힘있게 감당하게 하시고 직장과 가정과 일
터와 생활의 전 영역을 통해서 주님의 뜻을 나타내는 저희들이 되게 하
옵소서.

자비로우신 주님!

이 시간 특별히 간구하옵기는 교회와 성도가 아픔에 처한 이 사회를
볼 때 가슴으로 껴안고 마음을 쏟고 영혼을 쏟는 기도를 드릴 수 있게 하
시옵소서. 신령한 만나를 준비하신 목사님을 성령의 능력으로 붙드시고
귀 기울여 주님의 말씀을 듣기를 사모하는 심령마다 세미한 음성을 들을
수 있도록 은혜 내려 주시옵소서.

한 주간의 필요한 말씀을 충만히 부어 주시옵소서.

예수 그리스도의 이름으로 기도합니다. 아멘.

✝ 기도를 돕는 한마디
　 꿈을 꿀 수 있다면 꿈을 실현할 수도 있다. - 월트 디즈니

소망의 하나님이 모든 기쁨과 평강을 믿음 안에서 너희에게 충만케 하사 성령의
능력으로 소망이 넘치게 하시기를 원하노라 — 롬 15:13

할렐루야!

좋으신 하나님을 경배합니다.

이 시간 저희의 예배를 받으시고 영원한 화평을 저희에게 주시어 저희 모두가 평화와 기쁨을 누리게 하여 주시옵소서. 저희에게 세상을 이길 수 있는 평안을 허락하여 주시옵소서. 저희가 어느 곳에 있든지 주님의 향기가 나게 하여 주시옵소서. 성부, 성자, 성령님께서 함께하심 같이 저희도 믿음, 소망, 사랑으로 하나 되어 주님 앞에 나아가게 하시옵소서.

긍휼의 주 하나님!

저희의 독선과 교만을 용서해 주시기를 원합니다. 주님은 하나 되기를 원하시고 친히 본을 보여주셨지만 저희는 내 주장만을 앞세우며 고집하고 까다로움을 부렸습니다. 나보다 나은 상대의 의견을 무시하였고, 스스로 자랑하는 일에 많은 시간을 쏟았습니다. 이웃과 함께 주님의 나라를 이루기에는 심히 부족한 몸임을 고백하오니 저희를 용서하여 주시고 저희의 교만한 몸의 죄를 사하여 주시옵소서.

교회의 머리가 되시는 주님!

특별히 주님의 교회가 분열이 가득한 이 사회를 성령의 도우심으로 하나 되게 하시는 역사가 있게 하옵소서. 미움과 다툼이 쉼 없이 일어나는 곳에 주님의 사랑을 심어줌으로써 한 마음 한 뜻으로 통일을 이룰 수 있

는 역할을 감당하는 교회가 되게 하시옵소서.

교회 내에도 멍든 심령으로 주님의 도움을 청하는 주님의 자녀들이 있습니다.그들의 상한 심령을 위로하시고 치유하시는 주님께서 저들이 더 큰 설움을 안고 매일의 삶에 힘겨워하지 않도록 긍휼히 여겨 주시기를 원합니다.

주님의 몸 된 교회를 위하여 몸을 드려 충성하는 제직들을 기억하시고 저들의 수고를 통해서 온 교회가 성령으로 충만해지고 주님의 크신 영광이 드러나게 하시옵소서. 말씀을 들고 단 위에 서신 목사님을 성령의 권능으로 붙드셔서 목마른 영혼마다 생명수를 풍족하게 마시는 은혜의 시간이 되게 하여 주시옵소서.

예수 그리스도의 이름으로 기도드립니다. 아멘.

마음을 감찰하시는 이가 성령의 생각을 아시나니 이는 성령이 하나님의 뜻대로 성도를 위하여 간구하심이니라 - 롬 8:27

좋은 것으로 채워주시는 하나님 아버지!

은혜와 사랑을 진심으로 감사드립니다.

오늘도 진실과 정성으로 드리는 예배를 받아 주시옵소서. 예배를 통하여 새로운 힘을 공급받게 하옵소서. 주님을 경배하며 찬양함으로써 하나님께만 영광과 찬송을 돌리게 하시고 저희로 하여금 무한한 능력과 기쁨을 얻게 하여 주시옵소서.

사랑의 주님!

우리 주변에 소외되고 불쌍한 사람들을 주님의 사랑으로 볼 수 있게 하시고, 그들을 외면하는 자들이 되지 않게 하시고, 사랑과 관심이 필요한 자들을 용납하지 못하고 그들을 외면했던 저희를 용서하여 주시옵소서. 그들의 아픔이 저희의 아픔이 되게 하시고, 주님의 사랑을 그들에게 증거할 수 있게 하여 주시옵소서.

지난 날의 어두운 삶을 용서하시고, 밝은 마음으로 거짓된 마음을 바로 잡아 정직한 심령을 만들어 주시옵소서. 게으른 생활을 용서하시고 근면한 의지를 심어주시며 세속에 물든 습관을 고쳐주옵소서. 저희들로 하여금 하나님의 선하시고 기뻐하시고 온전하신 뜻을 따라 살게 하시옵소서. 저희의 삶 전체가 주님께 영광이 되도록 복을 내려 주시옵소서. 저희 몸에 예수의 흔적을 가지고 빛과 소금의 역할을 할 수 있도록 인도하여 주시옵소서.

은혜의 주님!

만군의 하나님이신 주님께서 연약한 저희들에게 주님의 일을 할수있는 능력을 허락하여 주시옵소서. 마귀가 저희를 삼키려고 우는 사자와 같이 덤벼들어도 능히 물리치게 하시고, 그 어떤 어려움이 닥쳐와도 능히 이겨 나갈 수 있는 저희들이 되게 하여 주시옵소서. 선한 싸움을 싸우고 달려갈 길을 마치고 승리의 면류관을 받게 하시옵소서.

오늘도 말씀을 전하시기 위하여 단 위에 서신 목사님을 성령으로 붙들어 주시고, 저희 모두는 말씀의 신령한 꼴을 먹기에 부족함이 없게 하시옵소서.

예수 그리스도의 이름으로 기도드립니다. 아멘.

✝ 기도를 돕는 한마디
꿈을 실현하는 비결을 알고 있는 사람이 정복할 수 없는 것은 없다. – 월트 디즈니

심지가 견고한 자에게 평강으로 지키시는 하나님 아버지!

이 저녁에 주님의 전으로 모여 귀한 찬송과 영광을 주님께 드립니다.

주님의 전으로 나아와 주님께서 가장 기뻐하시는 예배를 드리게 하신 은혜 또한 감사를 드립니다. 주님의 사랑이 날마다 차고 넘치게 하시고 그 은혜로 인하여 저희가 날마다 새 힘을 얻도록 은혜를 내려 주옵소서.

은혜의 주님!

매일 매일 우리의 정성과 사랑을 주님 앞에 드리게 하시고 연약한 저희들이 후회하지 않는 삶을 살아가게 하여 주시길 원합니다. 저희가 영성을 쌓는 것을 소홀히 하여 주님의 음성을 듣지 못했고, 주님께 날마다 간구와 기도로 겸손히 고백해야 할 것들을 지나쳤음을 고백하오니 용서하여 주시옵소서.

주님의 부르심에 응답하지 못하고 주님이 원하시는 일을 외면한 채 다른 곳에서 방황한 적이 많았습니다. 주님 안에 거한다고 하면서도 스스로의 생각을 앞세웠으며 주님의 뜻을 구하여 알기 전에 제 뜻대로 행동한 어리석은 자들임을 고백합니다. 이제 되돌아와 후회의 눈물을 흘리는 저희를 불쌍히 여기시고 용서하여 주시옵소서.

은혜의 주님!

이 시간 특별히 목사님을 위해서 기도합니다. 저희 양떼들을 양육하시

기 위하여 헌신하시는 목사님을 주님께서 친히 붙들어 주시며, 솔로몬에게 주신 지혜를 더하여 주셔서 목사님의 입술을 통하여 나오는 말씀이 능력의 말씀이 되게 하시며, 완악한 심령이 그 말씀 앞에 엎드러지는 놀라운 역사가 일어나게 하시옵소서.

이 시간 드리는 예배를 주님께서 흠향하시기를 원하오며 예비된 하늘의 놀라운 은혜를 체험하게 하여 주시옵소서. 다시금 주님을 사모하는 열정으로 불타오르게 하여 주시옵소서.

예수님의 이름으로 기도합니다. 아멘.

✝ 기도를 돕는 한마디
꿈을 이루기 위해서 현명하게 준비하고 꾸준한 노력하면 꿈은 이루어진다. – 빕 로텔리

은혜로우신 주님!

이 저녁까지 저희를 주님의 전으로 나오게 하신 은혜를 감사합니다.

저희의 삶에 주님을 향한 감사의 열매가 주렁주렁 맺히도록 복을 내려 주시옵소서. 노아 시대처럼 죄가 관영하고 도덕적인 부패가 쌓여 있는 이 때에 저희를 부르사 구원의 소식을 들려주시니 감사합니다.

겸손의 본을 보이신 주님!

저희가 주님의 겸손을 본받게 하여 주시옵소서. 저희가 교만하여 주님의 이름을 망령되게 하지는 않았는지 돌아보게 하시고, 주님의 겸손함을 본받고 살아가는 저희가 되게 하여 주시옵소서.

저희의 기도를 들어 응답하여 주시는 주님!

이제는 겉사람을 벗고 주님의 오심을 준비할 수 있는 귀한 시간들이 되게 하여 주시고, 믿음으로 주님을 기다리게 하시며 소망으로 주님을 바라보게 하여 주시옵소서.

사랑한다고 말하면서 미워하고, 존경한다고 말하면서 경멸하고, 믿는다고 말하면서 의심하며, 용서한다 하면서도 아직까지 형제의 허물을 용서하지 못한 저희를 용서하여 주시옵소서.

이제는 주님의 은혜로 깨닫게 하여 주시옵소서. 무엇보다도 자신을 먼저 알게 하시고, 주님을 바로 알게 하여 주시옵소서.

주님을 늘 가슴에 품고 이웃을 위하여 진정한 주님의 사랑을 베풀 수 있게 하여 주시옵소서. 우리 주변에 있는 어려움에 처한 이웃을 위해 기도하는 교회와 주님의 자녀가 되길 원합니다. 아픔과 상처로 인해 신음하고 염려하는 자들을 위해 기도하게 하여 주옵소서.

땅끝까지 이르러 증인이 되라고 하신 주님!

세상의 좋은 것보다 주님의 것을 택하여 선교지로 떠나신 선교사님들과 가족들을 주님께서 기억하여 주시옵소서. 그들의 필요를 주님께서 때를 따라 채워주시길 원합니다. 저희도 선교사님들을 위해 최선을 다하여 기도하는 기도의 동역자들이 되게 하여 주시옵소서.

사랑의 하나님!

이 시간 귀한 말씀을 저희를 위하여 준비하신 목사님을 위하여 기도하오니 주님의 크신 권능으로 함께하여 주시옵소서. 늘 강건하게 하옵시고 하나님의 귀한 사역을 잘 감당할 수 있도록 도와주시옵소서.

예배를 돕는 손길들에게도 함께하시고, 예배의 시종을 주님께 의탁하오며 예수 그리스도의 이름으로 기도합니다. 아멘.

✝ 기도를 돕는 한마디
꿈을 적어 놓으면 목표가 되고, 목표를 나누면 계획이 되며 그 계획을 실행에 옮기면 꿈은 실현되는 것이다.

존귀하신 주님!

주님의 거룩하심 앞에 무릎을 꿇게 하시는 귀한 은혜에 감사합니다.

주님을 경외함으로 인해 세상을 이기게 하신 은혜에 감사합니다. 주님을 찬양하며 주님을 위하여 시간과 예물을 드리게 하시니 감사합니다.

거룩하신 하나님!

주님의 전에 나아와 영과 진리 안에서 예배드리려고 하오니 저희의 죄악이 크고 중함을 느끼게 하시되 주님의 사랑으로 용서받는 시간이 되게 하옵소서. 악한 때에 악함에 물들어 주님의 빛을 드러내지 못하였고, 불신앙의 사람들과 서로 짝하며 믿음의 길을 버렸음을 고백합니다. 자비로 우시고 은혜로우시며 노하기를 더디 하시고 인자하심이 풍부하신 주님께서 저희의 못난 모습을 불쌍히 여기시고 용서하여 주시옵소서. 우리의 마음이 깨끗하여져서 구속의 노래를 부르고 은혜 받은 마음으로 감사, 찬미하게 하옵소서.

우리의 소망이 되시는 주님!

산 소망이 끊어진 채 하루 하루를 살아가고 있는 사람들을 불쌍히 여겨 주옵소서. 무엇보다도 구원의 주님을 만남으로 주님을 믿고 의지하여 새 생명과 새 평안을 누리게 하여 주시고, 하늘의 소망을 갖고 사는 복된 삶이 될 수 있도록 이끌어 주시기를 원합니다. 저희의 소망이 오직 주님

께 있음으로 고백하오니 저희의 삶 속에서 주님의 역사하심에 순종할 수 있는 믿음을 더하여 주시고, 저희가 진정한 주님의 뜻이 무엇인지 깨달을 수 있는 귀한 복을 허락하시고, 주님의 선한 역사 위에 헌신하며 순종할 수 있도록 도와주시기를 원합니다.

저희에게 귀한 목사님을 허락하셨사오니 주님께서 늘 동행하여 주셔서 하나님께 합한 귀한 목사님이 될 수 있도록 도와주시옵소서.

주님의 말씀을 대언하실 때에 저희에게 향하신 주님의 뜻이 무엇인지 알게 하시고, 저희의 약하고 상한 심령을 강하게 하시고, 치유하시는 은혜가 있게 하옵소서. 이 예배를 위하여 주님을 사모하는 모든 심령들의 마음을 보시고 저희에게 귀한 복을 허락하여 주시옵소서.

예수 그리스도의 이름으로 기도드립니다. 아멘.

✝ 기도를 돕는 한마디
   꿈은 그 사람의 성향의 진정한 설명이다. 그러나 그것을 가려내고 이해하는 데에는 기술이 필요하다. - 몽테뉴

바나바는 착한 사람이요 성령과 믿음이 충만한 자라 이에 큰 무리가 주께 더하더라

- 행 11:24

사랑과 은혜가 풍성하신 하나님!

여호와께 돌아오는 자들의 회복을 약속하시고 보장하시는 신실하신 아버지께 감사와 경배를 올려 드립니다. 믿음으로 드리는 예배를 받으셔서 응답이 있는 시간이 되게 하옵소서. 주님! 저희가 주님의 선하신 계획에 순종하지 않았던 때가 더 많았음을 고백하오니 저희를 긍휼히 여겨 주옵소서. 저희를 죄에서 건지사 성도로 삼으셨사오니 이후로 저희가 죄와 타협하지 않도록 능력을 더하여 주시옵소서.

사랑의 주님!

주님이 가정마다 허락하시는 사랑과 은혜에 감사합니다.

안정되고 평화스러운 가정이 될 수 있도록 늘 지켜주시옵소서. 저희 모든 가족이 질병으로 고생하지 않게 하시고, 다툼이 일어나지 않도록 하시며, 화평이 깨어짐으로 고통스럽지 않도록 은혜를 주시옵소서. 계획하는 일마다 주님의 평안으로 이루어지게 하시고, 사랑이 넘치는 교제가 활발히 이루어지는 가정이 되게 하여 주시옵소서.

자비로우신 하나님!

주님께서 귀하게 쓰시는 목사님을 붙들어 주시고, 인간의 연약함은 모두 십자가 뒤에 감추시고 성령의 두루마기를 입히사 말씀의 능력을 허락하여 주시옵소서. 주님의 핏값으로 세우신 이 교회가 말씀이 충만한 교

회가 되게 하시고, 주님의 사랑을 본받아 사랑이 식어가는 이 세대에 사
랑의 빛을 나타내게 하시기를 원합니다.

이 시간 하나님께서 예비하시고 예정하셨던 하늘의 복을 충만히 내려
주시옵소서. 그리하여 우리들의 마음 문을 활짝 열고 하늘의 복을 받는
시간이 되게 하여 주시옵소서.

이 시간의 모든 예배를 주님이 충만케 하시기를 원하오며 거룩하신 예
수 그리스도의 이름으로 기도합니다. 아멘.

✝ 기도를 돕는 한마디
꿈꾸기를 멈추는 순간 나이가 든다. – 덱스터 예거

저희의 예배를 기뻐하시는 하나님!

저희의 찬송과 영광을 영원히 받으시옵소서. 저희와 항상 함께하신 은혜에 감사합니다. 하나님의 은혜로 저희가 늘 주님의 성소 안에 거할 수 있도록 도와주시옵소서. 세상의 고달픔에 지쳐 고단한 심령으로 주님 앞에 나온 저희들에게 위로의 영으로 오시옵소서. 저희 모두 성령 충만한 사람이 되어 불신앙과 육신의 정욕들을 이겨내는 하나님의 능력있는 자녀로 살아갈 수 있도록 복을 허락하여 주시옵소서. 저희가 세상에서 주님의 증인으로 충성되게 하시고, 저희가 주님의 손과 발이 되어 세상을 변화시키는 역사가 일어날 수 있도록 복을 더하여 주시기를 간구합니다.

사랑이 많으신 하나님!

이 시간 저희가 성령 안에서 기도하고, 성령 안에서 은혜를 받게 하여 주시옵소서. 저희의 상한 심령을 주님의 강하고 의로운 손으로 치유하여 주옵소서. 저희의 연약한 믿음을 강하고 담대하게 하시기를 간구합니다.

저희의 예배를 위하여 여러 가지의 모습으로 봉사하는 손길들을 주님께서 복을 주시며 인도하셔서 날마다 승리하고 형통케 하여 주시옵소서. 저희 성가대의 찬양을 기쁘게 받아 주시고 하늘 문을 여시고 저희에게 은혜의 단비를 내려 주옵소서. 저희가 더욱 공교히 찬양할 수 있는 은혜를 더하여 주시며, 저희의 헌신으로 하나님의 영광이 드러나게 하여 주시옵소서.

은혜로우신 하나님!

특별히 말씀을 대언하실 목사님 위에 주님께서 복 위에 복을 주셔서 저희에게 주시는 신령한 말씀들이 꿀송이 같은 귀한 생명의 만나가 되게 하여 주시옵소서. 저희의 심령을 고치는 말씀이 되게 하여 주시고 저희의 삶의 지표가 되게 하여 주시옵소서. 귀한 말씀으로 세상을 이기는 권세를 허락하여 주시옵소서.

이 시간 저희의 예배를 기쁘게 흠향하시기를 간구하오며 거룩하신 예수 그리스도의 이름으로 기도드립니다. 아멘.

✝ 기도를 돕는 한마디
꿈을 행동에 옮길지도 모르며, 그 꿈을 가능하게 할지도 모르기 때문이다. – 토머스 에드워드 로렌스

저희가 다 성령의 충만함을 받고 성령이 말하게 하심을 따라 다른 방언으로 말하
기를 시작하니라 - 행 2:4

사랑의 주 하나님!

만유의 주재가 되시며 사랑과 질서로 우주 만물을 다스리시는 여호와
하나님의 크신 사랑과 은혜를 감사드립니다. 보잘 것 없는 저희를 사랑
하셔서 이 저녁 시간에도 주님 앞에 나올 수 있도록 은혜 주시니 감사합
니다. 너는 내 것이라고 지명하여 불러주셨사오니 주님이 원하시는 뜻대
로 저희를 사용하여 주시고 주님을 향한 마음이 늘 열려 있는 저희가 되
게 하여 주시옵소서.

하나님 아버지!

저희는 주님을 사랑한다고 하면서도 언제나 미련하고 부족하였으며,
주님을 모른다고 세 번이나 부인한 베드로처럼 언제나 자책 가득한 심령
으로 주님 앞에 나아옵니다. 그러나 어제도 오늘도 영원토록 변함없이
동일하게 저희를 사랑해 주시고 용납해 주시는 주님께 감사를 드립니다.

하나님 아버지께서 저희의 연약함을 도우시고 저희의 마음과 생각을
지켜 주셔서 주님께서 원하시는 길을 따라 행하게 하시며 언제나 주님의
기쁨이 되게 하여 주옵소서.

교회의 머리가 되시는 주님!

저희 교회의 모든 기관이 잘 연합하여 한 마음이 되기를 원합니다. 모
든 기관들이 주님께 집중하게 하시고 모든 일에 주님의 화합함을 이룰

수 있도록 하여 주시고 어떠한 일들을 할 때에도 모양과 생각은 다르지만 남을 나보다 낮게 여기고 모든 일을 주께 하듯 하며, 서로 돌아보아 사랑과 선행을 실천하는 저희가 되게 하옵소서.

사랑의 주님!

이 시간 말씀을 증거하실 주의 사자에게 함께하셔서 큰 권세와 영감을 더해 주시고, 선포하실 말씀이 저희에게 기름진 꼴이 되며 영생하도록 솟아나는 샘물이 되게 하여 주옵소서. 저희의 찬양을 기쁘게 받아 주시며, 예배드리는 모두가 한 마음으로 찬양하게 하시고, 저희의 삶에서 늘 향기로운 찬양의 제사가 있게 하여 주옵소서. 온 만물이 함께 찬양드리며 호흡이 있는 자마다 크게 기쁨으로 찬양드리는 시간 되게 하옵소서.

예수님의 이름으로 기도드립니다. 아멘.

✝ 기도를 돕는 한마디
꿈은 반드시 실현된다. ─ 존 업다이크

주 하나님!

이 주일 저녁 시간에도 주님 앞에 나아오게 하심을 감사드립니다.

이 시간 주님의 모든 이름 위에 뛰어나신 하나님께 감사드립니다.

여호와를 자기 하나님으로 삼는 백성은 복이 있다 하신 말씀에 의지하여 이 시간 하나님을 우리의 참 소망과 주인으로 믿고 나왔사오니 은총을 내려 주옵소서.

사랑의 주님!

오늘의 예배를 통하여 우리의 영혼이 자유를 얻게 하옵소서.

우리 민족을 사랑하시는 하나님 아버지, 오천 년의 역사 속에서 우상 숭배와 가난과 진노의 자식으로 살던 이 민족에게 복음의 씨를 뿌려 주셔서 구원의 길로 인도하신 은혜를 감사드립니다. 그러나 아직도 이 나라 구석구석에는 우상을 섬기며 헛된 신을 구하는 어리석은 백성들이 있습니다. 스스로 지혜롭다 하며 자기 교만과 자랑에 빠진 불쌍한 이들, 하나님의 정의와 법을 무시하고 쾌락과 탐욕의 노예가 되어 살아가고 있는 자들도 있습니다. 주님의 자비롭고 전능하신 손을 드셔서 건져 주시며 잘못된 길에서 돌이키게 하옵소서.

위로의 주님!

주님께서 이 나라와 민족을 사랑하셔서 주님 안에 하나가 될 수 있는

날이 속히 올 수 있도록 도와주시옵소서. 저희가 이웃과 상처받은 자들을 위해 늘 기도하는 주님의 자녀들이 되길 원합니다. 아픔과 슬픔이 가득한 자들에게 주님께서 찾아가 주셔서 그들을 위로하여 주시고 그들이 알지 못하는 평안으로 채워 주시옵소서.

무슨 일을 하든지 하나님이 원하시는 저희의 모습이 되길 원합니다.

나를 나타내기보다는 주님을 나타내는 삶을 살게 하시고, 하나님을 높여드리는 삶을 살게 하옵소서.

사랑의 하나님!

이 시간 신령한 젖을 사모하여 나왔으니 한 주간 이 세상에서 살아갈 넉넉한 영혼의 양식을 얻게 하옵소서. 가정에서, 직장에서, 어느 일터에서나 하나님의 사람으로 담대히 살아가며 하나님 나라의 일꾼으로 일하게 하옵소서. 우리의 이웃들에게 주님의 아름다운 향기를 나타내게 하옵소서.

예수님의 이름으로 기도드립니다. 아멘.

✝ 기도를 돕는 한마디
꿈을 계속가지고 있으면 언젠가는 반드시 그것을 실현할 때가 온다. - 괴테

우리의 예배를 받으시기에 합당하신 하나님 아버지!

이른 아침부터 이 저녁 예배까지 주님께서 내려 주신 하늘의 신령한 만나로 인하여 감사를 드립니다.

하나님 아버지!

우리의 속사람을 살펴주시고 깨끗게 하여 주옵소서. 저희들은 입술이 부정했고 목이 곧았으며 불순종의 나날을 보내기도 했습니다. 입술로는 주여 주여 했지만 진실한 고백과 믿음의 삶을 살지 못했음을 고백합니다. 저희 모두를 용서하시고 말씀의 능력과 성령의 역사로 새롭게 하옵소서. 저희들 이 시간에도 빈 손 들고 왔습니다. 빈 마음 가지고 왔습니다. 그러나 예배를 마치고 이 자리를 떠날 때는 하늘의 은총과 능력의 말씀으로 가득 채워 갈 수 있도록 하여 주시옵소서.

사랑의 하나님!

우리에게 주님의 말씀으로 은혜 받게 하시고 하나님의 은혜로 이 시대에 필요한 자로 세워주셔서 이 시대를 변화시키는 자들로 훈련시켜 주옵소서. 하나님과 사람을 사랑하고 자연과 생명을 사랑하고 어린 아이처럼 순수한 믿음으로 살게 하옵소서. 하나님 아버지, 우리 모두가 그리스도의 형상을 닮기를 원합니다. 실패한 자가 힘을 얻고 상처받은 자가 치유되며 낙심한 자가 소망을 발견하는 하나님의 사람들이 되기를 원합니다.

자비로우신 하나님!

모든 성도들이 그리스도 안에서 풍성한 삶을 누리며 성령의 열매를 맺을 수 있도록 도와주옵소서. 아버지의 거룩한 뜻이 하늘에서 이룬 것 같이 우리 교회를 통하여 풍성하게 이루어지게 하옵소서. 우리의 이웃을 불쌍히 여겨 주옵소서. 이 시간도 병으로 고통당하며 실직으로 아파하며 가난으로 가슴 졸이는 외롭고 소외된 주님의 백성들에게 은혜를 베풀어 주옵소서. 문제가 있으면 답이 있듯이 우리 성도들이 가지고 있는 문제마다에 하나님께서 해결책을 주셔서 마음에 기쁨과 평강을 가지고 살게 하여 주시옵소서.

예수님의 이름으로 기도드립니다. 아멘.

✝ 기도를 돕는 한마디
꿈을 품어라. 꿈이 없는 사람은 아무런 생명력도 없는 인형과 같다. – 그라시안

좋으신 하나님,

새벽부터 이 시간까지 성일의 기쁨을 누리게 하시고, 예배로 새로운 힘을 주시는 하나님을 찬양합니다. 우리의 힘이 되시는 여호와 하나님의 성호를 높여 드립니다. 예배 때마다 신령한 복으로 함께하시어 오늘에 필요한 영의 양식과 은혜를 맛보게 하옵소서. 주님 앞에 설 때마다 우리의 모습을 보게 하시고 다시 한 번 주님의 정직함과 온전하심을 우리가 바라봄으로 주님 전을 나설 때에 주님의 전신갑주로 무장하게 하여 주시옵소서.

능력의 하나님!

세상의 악함을 대적할 때 우리의 능력과 권세로 하지 않게 하시고, 하나님의 말씀의 검으로 이기는 역사를 체험하게 하소서. 입으로만 주여 주여 하는 자가 되지 않게 하시고, 온전히 주님을 의지하며 나아가는 자가 되게 하여 주시옵소서.

옛사람을 벗어버리고 주님의 성품을 닮아가고 하나님의 형상을 회복하게 하옵소서. 우리를 미워하고 핍박하는 자도 사랑하라고 하셨으니 순종하게 하시고, 하늘에 계신 아버지의 온전하심을 닮게 하옵소서. 모든 것을 참으며, 모든 것을 믿으며, 모든 것을 바라며, 견디는 사랑의 힘을 주옵소서.

자비로우신 하나님!

오늘 드리는 예배를 통하여 저희들에게 말씀의 전신갑주를 입혀 주옵소서. 우리의 삶 자체가 영적 싸움임을 늘 기억하게 하여 주시옵소서. 불의와 대항하고 유혹과 미혹에 대적하며, 세상풍조에 맞서 싸워 이기게 하시옵소서. 진리와 의와 믿음과 말씀을 가지고 깨어 기도함으로 악한 자를 소멸하고 승리하게 하옵소서. 주님의 사자를 통해 살아 움직이는 하나님의 말씀을 들을 때에 우리의 심령과 골수를 쪼개는 역사가 있게 하옵소서. 찬양과 기도를 통하여 하나님의 은혜가 풍성히 넘치게 하시며, 마음의 선한 소원을 아뢰는 귀한 시간 되게 하옵소서.

예수님의 이름으로 기도합니다. 아멘.

✝ 기도를 돕는 한마디
꿈을 좇는 데에만 온통 마음이 쏠려 있으면 어떠한 요구도 그다지 어렵게 느껴지지 않는다. – 지미나 크리켓

사랑하는 자들아 이 약속을 가진 우리가 하나님을 두려워하는 가운데서 거룩함을
온전히 이루어 육과 영의 온갖 더러운 것에서 자신을 깨끗케 하자 – 고후 7:1

사랑의 하나님 아버지!

이 시간에도 주님 앞에 모인 저희의 모습과 마음을 주님 앞에 드리길
원합니다. 이 시간 저희의 예배가 신령과 진정으로 드리는 예배가 되게
하여 주시고 우리의 인격이 온통 주님께 집중하는 시간이 되게 하여 주
시길 원합니다.

사랑의 주님!

저희의 삶의 모습이 주님께 헌신하는 삶이 되기를 원합니다.

이 시간 성령께서 역사하셔서 저희의 모든 것이 온전케 되게 하여 주
시옵소서. 지금 우리가 사는 세상은 마치 폭풍을 만난 배같이 이리저리
요동치며 휩쓸리고 있습니다. 그 배 안에서 공포에 떨며 아우성치는 승
객처럼 우리도 지금 절규하며 죽음과 무가치와 혼돈의 세력 속에서 떨고
있습니다. 악한 물질을 좇아 허덕이며, 허망한 권력을 향해 질주하고, 하
나님과 어긋난 명예임에도 차지하기 위하여 온통 야단법석입니다.

생명의 주님이시여!

이러한 우리의 모습을 용서하여 주시옵소서. 주님의 철저한 간섭하심
으로 이제 우리가 새로운 자세로 변화된 삶을 살게 하여 주시옵소서. 사
도 바울이 타고 가던 배가 유라굴로라는 광풍을 만났을 때 그 배에 탄 사
람이 모두 죽음 앞에 떨며 아우성쳤지만 조금도 흔들림이 없었던 바울이

모습을 기억합니다. 우리로 하여금 그 바울의 모습을 닮아 가게 하옵소서. 바울처럼 하나님 안에서, 진리 안에서 승리의 확신을 가지고 사는 사람이 되게 하옵소서. 그리하여 이 어려운 세대 속에서도 주의 구원의 손길이 있을 것이라는 놀라운 하나님의 말씀을 믿고 전하게 하옵소서. 이 태풍이 몰아치는 세상에서도 우리가 섬기는 하나님이 저희를 능히 구원해 주실 것이라는 확신을 얻게 하옵소서.

저희가 드리는 이 예배가 하나님이 받으시는 새 역사의 제사, 몸과 마음을 진실하게 드리는 진정한 산 제사 될 줄로 믿습니다.

사랑의 주님!

말씀을 듣고 단 위에 서신 귀한 목사님과 동행하여 주셔서 주님의 말씀만을 전할 수 있는 목사님 되게 하옵소서. 주님이 쓰시는 귀한 종이 되게 하여 주옵소서. 늘 강건함으로 주님의 일을 감당하게 하옵소서. 이 모든 말씀을 주 예수 그리스도의 이름으로 기도드립니다. 아멘.

✝ 기도를 돕는 한마디
우리에게는 우리의 소중한 자신인 꿈에 물과 비료를 주고 키워 우리 자신을 성장 시킬 책임이 있다. - 예거 사랑과 은혜가 풍성하신 하나님 아버지!

이 성일 저녁 시간을 저희에게 허락하시고 새벽부터 이 시간까지 함께 동행하여 주심에 감사와 영광을 돌려 드립니다. 이 시간 예배를 통하여 저희들의 모든 허물과 죄악은 주의 십자가 뒤로 감추어 주시고, 오직 하나님이 원하시고 모든 교우들과 우리 교회가 마땅히 아버지께 아뢰어야 할 참된 기도를 드릴 수 있도록 성령께서 인도해 주옵소서.

능력의 주여!

이 시간 우리 교회의 모든 연약한 지체들을 위하여 먼저 기도드립니다. 마음이 가난한 자들을 불쌍히 여기시고 일으키시며 주께서 약속하신 천국의 주인 되는 소망을 주옵소서. 물질의 부족과 육신이 병들고 사람들과의 단절속에서 애통해 하는 성도들 있으면 주께서 그 모든 문제를 해결하여 주옵소서. 무엇보다도 우리가 이런 것들로 슬퍼하며 애통해 하기보다는 하나님 앞에서 지은 죄악들을 슬퍼하고 고백하게 하옵소서. 그리하여 주께서 주시는 하늘의 위로가 나타나 참된 해방과 자유의 기쁨을 맛보게 하옵소서.

사랑의 주님!

이 시간 우리에게 기도의 영을 내려 주시길 원합니다. 우리 교회의 모든 성도가 깨어 기도함으로써 우리 주님과 신뢰의 관계가 되게 하옵소

서. 비록 연약한 저희들이지만 성령의 함께하심으로써 한 손으로는 하나
님 보좌를 붙들고, 다른 한 손으로는 이 몸된 교회와 약한 지체들을 붙잡
고 땀흘려 기도하게 하옵소서. 그 간구가 하늘에서 이룬 것과 같이 땅에
서도 이루어짐으로써 하나님이 우리를 기뻐하시고, 우리 또한 그 놀라운
은총에 감사하며 일평생 주를 찬송하게 하옵소서.

주님의 말씀을 대언하는 목사님에게 은혜의 은혜를 주셔서 온전한 주
님의 말씀만을 선포하게 하여주시고, 말씀이 저희의 모든 골수와 육신을
쪼갤수 있게 하시고 말씀으로 한 주를 살아가는 양식이 되게 하여 주시
옵소서.

이 시간도 성령의 역사하심을 믿사옵고, 예수 그리스도의 이름으로 기
도드립니다. 아멘.

✝ 기도를 돕는 한마디
꿈이 없다면 인생은 쓰다. – 리튼

사랑의 주님!

길이요 진리요 생명이신 예수님을 이 땅에 보내신 하나님 아버지의 크신 은혜와 사랑에 감사드립니다. 이 아들을 십자가에 못박으시기까지 우리를 사랑하신 하나님의 그 크고 놀라우신 사랑을 우리는 알고 있습니다. 또한 우리는 하나님을 사랑하고 이웃을 사랑한다고 고백도 하고 있습니다. 그러나 이 시간 진정으로 우리 자신을 돌아보게 하옵소서. 진실로 겸손하게 거짓 없이 하나님의 사랑 속에 거하면서 그 사랑을 실천하고 있다고 자신있게 말할 수 없는 부끄러운 우리 자신을 고백합니다. 우리의 이 모든 죄악을 용서하여 주옵소서.

사랑의 하나님 그리고 의로우신 하나님!

이제 우리가 아버지의 말씀 안에 거함으로 우리의 믿음이, 우리의 행동이, 그리고 우리의 모든 삶이 날마다 변화되어 예수님을 닮아가게 하옵소서. 저희의 모습을 통해 의로우신 하나님과 사랑의 하나님이 조금이라도 세상에 보여지게 하옵소서. 진실로 우리 교우들이 하나님의 진실된 자녀임을 깨달아 알게 하시고 또한 그렇게 살게 하옵소서. 불의하게 잘 사는 것보다 의로운 가난을 택하게 하시고, 죄인의 갈등과 번민 속에서 지내기보다는 하나님의 의로우신 사랑과 평강 속에 거하는, 하나님이 의롭다 칭하는 삶이 훨씬 더 고귀하다는 것을 깨닫게 하옵소서.

세상에 보물을 쌓아두는 것으로 만족하지 말게 하시고, 흔들림 없고 앗

아갈 수 없는 하늘나라에 우리의 보물을 쌓음으로써 참된 배부름, 진실된 만족감이 넘쳐 흐르게 하옵소서. 그리고 그것이 가장 큰 우리의 재산임을 아는 지혜가 있게 하옵소서.

이 시간에도 저희에게 말씀하여 주옵소서. 대언하시는 목사님에게 성령의 두루마기를 입혀주셔서 성령의 은혜를 전하는 귀한 목사님 되게 하여 주시고, 저희에게는 하나님의 은혜와 사랑을 받는 귀한 말씀을 전하게 하여 주시옵소서.

오늘도 사랑과 의로 우리를 보호하시며 단련하시는 하나님 아버지 앞에 예수님의 이름으로 기도드립니다. 아멘.

✝ 기도를 돕는 한마디
꿈을 품는 것으로 끝난 것이 아니라 인생을 살만하게 만드는 것은 그 꿈을 좇는 것, 추구하는 것이다. – 예거

오 주님,
저에게 당신의 은혜를 베푸시어
참된 것을 알게 하시며,
참된 것을 사랑하게 하시며
당신을 가장 즐겁게 할 수 있는
찬양을 드리게 하시며
당신께 귀중한 것이
또한 저에게도 존귀케 하시며
당신이 보시기에 불결한 것은
저로 하여금 증오케 하여 주소서.

또한 원하옵는 것은
당신의 그 훌륭한 뜻을
항상 찾게 하여 주시기 원합니다.
우리 주 예수 그리스도의 이름으로 기원합니다. 아멘.

토마스 아 켐피스

하나님과 소통하는

Chapter 3

수요 예배 대표기도

하나님은 가장 보잘것 없는

성도의 가장 작은 기도의 속삭임에 대하여

바다같이 넓은 은혜를 주신다.

만일 그 기도의 속삭임이 회개하고

청결된 마음에서 온 것이라면,

주 예수 그리스도의

저항할 수 없는 이름에 전적으로 의지한 데서

나온 것이라면!

– 무명

주일 낮예배 대표기도문

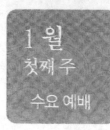

그러므로 형제들아 내가 하나님의 모든 자비하심으로 너희를 권하노니 너희 몸을
하나님이 기뻐하시는 거룩한 산 제사로 드리라 이는 너희의 드릴 영적 예배니라
- 롬 12:1

저희를 흑암에서 건지사 빛과 생명으로 옮기신 주여!

지난 삼일 동안도 주님의 사랑과 은혜와 보호 속에 살게 하시고 다시금 이 시간 주님의 거룩하신 임재 앞에 기도하게 하시니 감사합니다. 오늘도 주님의 사랑 속에 부름 받아 모였사오니, 은혜 충만히 받고 승리하는 예배가 되게 하여 주옵소서. 오늘 예배를 통하여 찬양할 때 기쁨이 넘치게 하시고, 기도할 때 능력을 받게 하시며, 말씀을 들을 때 은혜를 충만히 받는 시간이 되게 하여 주옵소서. 수고하고 무거운 짐진 자들이 주앞에 내려놓으므로 쉼을 얻는 시간이 되게 하옵소서.

자비로우신 주님!

저희가 세상에 살면서 걱정과 두려움이 많이 있었습니다. 육신의 피로도 감당키 어려울 때가 있었습니다. 때론 괴로움 속에서 주님을 원망할 때도 있었습니다. 이웃이 짜증스러울 때도 있었습니다. 경건한 생활이 아니라, 방탕하고 나태할 때도 너무 많았습니다.

주여!

크신 사랑으로 다시 한번 저희 영혼을 격려해 주시고, 새로운 힘으로 삶의 멍에를 기꺼이 짊어지게 하여 주시옵소서. 진실한 마음으로 강한 믿음으로 살아가게 하여 주시옵소서.

이 시간 주의 말씀을 전하시기 위하여 단 위에 서신 목사님을 붙들어

주시옵소서. 오직 윤택한 목양을 위하여, 푸른 초장과 쉴 만한 물가를 찾으시는 수고로움을 보시고 양들을 선한 길, 복된 길로 인도하시기에 부족함이 없도록 붙들어 주시옵소서. 복음의 사역을 감당하시는데 어려움을 만나지 않도록 인도하심으로 늘 능력 있는 말씀으로 삶을 변화시키는 말씀으로 축복하여 주옵소서.

오늘도 저희의 믿음을 강건케 하시는 예수 그리스도의 이름으로 기도합니다. 아멘.

✝ 기도를 돕는 한마디
하늘은 꿈꾸는 사람을 돕는다. – 덱스터 예거

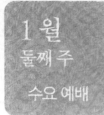

그러나 이제는 너희가 죄에서 해방되고 하나님께 종이 되어 거룩함에 이르는 열매를 얻었으니 이 마지막은 영생이라 - 롬 6:22

빛과 진리되시는 하나님!

삼일 동안도 저희들을 지켜 주시고 소망 가운데 살게 하시다가 주님의 전으로 인도하여 주시니 감사를 드립니다. 아버지 앞에 나올 때마다 저희들의 약함과 죄악됨을 깨닫고 주님의 긍휼을 간절히 구합니다.

자비의 하나님 아버지!

저희의 그릇됨을 용서하여 주시고, 악하고 더러운 것이 있는 저희의 모든 허물을 성령의 불로 태우셔서 저희를 깨끗케 하시고, 정결케 하여 주옵소서. 늘 쓰러지는 저희를 불쌍히 여기시고 넘어질 때마다 주님께서 붙잡아 주시옵소서.

하나님 아버지!

주님의 보혈 위에 세워 주신 귀한 교회에 늘 함께해 주셔서 은혜와 진리가 가득한 교회가 되게 해 주옵소서. 믿음의 행위와 사랑의 수고와 인내의 소망을 가진 성도들로 삼아 주시고, 주님께서 오실 때 칭찬받는 자녀, 인정받는 저희들 되게 해 주옵소서.

말씀을 전하실 목사님께 함께하셔서 주님의 전신갑주를 입혀 주시고 성령의 검으로 악한 부분을 치시고, 거룩하고 성결한 영으로 채워주옵소서. 목사님께 늘 주님의 크신 권능으로 채워주시고 강건함을 주시며 새

힘을 부어 주옵소서. 목사님의 가정과 자녀들을 보호하여 주시고 믿음으로 승리하게 하시며 늘 화평으로 채워주옵소서.

　능력의 하나님!
　질병과 여러 가지 어려움을 당하는 성도들에게 함께하셔서 능력이 무한하신 주님을 의지하고 더욱 열심히 간구하여 기도하는 제목들이 응답받게 하옵소서. 이 시간 하나님 앞에 예배드리는 모든 심령 위에 놀라운 은혜로 함께하시고, 알파와 오메가 되시는 하나님께 영광 돌리는 시간되게 하여 주옵소서.
　예수님의 이름으로 기도합니다. 아멘

✝ 기도를 돕는 한마디
　장래에 커다란 꿈과 판단력을 혼합해서 활력으로 맛을 낸다. 이렇게 해서 성공이란 요리가 완성된다. - 카네기

하나님이 우리에게 주신 것은 두려워하는 마음이 아니요 오직 능력과 사랑과 근
신하는 마음이니

— 딤후 1:15,16

저희를 　　오월을 맞이하여 주님의 거룩한 성전에 나와 예배드리
며 기도하게 하시니 감사합니다.

주님이 만드신 아름다운 세상으로 인하여 더욱 찬양할 수 있는 오월이
되게 하시고, 푸르름을 더해 가는 자연과 같이 저희의 심령도 주님의 사
랑으로 풍성하게 채워 가게 하시옵소서. 저희들이 입술로는 주님의 자녀
라고 고백하면서 저희의 삶 속에는 아직도 죄의 습관들이 자리잡고 있음
을 발견합니다.

이런 저희의 삶 속에 주님이 오셔서 죄의 요소들을 제거시켜 주옵시
고, 주님과의 복된 교제가 늘 이어지는 생활이 될 수 있도록 인도하여 주
시옵소서. 높고 높은 보좌를 뒤로 하시고 낮고 낮은 이 세상에 육신을 입
고 오셔서 겸손하게 저희의 죄를 속량하시기 위하여 고난을 받으신 주님
을 인하여 죄사함의 큰 기쁨을 가지고 살게 됨을 감사합니다. 저희에게
그런 주님을 감격하며 사는 인생이 되기를 원합니다.

거룩하신 하나님!

저희로 주님의 평안을 체험하게 하시고 주의 평안에 살고 주의 평강을
복으로 받게 하여 주시옵소서. 죄를 이기고, 악의 유혹을 극복하며 교만
함과 게으름을 이겨나가며 평안할 수 있게 하여 주시옵소서.

주님의 교회는 기도하는 집이라 하셨사오니 주님의 전에 모여서 늘 기
도할 수 있는 저희들이 되게 하시고, 모든 성도가 일치된 기도 속에 성령

충만함을 체험하며, 능력이 나타나고, 치료가 나타나는 놀라운 역사가 있게 하여 주시옵소서. 말씀을 전하시는 목사님을 성령의 능력으로 붙드시고, 교회와 양을 위하여 수고하실 때에 기쁨으로 감당할 수 있도록 도와 주시옵소서.

이 시간 저희가 주님께 간절히 드리는 기도회를 통해서 신앙의 눈이 크게 떠지고, 주님의 음성을 듣게 하시며, 영적인 기쁨이 충만한 시간이 되게 하여 주실 줄을 믿사옵고, 기도의 본을 보여주신 예수 그리스도의 이름으로 기도합니다. 아멘.

✝ 기도를 돕는 한마디
큰 꿈과 목표를 갖는 것은 중요하다. 여기서 멈추면 안 된다. 그 목표를 향해 계속 전진해야 한다.– 윌리엄 코헨

거룩한 행실과 경건함으로 하나님의 날이 임하기를 바라보고 간절히 사모하라

— 벧후 3:12

사랑과 은혜가 충만하신 하나님!

저희에게 주님을 경외하며 주님을 찬양할 수 있게 하심을 감사합니다. 교회에서만 우리 주님을 찬양한다고 고백하지 말고 우리의 일상생활에서 주님을 찬양하는 삶이 되게 하여 주옵소서.

위로의 하나님!

저희가 연약하고 부정하여 하나님을 원망한 죄를 용서하옵시고, 상한 우리의 영혼을 위로해 주시고 힘을 주시옵소서.

저희의 삶 가운데 주님을 부인했던 죄를 용서하시고 저희를 위한 주님의 고난을 기억하게 하셔서 고난을 주님의 사랑으로 이겨낼 수 있는 믿음을 더하여 주시옵소서. 모든 것이 하나님의 은혜요 사랑이었던 것을 기억합니다. 저희에게 건강이 있게 하시고, 생명이 있게 하심으로 오늘도 호흡하며 나와 예배드리오니 이 예배를 받아주시옵소서.

만군의 하나님!

나라와 민족을 위하여 기도하오니 국가의 경제를 주님께서 책임지시고 저희를 위하여 회복되게 하여 주시옵소서. 복음의 강대국가가 되게 하셨사오니 이제 복음으로 세계를 정복할 수 있는 비전을 주시옵소서. 죽어 가는 영혼들을 사랑하셔서 이곳에 교회를 세우심을 인하여 또한 감사하오니 교회에 속하여 있는 저희 모두가 오직 하나님의 영광을 위하여

삶을 영위하게 하시고, 저희에게 주님의 빛과 사랑을 실천할 수 있는 믿음을 주시옵소서. 저희가 하나님의 자녀로 세상에서 구별되어서 늘 주님의 말씀으로 승리할 수 있도록 도와주시옵소서.

교회의 머리가 되신 주님!

저희 교회가 고난 중에 있던 사람이 평안을 얻고, 고통 중에 있던 영혼이 놓임을 받을 수 있는 거룩한 성소가 되게 하여 주시옵소서. 또한 저희들의 이웃을 위하여 기도하오니 주님의 보혈로 저들의 영혼을 용서하여 주셔서 그들을 고난 중에 두지 마시고 주님의 자녀로 거듭나서 죄악 가운데 해방될 수 있는 은혜를 허락하여 주옵소서. 저희가 세상을 향해 주님의 사랑을 실천함으로 전도의 문이 열리게 하시고, 저희들의 선한 행실이 복음을 심는 일에 유익 되도록 은혜 내려 주옵소서. 오늘 예배를 통하여 설교하실 목사님을 위해 기도하오니 성령과 진리로 충만케 하시어 영감 있는 말씀을 증거케 하시고, 저희들은 들을 때 마음이 뜨거워지는 역사가 있게 하옵소서.

예수 그리스도의 이름으로 기도합니다. 아멘.

✝ 기도를 돕는 한마디
　나는 항상 최고가 되기를 꿈꾸었다. 만약 성공할 거라고 꿈꾸지 않았다면 그 근처에도 가지 못했을 것이다.

육신의 생각은 사망이요 영의 생각은 생명과 평안이니라

- 살전 5:23

여호와 라파! 합당하신 하나님 아버지!

주님 앞에 구하는 모든 것을 응답하여 주시는 하나님, 이 시간 모든 걱정과 근심 속에서 저희를 구하시고 이 자리에 나올 수 있도록 하심에 감사드립니다. 수요일 저녁 시간을 통하여 삼일 예배로 모였습니다. 예배를 가장 귀하게 생각하여 모든 것을 뒤로하고 모였사오니 은혜 충만한 시간이 되게 하옵소서.

갈급한 심령으로 새벽마다 주의 제단에 나와 기도하다가 저녁시간 주 앞에 나왔습니다. 곤고한 자들이 부르짖을 때마다 들어주시며 환란을 만난 자들에게 구원자가 되신다고 하셨사오니 위로와 응답이 있게 하여 주옵소서.

긍휼이 많으신 주님!

삼일 동안의 허물과 죄악을 고백하오니 용서하여 주옵소서. 앞으로는 혀를 악에서 금하게 하옵소서. 입술을 궤사한 말에서 금하게 하옵소서. 악을 버리고 선을 행하게 하여 주시고, 화평을 찾아 따르게 하여 주시옵소서. 여호와의 눈은 의인을 향하는 줄 믿습니다. 우리 하나님께서는 마음이 상한 자에게 가까이 하시는 줄 믿습니다. 중심에 통회하는 자를 구원하시는 줄 믿습니다. 저희들에게 은혜를 주시어 의인의 반열에 서게 하여 주시옵소서.

은혜와 진리가 충만하신 하나님!

웃는 자와 함께 기뻐하게 하시며, 우는 자들과 함께 슬퍼하게 하여 주시옵소서. 조롱하는 자를 용서하며, 비방하는 자에게 인내하게 하여 주옵소서. 선으로 악을 이기게 하시고, 사랑으로 미움을 극복하게 하옵소서. 억울한 순간이 올 때는 십자가 달리신 예수를 바라보게 하옵소서.

사랑하는 성도들을 기억하여 주옵소서. 사단의 시험에 빠지지 않게 하시고, 사람의 유혹에 넘어가지 않도록 지켜 주시옵소서. 기도할 때마다 응답하여 주옵소서. 저마다 삶의 문제가 있어서 오늘도 주님 앞에 나온 줄 아오니, 상하고 컬컬한 심령마다 생수 같은 말씀으로 위로 받게 하옵소서.

예수 그리스도의 이름으로 기도합니다. 아멘.

✝ **기도를 돕는 한마디**
꿈은 우리가 경험할 수 있는 가장 흥미진진한 모험이다. 현실이 어떻든 굳은 결의로 최선을 다하라. – 예거

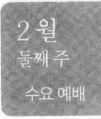
사랑의 주님!

오늘 삼일 예배를 주님께 드리며, 하나님을 섬길 수 있는 믿음과 환경을 허락하신 아버지께 감사와 찬송을 올려 드립니다.

늘 동행하시는 성령의 감동을 따라 감사와 기도가 끊이지 않는 주의 자녀들이 되기를 원합니다. 더 크고 위대한 이상을 주시되 영혼을 위해 기도하고, 헌신하고, 구령하는 전도의 삶을 살게 하여 주시옵소서. 저희들의 생활이 예배가 되도록 인도하시며, 저희의 삶에 하나님의 나라가 이루어지게 하여 주옵소서.

의와 진리의 주님!

저희의 마음이 성령의 전이 되게 하시고, 저희가 움직이는 교회가 되게 하셔서 범사에 하나님을 인정하고 교회의 사명인 예배와 교제, 전도의 삶을 생활화하도록 도와주시옵소서. 저희의 마음이 순결하게 하시고, 하나님이 아니고는 영혼의 기쁨을 채울 수 없사오니 아버지의 사랑으로 기쁨과 평강을 채워주옵소서. 저희들로 하여금 정결한 마음이 되게 하시고, 의에 주리고 목마른 자들이 되어 하늘나라의 기쁨으로 행복을 보장받게 하여 주옵소서. 먹고 마시는 것으로만 즐거워하지 않게 하시고, 하나님의 나라가 이 땅에 이루어져 가는 것으로 기뻐할 수 있는 마음을 주시옵소서.

자비로우신 하나님!

저희로 세상과 구별하사 거룩한 성도가 되게 하시며 세상속에서도 성결하도록 지켜 주시옵소서. 세상과 타협하게 마시고 저희를 세상에서 승리할 수 있도록 권능을 허락하여 주시옵소서. 주의 나라가 이 땅에 이루어질 수 있도록 저희로 주님의 증인이 되게 하옵소서.

저희가 드리는 예배를 위하여 기도하오니 저희의 예배를 기쁘게 받아 주옵시고, 특별히 성가대의 찬양으로 하늘문이 열리게 하셔서 성령의 충만한 은혜를 받게 하여 주옵소서. 성가대의 찬양으로 심령의 문도 열리게 하셔서 저희 목사님을 통하여 증거하시는 하나님의 복된 말씀이 생명력 있게 증거될 수 있도록 은혜 내려 주옵소서. 보는 교인에서 드리는 교인으로 변화되게 하시고, 수동적인 교인에서 움직이는 교인으로 변화되게 하옵소서. 저희가 새롭게 됨으로 교회가 변화되게 하시고, 온 교인이 열심히 주님의 나라를 확장하도록 인도하여 주옵소서.

주님의 고난을 기억하여 어떠한 어려움도 인내로 이겨낼 수 있도록 하시고, 용서하기 어려운 억울함도 견딜 수 있는 힘을 더하여 주옵소서.

예수님의 이름으로 기도합니다. 아멘.

✝ 기도를 돕는 한마디
자신에게 과분한 꿈이라 해도 이루어내고자 하는 의욕만 있다면 도전해 볼 만 하다. − 휠러

아무것도 염려하지 말고 오직 모든 일에 기도와 간구로 너희 구할 것을 감사함으로 하나님께 아뢰라 그리하면 모든 지각에 뛰어난 하나님의 평강이 그리스도 예수 안에서 너희 마음과 생각을 지키시리라
– 빌전 4:8

사랑과 은혜가 충만하시고 성령으로 저희를 도우시는 하나님!

저희를 주님의 자녀로 삼아 주셔서 주님을 경외 할 수 있도록 인도하여 주시니 감사합니다. 저희들에게 세상에서 찢긴 심령의 위로를 받을 수 있도록 은혜 주시니 감사를 드립니다. 저희 모두에게 주님의 은혜와 사랑을 나누고 베푸는 믿음의 권속들이 되도록 은혜 내려 주시옵소서.

은혜의 하나님!

분주한 세상 소리에 주님의 음성을 듣지 못했고, 화려한 세상의 환경에 영의 눈이 어두웠습니다. 이 시간 주님께 왔사오니 몸도 마음도 영혼도 깨끗하게 씻어 주시옵소서. 지금 드리는 예배가 습관과 형식에서 벗어나 신령과 진정으로 드리는 영적인 예배가 될 수 있도록 도와 주시옵소서.

존귀하신 주님!

저희를 존귀하신 주님의 자녀로 삼아 주님의 전으로 불러 주신 은혜에 감사하는 심정으로 저희의 이웃들을 돌아볼 수 있는 믿음을 허락하여 주시옵소서. 저희의 삶이 주님께 드려지는 예배가 되게 하여 주시옵소서. 저희의 성품을 변화시키시고 저희의 마음에 주님의 사랑으로 넘쳐나도록 인도하여 주시옵소서. 또한 이 세대에 진리를 찾고자 안타까워하는 심령들을 주님께로 인도할 수 있도록 지혜를 더하여 주시옵소서. 저희의

입술이 주님의 사랑을 증거하기를 원하오니 주장하여 주시옵소서. 저희의 발길이 닿는 그 어디에서나 주님의 복음을 증거할 수 있도록 복을 내려 주시옵소서.

이 시간 주님의 사랑의 말씀을 전하시는 목사님을 기억하사 성령의 권능으로 인도하시고, 저희에게 귀한 말씀이 들려질 때마다 성령님께서 저희와 동행하시고, 저희의 삶에 직접적으로 간섭하심을 체험하는 귀한 시간이 되게 하시고 믿음의 좋은 씨앗이 될 수 있도록 은혜로 함께하여 주시옵소서.

예수 그리스도의 이름으로 기도드립니다. 아멘.

✝ 기도를 돕는 한마디
신념이 있고 꿈이 있는 자는 결코 죽지 않는다. - 데이비드 리빙스턴

네가 진리의 말씀을 옳게 분변하며 부끄러울 것이 없는 일군으로 인정된 자로 자
신을 하나님 앞에 드리기를 힘쓰라 — 딤후 2:15

저희의 모든 것을 주관하시는 하나님!

주님의 은혜를 사모하여 오늘도 이 자리에 모였습니다. 주님의 전으로
나아오게 하시는 은혜에 감사합니다. 저희가 세상에서 어두움에 있어 주
님을 부인하지는 않았습니까? 저희의 죄를 용서하여 주옵소서. 알면서
도 연약하여 저지른 허물들을 고백하오니 용서하여 주시옵소서.

저희들의 목자가 되셔서 늘 지켜주시는 하나님!

오늘까지 지켜주신 은혜에 감사드리오며, 늘 주의 능력으로 승리케 하
옵소서. 혹 광야의 이스라엘 백성들처럼 불순종하여 40년의 세월을 유
리하지 않도록, 주의 인도하심에 순종할 수 있는 믿음을 주옵소서. 저희
의 마음 밭을 옥토와 같게 하시어 오늘 예배를 통하여 주시는 말씀에 열
매를 맺게 하여 주시옵소서. 지금 저희의 만족이 저희 스스로의 힘과 자
랑이 되지 않게 하시고 오직 주님만을 바라보며 순종하고 오직 주님만을
바라보며 영광 돌릴 수 있도록 은혜를 더하여 주시옵소서. 신령한 것들
로 저희를 채워주시기를 간구합니다. 저희의 기도를 들어 응답하시기를
간구합니다.

저희의 입술을 열어 마땅히 구해야 할 것들을 위해 간구하게 하시기를
원합니다. 저희가 기도할 때 성령님의 도우심을 간구하오니, 저희와 동
행하여 주시옵소서.

긍휼의 하나님!

늘 주님 앞에 부끄러운 저희임을 고백하오니 오래 참으시는 주께서 저희를 긍휼히 여기심으로 용서받게 하옵소서. 오늘의 예배 또한 주님의 임재하심으로 주께서 받으시는 거룩한 예배가 될 수 있도록 복을 주시옵소서. 저희에게 이 예배에 적극적으로 헌신하며 동참할 수 있게 하시고, 성령의 교통하심을 강하게 느끼는 승리하는 예배가 될 수 있도록 하여 주시옵소서.

오늘도 지친 저희의 심령이 위로 받게 하옵시고, 상처받은 심령이 말씀을 통하여 치유함을 얻게 하옵소서. 이 시간 저희에게 주님의 주권을 고백하는 귀한 시간이 되게 하시고, 담대한 복음의 전도자로 부름을 받을 수 있는 시간이 되게 하여 주옵소서.

저희가 주님을 찾기 전에, 먼저 저희들을 부르신 주님께서 오늘도 사랑의 손길로 어루만져 주실 줄 믿사옵고, 예수 그리스도의 이름으로 기도합니다. 아멘.

✝ 기도를 돕는 한마디
나에게는 목표가 있다가 아니라 나에게는 꿈이 있다. – 마틴 루터 킹 믿음의 하나님!

이 귀한 시간에 하나님을 찬양하고 기도할 수 있는 자리로 이끌어 주신 은혜에 감사합니다.

전능하신 하나님!

저희의 모든 기도를 들어 응답하시고, 저희에게 산 소망으로 역사하시는 주님을 찬양합니다. 저희에게 주님을 경외함으로 세상을 이길 수 있는 귀한 복을 허락하여 주시옵소서. 오직 주님만이 나의 산성이시요 저희를 구원하실 분이심을 고백합니다.

저희의 인도자가 되시는 주님께서 저희를 지켜주시기를 간구합니다. 저희의 삶을 주님께 맡기오며 저희의 미래 또한 희망과 확신으로 가득찰 수 있도록 은혜 내려 주시옵소서.

기쁨의 근원이 되시는 하나님!

저희에게 주님을 알게 하신 은혜를 감사합니다. 저희에게 주님을 찬양하게 하심을 감사합니다. 저희에게 주님을 사랑하게 하심을 감사합니다. 저희를 주님의 권위에 순종할 수 있는 귀한 믿음을 더하여 주시옵소서. 저희로 주님만을 사모하며 주님만을 찬양할 수 있는 귀한 복을 허락하여 주시옵소서.

거룩하신 주님!

저희가 주님이 주시는 귀한 기쁨을 믿지 않는 영혼들과 나눌 수 있는 기회를 허락하심으로 주님의 나라가 더욱 확장될 수 있는 복을 허락하여 주시옵소서. 저희에게 오신 기쁨의 주님을 증거할 때마다 성령의 역사하심으로 동행하여 주시기를 간구합니다.

저희를 위하여 날마다 기도하시며 애쓰시는 목사님께 함께하시고 성령의 능력으로 붙들어 주셔서 저희에게 열매 맺는 성도의 삶을 가르치게 하시기를 원합니다. 말씀을 듣는 저희는 성도의 삶을 살 수 있도록 도와주옵소서. 저희의 삶을 주님께서 친히 주장하시기를 간구하오며, 거룩하신 예수 그리스도의 이름으로 기도합니다. 아멘.

✝ 기도를 돕는 한마디
사람은 눈앞에 보이는 것만 바라보고 살아가는 것은 아니다. – 릴케

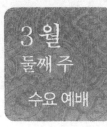
곧 손이 깨끗하며 마음이 청결하며 뜻을 허탄한데 두지 아니하며 거짓 맹세치 아
나하는 자로다 저는 여호와께 복을 받고 구원의 하나님께 의를 얻으리니

– 시 24:4,5

구원의 주님!

연약한 저희를 구원하시려고 십자가를 지신 주님을 생각하며 주님의
한없는 사랑과 은혜에 감사합니다. 이 시간에도 주님의 고난을 기억하며
저희들의 허물과 죄를 고백하며 예배를 드리오니 받아 주옵소서. "구하
라 그리하면 얻을 것이요, 찾으라 그리하면 찾을 것이요, 두드리라 그리
하면 열릴 것이니"라고 하신 말씀을 의지하여 구하고 간구하는 기도의
사람들이 되게 하여 주옵소서. 저희에게 기도를 통해서 평화와 기쁨을
얻게 하시고, 기도로써 하나님의 은총의 풍성함 속에 있음을 알게 하시
어 승리하는 삶이 되게 하옵소서.

말씀을 사모하여 하나님의 전에 나아오게 하심을 감사합니다. 하나님
의 말씀을 저희의 삶의 지표가 되게 하시고, 말씀으로 하나님께 복을 받
을 수 있도록 함께하여 주시옵소서. 예배를 기억하여 주님의 존전으로
불러 주신 하나님께서 저희에게 복을 주실 줄로 확신하오니 복을 받을
만한 심령으로 변화되게 하여 주시옵소서.

사랑의 하나님 아버지!

하나님의 사랑을 실천할 수 있는 저희가 되게 하여 주시기를 원하오니
저희에게 새 힘을 허락하여 주시옵소서. 고통에 몸부림치는 이웃들에게
고상한 지식을 앞세우기보다는 그들의 고통을 함께 나누게 하시고, 주님
의 십자가의 사랑을 심령 깊숙이 깨닫게 하심으로 이웃을 사랑하게 하여

주시옵소서. 주님을 증거하게 하심으로 그들의 심령에 주님의 사랑을 알게 하셔서 그들로 다시금 주님의 증인이 될 수 있는 복을 허락하여 주시옵소서. 그들의 영혼을 불쌍히 여기사 하나님의 사랑과 자비와 긍휼을 알게 하여 주시옵소서.

자비로우신 하나님!

오늘도 영광을 돌리고, 영과 진리 안에서 예배드리기 위하여 수고하는 손길들과, 십자가의 사랑을 증거하기 위하여 단 위에 서신 목사님을 능력으로 붙들어 주시기를 원합니다. 특별히 성가대를 기억하사 찬양의 직분을 온전히 감당케 하셔서 영광의 예배가 되게 하옵소서. 저희들의 정성을 담고 힘을 다하여 드리는 예배를 기뻐 받아 주옵소서.

예수님의 이름으로 기도합니다. 아멘.

✝ **기도를 돕는 한마디**
어느 한 사람이 혼자 꿈을 꿈꾸면 그것은 그저 꿈이다. 그러나 우리 모두가 함께 꿈을 꾸면 그것은 현실이 된다.

교만한 하나님!

저희의 찬양과 영광을 받으시옵소서. 저희의 예배를 받아 주시옵소서. 저희가 드리는 찬양을 기쁘게 받아 주시옵소서.

지난 삼일 동안도 아침과 저녁으로 기도하게 하시다가 주님의 인도하심으로 다시 모여 감사와 찬양을 드리게 하심을 감사합니다. 저희가 스스로 하나님의 길에서 벗어난 것을 고백하오니 저희의 죄를 용서하여 주시옵소서. 하나님의 길에서 벗어나지 않고 온전히 거할 수 있는 복을 허락하여 주시옵소서.

은혜의 하나님!

이 시간 저희가 성령 안에서 기도하고 찬송하며 말씀을 사모할 때에 은혜 받게 하시며, 의로운 인격을 갖추고 새 사람으로 새 날을 살아갈 수 있도록 크신 은총을 내려 주시옵소서. 또한 성령의 인도하심 속에서 저희의 신앙도 살찌게 하시고, 주님의 거룩한 뜻을 실현할 수 있는 복된 삶이 되게 하옵소서. 저희의 생각과 계획도 미리 아시는 성령께서 철저하게 이끌어 주시고 주관하여 주시기를 원합니다. 저희들의 전 생활 영역이 성령의 역사와 인도하심을 따라 사는 권세 있는 삶이 되게 하여 주시옵소서.

자비로우신 하나님!

저희의 교회도 성령의 불이 타오르는 능력의 제단이 되게 하여 주시옵소서. 아무리 강퍅한 심령도 이 제단에 발을 들여놓을 때 성령의 능력으로 거꾸러지는 역사가 있게 하시고, 죄의 자백이 일어나며, 회개의 역사가 있게 하여 주시옵소서. 죄의 자백으로 인하여 탄식하는 회개의 역사가 일어나게 하심으로 삶에 지친 저희들의 영혼이 안식을 얻을 수 있도록 복을 내려 주시옵소서. 병든 심령은 치료의 역사가 있게 하시고, 믿음 없는 자들은 믿음 위에 굳게 서서 확신에 찬 생활을 하게 하여 주시옵소서. 기도하는 자마다 주님의 사랑의 응답을 받을 수 있는 신령한 제단이 되게 하여 주시옵소서.

이 시간 성령께서 친히 예배드리는 저희들 가운데 운행하심을 믿사옵고 예수 그리스도의 이름으로 기도드립니다. 아멘.

✝ 기도를 돕는 한마디
꿈은 목표로 구체화 되어야 한다. 그러기 위해서는 자신감 있는 결단력이 필요하다. - 새퍼 사망에서 영원한 생명의 자리로 우리를 옮겨주신 하나님!

지난 삼일 동안에도 저희를 보호해 주셨다가 다시 만민이 기도하는 주의 전으로 와서 엎드려 기도하게 하시니 감사합니다. 이 예배를 통하여 영광을 받으시되 하나님의 이름이 거룩히 여김을 받고 하나님의 나라가 건설되며 하나님의 뜻이 이 땅에서 이루어지기를 원하는 저희들을 통해서 이루어지게 하옵소서.

주님께서 고난을 당하시고 십자가를 지신 것이 오직 저희를 죄에서 구원하여 주신 것임을 생각하면서 오직 저희를 구원하신 주님을 기념하는 삶이 되기를 원합니다. 이 놀라운 십자가의 사건을 알리는데 저희 몸을 드리기를 원합니다.

은혜가 풍성하신 주님!

오늘도 갈급한 심령으로 나왔사오니 저희들의 기도를 응답하여 주옵시고 이 예배를 통하여 영적인 신령한 하늘의 만나를 허락하시며 육적인 건강과 평강의 복으로 채워주시옵소서.

하나님!

저희 교회를 위해서 기도하오니 변화와 성장을 이루는 교회 되게 하시되 좋은 일꾼들을 많이 보내주셔서 크게 부흥할 수 있도록 도와주옵소서. 여러 가지 조건 때문에 교회로 발걸음을 옮기지 못하는 많은 성도들

에게도 하나님의 전으로 나와 함께 예배드리며 하나님을 찬양할 수 있는 은혜를 허락하여 주시옵소서. 병든 자가 건강케 하시고, 믿음 없는 자가 더 큰 믿음을 가지게 하시고, 물이 변하여 포도주가 된 것 같이 변화됨의 복을 받는 이 시간이 될 수 있도록 은혜 내려 주시옵소서. 성령의 불로 뜨거워지게 하셔서 승리하는 능력을 얻게 하여 주시옵소서.

사랑의 주님!

주님의 몸 된 교회를 위해서 수고하시는 목사님과 그 가족에게 은혜와 진리로 충만케 하여 주시고, 사역자들과 장로님들, 권사님들과 집사님들에게도 크신 은혜를 내리셔서 연합하여 하나님이 원하시는 교회를 이루는데 부족함이 없도록 하여 주시옵소서.

오늘 말씀을 전하시는 주의 사자를 붙들어 주셔서 능력 있는 말씀 전하실 때에 저희는 아멘으로 은혜를 받도록 인도하여 주시옵소서. 그 말씀을 통하여 모든 문제가 해결되게 하여 주시옵소서.

모든 영광을 하나님께 돌리오며 예수님의 이름으로 기도합니다. 아멘.

✝ 기도를 돕는 한마디
어떤 이는 성공을 꿈꾸지만 또 어떤 이는 깨어나서 행한다. – 레인 메데스 사랑과 은혜의 주님!

주님을 찬양하게 하시니 감사합니다. 이 시간 성령을 보내셔서 주님이 기뻐 받으시는 향기로운 기도회가 되도록 인도하여 주시옵소서. 주의 은혜와 사랑으로 저희 심령이 풍성해지고 충만케 하여 주시옵소서. 세상적인 걱정이나 두려움은 모두 사라지게 하시고 한나와 같이 기도에 전념하여 문제를 해결받는 삶이 되게 하여 주시옵소서.

사랑이 풍성하신 하나님!

오늘도 저희들의 모습은 세상의 욕심과 생각을 그대로 가지고 나온 모습입니다. 주님의 희생으로 용서받고 살아온 저희들이 다시 한 번 주님께 죄를 자백하며 회개하오니, 진노를 거두시고 불쌍히 여기사 용서하여 주시옵소서.

거룩하신 하나님!

이제는 한국 교회도 복음을 수출하고 선교하는 교회가 되었지만, 북녘 땅의 내 동포는 주님께 예배를 드리고 싶어도 자유롭게 예배를 드리지 못하고, 하나님의 성호를 마음껏 찬양할 수 있는 자유도 없사오니, 교회가 진정으로 내 동포 내 형제를 가슴에 끌어안고 주님께 울부짖으며 기도할 수 있는 교회가 되게 하여 주시옵소서. 전도와 선교를 사치로 하지 않도록 하시고, 주의 십자가를 지는 마음으로 감당케 하시옵소서.

성령의 능력을 힘입어 영혼을 불쌍히 여기는 마음으로 힘쓸 수 있도록 도와주시옵소서.

주님의 몸 된 교회를 위하여 자신의 일보다 더욱 애쓰고 힘쓰는 손길들을 기억하시고, 저들의 몸을 드리는 봉사 위에 이 교회가 날로 든든해지고 주님의 빛을 환하게 드러내는 복된 교회가 되게 하여 주시옵소서. 날마다 새로운 은혜로 함께하셔서 새로운 각오와 결심으로 신앙의 무장을 하게 하여 주시옵소서.

예배를 기쁘게 흠향하시기를 원합니다. 성령의 불길로 태우사 거룩한 산 예배가 되게 하여 주시옵소서.

임마누엘 되시는 예수님의 이름으로 기도드립니다. 아멘.

✝ 기도를 돕는 한마디
　나는 항상 최고가 되기를 꿈꾼다. 만약 성공할 거라고 꿈꾸지 않는다면 그 근처에도 가지 못할 것이다. - 헨리 평화와 사랑의 주인이신 하나님!

온 인류의 평화를 위해 독생성자 예수 그리스도를 보내시고, 예루살렘에 입성하시며 찬송과 영광을 받으시던 그 주님을 오늘 저희가 여기서도 찬미하게 하심을 감사합니다. 저희를 다스리시기 위하여 이 땅에 임하시고 하나님 나라가 이루어 감을 생각할 때 감사와 찬양을 드립니다. 저희들의 아집과 고집이 깨어지고 저희 속에 온전한 하나님 나라가 이루어지게 하여 주시옵소서.

사랑의 주님!

십자가의 진리가 교회가 가져야 할 마르지 않는 샘물임을 믿사오니 이 생수로, 죄에 빠져 허덕이는 목마른 영혼들을 구원할 수 있도록 인도하여 주옵소서. 길을 잃었던 영혼들이 주님의 앞으로 돌아올 때, 십자가의 사랑이 얼마나 크고 놀라운지를 보여줄 수 있는 교회가 되게 하여 주시옵소서. 저희 교회도 고난의 십자가를 지신 주님을 생각하며, 십자가의 진리를 전하고자 애쓰는 교회가 되게 하여 주시옵소서.

저희의 이웃들을 위해서 기도합니다. 하나님 나라의 확장을 위하여 그리고 저들의 영혼 구원을 위하여 저들에게 복음을 전할 때 그들이 복음을 받아들일 수 있도록 주님께서 역사하여 주시옵소서. 또한 교회의 지체된 저희는 서로 섬기며 서로 사랑하라 하신 주님의 말씀에 순종하여 섬기고 사랑할 수 있도록 인도하여 주시옵소서.

오늘도 말씀을 전하시는 목사님 위에 함께하여 주옵시고, 말씀을 듣는 우리에게는 은혜가 되는 시간이 되게 하옵소서.

저희들의 수고로 하나님의 나라가 더욱 확장되게 하시며, 저희가 더 많은 은혜를 체험하게 하시며, 저들로 하나님의 성호를 찬양하는 일을 평생에 쉬지 않도록 복을 내려 주시옵소서.

예배의 시종을 주님께 의탁하옵고, 평화의 왕으로 오신 예수 그리스도의 이름으로 기도합니다. 아멘.

만물을 하나님!

저희의 죄를 용서하시고 주님의 전으로 불러주신 은혜에 감사합니다. 지난 삼일간도 주님의 도우심 아래 안전하게 지내다가 주님의 전으로 불러주신 은혜에 감사합니다. 저희가 이 세상을 살아가는 동안에 시험과 환란을 통해서라도 주님을 망각하는 일이 없도록 깨닫게 하여 주시고, 영적으로 건강하게 하여 주시사 육체적인 건강이 전부가 아님을 깨닫게 하여 주시옵소서. 또한 물질의 복이 전부가 아님을 깨닫게 하여 주시옵소서. 믿음으로 부요케 하여 주시고, 주님을 아는 지식으로 충만하게 하여 주셔서 지혜롭고 겸손하게 하시고, 높아질수록 낮아지고, 가질수록 사랑을 베풀 수 있는 저희가 되게 하여 주시옵소서.

은혜로우신 하나님!

세상이 어둡다고 탓하지 않게 하시고, 세상의 죄악과 부딪치는 어려움으로 하나님을 원망하지 않도록 우리를 인도하여 주시옵소서. 섬기는 본분을 지키게 하시고 성도다운 삶의 자세로 저희의 자리를 지키게 하여 주시옵소서. 저희의 의지와 노력으로 할 수 없는 성품이 변화되기를 원하오니 성령으로 채워주셔서 저희의 삶이 주님께 드려지는 예배가 되게 하여 주시옵소서.

이 험한 세상에 주님의 지체된 저희 교회들이 복음의 증인으로서의 역할을 감당할 수 있도록 복을 주시옵소서. 저희가 믿음의 본을 보임으로

처음 믿는 지체부터 정체되어 있는 지체까지 주님의 은혜를 사모하며 찬양할 수 있도록 은혜를 주시옵소서.

오직 주 여호와를 앙망하는 자 새 힘을 얻으리니 독수리의 날개 치며 올라감을 같을 것이라 하셨사오니 목사님께 여호와 주 하나님을 앙망하는 은혜를 더하시고 날마다 새 힘으로 동행하여 주시옵소서. 곤비치 않고 피곤치 않도록 복을 주사 저희를 주님의 말씀으로 양육하실 때에 충만함으로 가득하게 하여 주시옵소서.

저희의 예배로 주님 홀로 영광 받으시기를 원하오며 거룩하신 예수 그리스도의 이름으로 기도드립니다. 아멘.

✝ 기도를 돕는 한마디
실패를 마음에 두지 말라. 정말 불쌍한 것은 한 번도 꿈을 꾸지 않았던 사람들이다. – 예센바흐

진리의 길을 보여 주시는 하나님!

주님의 영원하신 나라를 기대하며 삼일 예배로 모이게 하신 은혜에 감사합니다. 이 시간 저희의 모든 삶을 전적으로 드리며 그 은혜에 감사하는 시간이 되게 하여 주시옵소서.

먼저 저희의 죄를 고백합니다. 예수님의 고난을 망각하고 저희에게 맡겨진 십자가를 외면한 채 인간의 욕망과 헛된 목적을 위하여 살아온 죄를 용서하여 주시옵소서. 저희 속의 거짓된 마음들을 성령의 능력으로 변화시켜 주옵소서. 주님의 은혜 안에 살면서도 늘 이렇게 교만한 습성을 버리지 못하는 저희들을 긍휼히 여기사 용서하여 주시기를 원합니다.

인간의 몸을 입으시고 이 땅에 오셔서 십자가에 달려 죽으시기까지 하나님의 영광을 나타내고자 하셨던 주님처럼, 저희들도 주님의 영광을 위하여 겸손의 삶을 실천할 수 있는 주님의 사람이 되게 하여 주시옵소서. 제자들의 발을 씻기셨던 주님처럼 진정으로 섬길 수 있는 마음을 주시고, 슬픔과 괴로움 속에서 한숨짓는 자들을 보면서 정성을 다해 주님의 위로를 심어줄 수 있는 저희들이 되게 하여 주시옵소서.

교회의 머리가 되시는 주님!

주님의 몸된 교회를 이곳에 세우셔서 죄중에 헤매이던 영혼들을 참 생명의 길로 인도할 수 있는 등대가 되게 하여 주심을 감사드립니다. 교회가 생명을 구원하는 구명 단체임을 잊지 말게 하여 주시고, 죄악에 빠진

영혼들을 살리기 위해서 늘 기도하고 늘 전도하는 교회가 되게 하여 주심을 감사드립니다. 교회에 발을 들여놓는 자마다 낙심과 좌절이 변하여 새로운 희망을 얻게 하시고, 병든 심령들이 치료받는 주님의 능력이 나타나는 교회가 되게 하시옵소서.

교회를 위하여 주님께서 친히 세우신 목사님을 늘 성령으로 붙들어 주시고, 교회를 섬기며 양들을 보살피기에 부족함이 없도록 능력으로 채워 주시옵소서. 예배의 시종을 주님께 맡깁니다. 저희 심령이 주님의 말씀을 받을 때마다 성령의 뜨거운 역사가 있게 하여 주시옵소서.

예수 그리스도의 이름으로 기도드립니다. 아멘.

✝ 기도를 돕는 한마디
하나님의 선물은 인간의 위대한 꿈도 창피하게 만든다. - 브로잉

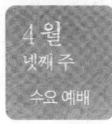
평안을 너희에게 끼치노니 곧 나의 평안을 너희에게 주노라 내가 너희에게 주는 것은 세상이 주는 것 같지 아니하니라 너희는 마음에 근심도 말고 두려워하지도 말라
- 요 14:28

아바 아버지

거룩하신 하나님을 찬양합니다.

오늘도 주님의 택한 백성들이 주님의 전에 모여 주님을 찬양할 수 있도록 하신 은혜에 감사합니다. 이 세상의 고통스러운 현실을 생각하면 절망이지만 저희들을 붙들고 계시는 주님의 사랑을 생각할 때 샘 솟는 기쁨을 가질 수 있게 하심을 감사합니다. 오늘 이 시간도 힘써 주님을 찬양하며 간곡히 부르짖을 때 여린 저희 심령을 붙드시고, 말할 수 없는 평안의 기쁨을 맛보게 하여 주시옵소서.

의로우신 하나님!

저희의 불의함을 용서하여 주시옵소서. 불의한 저희들의 작은 믿음을 의롭게 여겨주심을 감사합니다. 저희에게 큰 믿음을 더하여 주시옵소서. 이 시간 저희를 새롭게 하여 주시사 마음도 새롭게 하시고 저희의 삶 또한 날마다 새롭게 하여 주시옵소서.

거룩하신 하나님!

이 험한 세상에서 세상의 사람들에게 복음을 전할 때 강건한 믿음을 주시사 낙심하지 않게 하시며 어려운 일을 당할 때마다 주님의 십자가를 더 굳세게 붙잡아 조금도 흔들림이 없게 하여 주시옵소서. 슬픔과 고통 중에 있는 심령들에게 위로와 평안을 허락하사 더욱더 주님을 사모할 수

있도록 인도하여 주시옵소서.

주님의 교회를 위하여 달음질하던 발걸음이 뒤쳐지지 않게 하시고 어쩔 수 없음을 핑계삼는 식어가는 열정들이 되지 않게 하여 주시옵소서. 이 세상에서 강함과 용기를 잃지 않게 하셔서, 늘 주님을 신뢰하는 복된 삶을 살게 하여 주시옵소서.

말씀을 듣기에 사모하는 심령으로 피곤한 몸을 뒤로 한 채 주님의 전으로 달려나온 저희들에게 이 시간도 송이 꿀보다 더 단 말씀으로 저희 심령을 가득 채우셔서, 주님의 말씀을 먹고사는 것이 인생의 최대 행복이 되게 하여 주시옵소서. 예배의 모든 순서를 주님께 맡깁니다.

비록 이 자리에 참석한 심령은 적을지라도 주님께서 저희가 드리는 예배를 향기롭게 받아주실 줄로 믿사옵고, 거룩하신 예수님의 이름으로 기도드립니다. 아멘.

✝ 기도를 돕는 한마디
오랫동안 꿈을 그리는 사람은 그 꿈을 닮아간다. – 앙드레 말로

저희가 여호와의 의를 따라 감사하며 지극히 높으신 하나님을 찬양합니다. 삼일 동안도 평안과 안전으로 지켜주시고 인도하여 주셔서 하나님의 존전에 나와 예배를 드리게 되었음을 감사드립니다.

남북의 긴장 상태 속에도 하나님의 인도와 보호하심으로 평안을 허락하심을 감사합니다. 오늘까지 저희들을 지켜주심으로 기동하며 호흡함을 고백합니다. 남북이 속히 하나되게 하시고, 평화의 방법으로 통일이 되어 그리스도의 화해의 복음과 사랑이 이 땅에 가득하게 하옵소서. 그러기에 앞서 북녘땅에도 신앙의 자유를 주시고, 구속의 충만한 은혜를 받게 하여 주시옵소서.

기도의 은혜를 베푸시는 아버지!

저희 교회가 죽어가는 인류를 향하여 간구할 때 복음의 사역을 감당할 수 있도록 복을 내려 주시옵소서. 성도들의 생활에 복을 주셔서 물질의 풍요로움을 허락하시고, 복음을 위한 헌신에 부족함을 느끼지 않도록 은총을 베풀어 주옵소서. 선교의 큰 비전 속에 가까운 이웃을 잃어버리지 않게 하옵소서. 그리스도의 향기를 발해 많은 사람을 구속의 은혜로 인도하게 하옵소서.

인생의 한계를 만날 때마다 주 앞에 나와 기도하오니 홍해를 가르신 하나님께서 저희들의 앞길을 열어 주시옵소서.

교회의 머리가 되신 주님!

우리 교회를 위하여 간구합니다.

연합하여 선을 이루기를 원하시는 하나님 아버지! 저희 온 교회가 하나되게 하시고, 하나님의 크신 뜻과 의를 이루게 하여 주시옵소서. 하나님의 교회를 이루게 하셨사오니, 지체의 사명을 감당하게 하여 주옵소서. 교회에서 앞장서 헌신하시는 주의 사역자들과 장로님 권사님들, 또한 여러 제직들과 기관장들이 있습니다. 각자의 역할에 충성하게 하시고, 기관마다 분야마다 활성화 되게 하셔서 복음의 풍성한 결실을 할 수 있도록 복을 내려 주시옵소서. 하나님의 말씀으로 하나되기를 원합니다.

오늘 증거되는 말씀 속에 능력이 있게 하옵소서.

예수 그리스도의 이름으로 기도합니다. 아멘

✝ 기도를 돕는 한마디
긍정적 사고방식을 키우는 가장 좋은 방법은 평소 꾸는 꿈보다 한 단계 더 높은 꿈을 꾸는 것이다. - 존 맥스웰

가정의 달 오월을 맞이하여 주님의 거룩한 성전에 나와 예배드리며 기도하게 하시니 감사합니다.

주님이 만드신 아름다운 세상으로 인하여 더욱 찬양할 수 있는 오월이되게 하시고, 푸르름을 더해 가는 자연과 같이 저희의 심령도 주님의 사랑으로 풍성하게 채워 가게 하시옵소서. 저희들이 입술로는 주님의 자녀라고 고백하면서 저희의 삶 속에는 아직도 죄의 습관들이 자리잡고 있음을 발견합니다.

이런 저희의 삶 속에 주님이 오셔서 죄의 요소들을 제거시켜 주옵시고, 주님과의 복된 교제가 늘 이어지는 생활이 될 수 있도록 인도하여 주시옵소서. 높고 높은 보좌를 뒤로 하시고 낮고 낮은 이 세상에 육신을 입고 오셔서 겸손하게 저희의 죄를 속량하시기 위하여 고난을 받으신 주님을 인하여 죄사함의 큰 기쁨을 가지고 살게 됨을 감사합니다. 저희에게 그런 주님을 감격하며 사는 인생이 되기를 원합니다.

거룩하신 하나님!

저희로 주님의 평안을 체험하게 하시고 주의 평안에 살고 주의 평강을 복으로 받게 하여 주시옵소서. 죄를 이기고, 악의 유혹을 극복하며 교만함과 게으름을 이겨나가며 평안할 수 있게 하여 주시옵소서.

주님의 교회는 기도하는 집이라 하셨사오니 주님의 전에 모여서 늘 기도할 수 있는 저희들이 되게 하시고, 모든 성도가 일치된 기도 속에 성령

충만함을 체험하며, 능력이 나타나고, 치료가 나타나는 놀라운 역사가 있게 하여 주시옵소서. 말씀을 전하시는 목사님을 성령의 능력으로 붙드시고, 교회와 양을 위하여 수고하실 때에 기쁨으로 감당할 수 있도록 도와 주시옵소서.

이 시간 저희가 주님께 간절히 드리는 기도회를 통해서 신앙의 눈이 크게 떠지고, 주님의 음성을 듣게 하시며, 영적인 기쁨이 충만한 시간이 되게 하여 주실 줄을 믿사옵고, 기도의 본을 보여주신 예수 그리스도의 이름으로 기도합니다. 아멘.

✝ 기도를 돕는 한마디
생각하는 것이 인생의 소금이라면 희망과 꿈은 인생의 사탕이다. 꿈이 없다면 인생은 쓰다. – 바튼 리튼

나 여호와가 말하노라 너희를 향한 나의 생각은 내가 아나니 재앙이 아니라 곧 평
안이요 너희 장래에 소망을 주려하는 생각이라 - 렘 29:11

저희들을 죄악의 세상 가운에 내버려두지 않으시고 또 다시 하나님께로 불러주신 섭리와 사랑에 감사합니다.

하나님의 성호를 찬양할 수 있는 귀한 성도의 직분을 허락하신 은혜에 감사합니다. 주님의 자녀로 삼으사 저희로 하나님을 아버지라 부르게 하신 은혜에 감사합니다. 저희의 삶에 기쁨과 사랑이 넘쳐나게 도와 주시옵소서. 주님만을 바라보게 하시고 저희에게 하나님이 지으신 이 산과 들이 푸르름을 더해 가는 것처럼 저희의 삶에도 희망과 사랑이 넘치게 도와 주시옵소서.

때때로 저희가 주님의 섭리와 계획에 순종하지 못하고 육신이 약하여 저희의 영이 원하는 대로 실천하지 못했으며, 의지가 약하여 선한 일을 이루지 못하였음을 용서하여 주시옵소서.

교회의 머리가 되시는 주님!

교회를 위해서 기도합니다. 하나님의 자녀로 이루어진 교회가 세상에서 방황하면서 인생의 무거운 짐을 지고 고통하는 심령들에게 주님이 약속하신 신령하고 기름진 복을 나눠줄 수 있게 하시고, 안식과 평안을 심어줄 수 있는 교회가 되게 하여 주시옵소서. 주님의 몸된 교회가 솔선하여 허물이 있는 곳을 치유하고, 모자란 곳을 채우며, 분열된 곳을 하나되게 하는데 최선을 다하게 하시고, 주님의 영광을 높이 드러낼 수 있는 교회가 되게 하여 주시옵소서. 주님께서 세우신 기관들마다 하나님의 섭리

에 순종하여 선하신 계획을 이루게 하시고, 특별히 기관을 감당하는 기관장들 위에 하나님의 사랑과 은혜가 늘 충만하게 역사하여 주시옵소서.

저희 교회가 자신을 드리신 주님의 사랑을 본받아, 하나님의 영광을 나타내기에 최선을 다할 수 있는 복된 교회가 되게 하여 주시옵소서.

오늘 저희들이 기도회로 모였사오니 주님이 기뻐받으시는 향기로운 기도를 드릴 수 있도록 인도하여 주시고, 이 시대를 향한 주님의 음성을 저희가 알 수 있도록 지혜를 더하여 주시옵소서.

예수 그리스도의 이름으로 기도합니다. 아멘.

찬양 받으시기 합당하신 하나님 아버지!

주님 앞에 구하는 모든 것을 응답하여 주시는 하나님, 이 시간 모든 걱정과 근심 속에서 저희를 구하시고 이 자리에 나올 수 있도록 하심에 감사드립니다. 수요일 저녁 시간을 통하여 삼일 예배로 모였습니다. 예배를 가장 귀하게 생각하여 모든 것을 뒤로하고 모였사오니 은혜 충만한 시간이 되게 하옵소서.

갈급한 심령으로 새벽마다 주의 제단에 나와 기도하다가 저녁시간 주 앞에 나왔습니다. 곤고한 자들이 부르짖을 때마다 들어주시며 환란을 만난 자들에게 구원자가 되신다고 하셨사오니 위로와 응답이 있게 하여 주옵소서.

긍휼이 많으신 주님!

삼일 동안의 허물과 죄악을 고백하오니 용서하여 주옵소서. 앞으로는 혀를 악에서 금하게 하옵소서. 입술을 궤사한 말에서 금하게 하옵소서. 악을 버리고 선을 행하게 하여 주시고, 화평을 찾아 따르게 하여 주시옵소서. 여호와의 눈은 의인을 향하는 줄 믿습니다. 우리 하나님께서는 마음이 상한 자에게 가까이 하시는 줄 믿습니다. 중심에 통회하는 자를 구원하시는 줄 믿습니다. 저희들에게 은혜를 주시어 의인의 반열에 서게 하여 주시옵소서.

은혜와 진리가 충만하신 하나님!

웃는 자와 함께 기뻐하게 하시며, 우는 자들과 함께 슬퍼하게 하여 주시옵소서. 조롱하는 자를 용서하며, 비방하는 자에게 인내하게 하여 주옵소서. 선으로 악을 이기게 하시고, 사랑으로 미움을 극복하게 하옵소서. 억울한 순간이 올 때는 십자가 달리신 예수를 바라보게 하옵소서.

사랑하는 성도들을 기억하여 주옵소서. 사단의 시험에 빠지지 않게 하시고, 사람의 유혹에 넘어가지 않도록 지켜 주시옵소서. 기도할 때마다 응답하여 주옵소서. 저마다 삶의 문제가 있어서 오늘도 주님 앞에 나온 줄 아오니, 상하고 컬컬한 심령마다 생수 같은 말씀으로 위로 받게 하옵소서.

예수 그리스도의 이름으로 기도합니다. 아멘.

🕆 **기도를 돕는 한마디**
우리 모두 리얼리스트가 되자. 그러나 가슴속에 불가능한 꿈을 가지자. - 체 게바라

수고하고 무거운 짐진 자들아 다 내게로 오라 내가 너희를 쉬게 하리라
 - 마 11:28

고마우신 하나님!

이 땅에 평화를 주시고, 신록의 달을 저희에게 허락하심을 감사합니다. 아름다운 계절과 함께 찬송과 영광을 주님께 드리며 귀한 예배를 드리게 하신 것도 감사합니다. 아름다움을 더해 가는 이 계절에서 저희에게도 삶의 열매가 있게 하시고, 믿는 자의 사명을 잘 감당하도록 복을 내려 주시옵소서. 주님의 자녀다운 인격을 갖게 하시고 마귀의 유혹에 빠지지 않도록 하여 주시옵소서. 세속의 시험에 들지 않도록 저희를 보호하여 주시옵소서.

사랑의 하나님!

이 교회의 문턱을 밟는 자들마다 마음이 뜨거워지게 하시고, 주님의 사랑으로 충만하게 하시며, 말씀으로 풍성해지는 주의 백성들이 되게 하여 주시옵소서. 주님의 몸 된 교회는 예수 그리스도를 주님으로 고백하는 무리들이 모이는 교회이며, 그 교회가 세상 안에 있으나 세상에 속하지 아니한 교회가 되게 하시고 성령이 주장하시는 위로의 공동체가 되게 하여 주시옵소서. 모든 성도가 교제하며 떡을 떼며 함께 기도하는 교회가 되게 하여 주시옵소서.

은혜의 하나님!

이 사회가 어려워질수록 서야 할 자리를 잃고 있는 사람들이 많습니

다. 인간의 능력에는 한계가 있음을 깨닫게 하시고 주님의 은혜에 의지해서 살 수밖에 없음을 절감하게 하시옵소서. 생활이 어렵고 고달프다고 해서 생을 달리 하는 사람들이 없게 하시고, 이제껏 주님을 모르고 살았다면 주님 앞으로 돌아오는 믿음의 역사가 있게 하여 주시옵소서.

복의 근원이신 하나님!
이 귀한 시간 가정마다 선포되는 주의 말씀으로 큰 은혜를 받게 하시고 소망의 빛으로 충만케 하셔서 더욱 힘있는 믿음으로 이루어 갈 수 있는 성도들이 되게 하시옵소서.
예배의 시종을 주님께 맡기오며 예수 그리스도의 이름으로 기도합니다. 아멘.

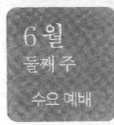
아무것도 염려하지 말고 오직 모든 일에 기도와 간구로 너희 구할 것을 감사함으로 하나님께 아뢰라 그리하면 모든 지각에 뛰어난 하나님의 평강이 그리스도 예수 안에서 너희 마음과 생각을 지키시리라 — 빌 4:6,7

사랑과 은혜가 충만하시고 성령으로 저희를 도우시는 하나님!

저희를 주님의 자녀로 삼아 주셔서 주님을 경외 할 수 있도록 인도하여 주시니 감사합니다. 저희들에게 세상에서 찢긴 심령의 위로를 받을 수 있도록 은혜 주시니 감사를 드립니다. 저희 모두에게 주님의 은혜와 사랑을 나누고 베푸는 믿음의 권속들이 되도록 은혜 내려 주시옵소서.

은혜의 하나님!

분주한 세상 소리에 주님의 음성을 듣지 못했고, 화려한 세상의 환경에 영의 눈이 어두웠습니다. 이 시간 주님께 왔사오니 몸도 마음도 영혼도 깨끗하게 씻어 주시옵소서. 지금 드리는 예배가 습관과 형식에서 벗어나 신령과 진정으로 드리는 영적인 예배가 될 수 있도록 도와 주시옵소서.

존귀하신 주님!

저희를 존귀하신 주님의 자녀로 삼아 주님의 전으로 불러 주신 은혜에 감사하는 심정으로 저희의 이웃들을 돌아볼 수 있는 믿음을 허락하여 주시옵소서. 저희의 삶이 주님께 드려지는 예배가 되게 하여 주시옵소서. 저희의 성품을 변화시키시고 저희의 마음에 주님의 사랑으로 넘쳐나도록 인도하여 주시옵소서. 또한 이 세대에 진리를 찾고자 안타까워하는 심령들을 주님께로 인도할 수 있도록 지혜를 더하여 주시옵소서. 저희의

입술이 주님의 사랑을 증거하기를 원하오니 주장하여 주시옵소서. 저희의 발길이 닿는 그 어디에서나 주님의 복음을 증거할 수 있도록 복을 내려 주시옵소서.

이 시간 주님의 사랑의 말씀을 전하시는 목사님을 기억하사 성령의 권능으로 인도하시고, 저희에게 귀한 말씀이 들려질 때마다 성령님께서 저희와 동행하시고, 저희의 삶에 직접적으로 간섭하심을 체험하는 귀한 시간이 되게 하시고 믿음의 좋은 씨앗이 될 수 있도록 은혜로 함께하여 주시옵소서.

예수 그리스도의 이름으로 기도드립니다. 아멘.

✝ 기도를 돕는 한마디
모든 것은 꿈에서 시작된다. 꿈 없이 가능한 일은 없다. 먼저 꿈을 가져라. - 뉴튼

저희에게 주님의 새로운 소망을 허락하신 은혜를 감사합니다.

저희의 주홍 같은 죄를 주님의 보혈로 씻으신 은혜에 감사합니다. 주님의 귀하신 은혜만을 사모하여 이 자리에 왔사오니 저희의 기도를 들어 응답해 주시기를 원합니다. 성령님의 도우심으로 저희의 소망을 가리는 모든 것들과 싸워서 이길 수 있도록 능력을 더하여 주시옵소서. 주님의 사랑 안에 거하기를 원합니다. 주님의 사랑을 늘 인정하는 저희가 될 수 있도록 함께하여 주옵소서.

역사의 주관자가 되시는 주님!

위기에 처한 이 민족을 불쌍히 여기시고 지켜 주시기를 원합니다. 주의 백성들이 주님의 뜻대로 살지 못한 죄를 회개하고 하나님 앞으로 돌아올 수 있도록 특히 남과 북의 위정자들이 하나님을 두려워할 수 있도록 하시고, 예레미야와 같은 주의 종들이 많이 나와 부르짖음으로 하나님의 영광이 나타나게 하시옵소서. 이권 다툼에 눈이 어두운 위정자들을 불쌍히 여기시고, 상처받은 국민의 마음을 헤아릴 수 있게 하여 주시옵소서.

교회의 머리가 되시는 주님!

교회도, 죽어가는 영혼들을 위하여 기도할 수 있는 교회가 되게 하여 주시고 영적인 힘을 잃은 교회는 비웃음을 살 수 밖에 없다는 것을 깨달

아 강력한 빛을 발할 수 있는 교회가 되게 하여 주시옵소서. 오늘 이 저녁 성령의 충만함을 받기 위하여 영적으로 목마른 영혼들이 주님의 전으로 모였사오니 저희 모두에게 하늘의 예비하신 주님의 은혜를 충만히 내려 주시옵소서. 은혜와 진리의 영광을 보게 하여 주시옵소서.

사랑의 하나님!

범사에 감사하며, 기도로 호흡하는 저희들이 되게 하시고, 주님의 사랑의 은혜로 늘 충만하도록 은혜를 주시옵소서. 오늘도 말씀을 예비하신 목사님 위에 복을 주사 강건함으로 붙들어 주시고, 주님의 귀한 능력으로 저희에게 주님의 말씀을 증거하실 때에 힘있는 말씀, 권세 있는 말씀이 되도록 은혜로 더하여 주시옵소서.

예수 그리스도의 이름으로 기도드립니다. 아멘.

✝ 기도를 돕는 한마디
자기정체 의식과 인생의 목적에 대한 비전은 당신의 꿈을 좇을 수 있는 발판이다. – 스태드먼 그레이엄

의의 공효는 화평이요 의의 결과는 영원한 평안과 안전이라 - 시 32:17

사랑의 하나님!

이 귀한 시간에 하나님을 찬양하고 기도할 수 있는 자리로 이끌어 주신 은혜에 감사합니다.

전능하신 하나님!

저희의 모든 기도를 들어 응답하시고, 저희에게 산 소망으로 역사하시는 주님을 찬양합니다. 저희에게 주님을 경외함으로 세상을 이길 수 있는 귀한 복을 허락하여 주시옵소서. 오직 주님만이 나의 산성이시요 저희를 구원하실 분이심을 고백합니다.

저희의 인도자가 되시는 주님께서 저희를 지켜주시기를 간구합니다. 저희의 삶을 주님께 맡기오며 저희의 미래 또한 희망과 확신으로 가득찰 수 있도록 은혜 내려 주시옵소서.

기쁨의 근원이 되시는 하나님!

저희에게 주님을 알게 하신 은혜를 감사합니다. 저희에게 주님을 찬양하게 하심을 감사합니다. 저희에게 주님을 사랑하게 하심을 감사합니다. 저희를 주님의 권위에 순종할 수 있는 귀한 믿음을 더하여 주시옵소서. 저희로 주님만을 사모하며 주님만을 찬양할 수 있는 귀한 복을 허락하여 주시옵소서.

거룩하신 주님!

저희가 주님이 주시는 귀한 기쁨을 믿지 않는 영혼들과 나눌 수 있는 기회를 허락하심으로 주님의 나라가 더욱 확장될 수 있는 복을 허락하여 주시옵소서. 저희에게 오신 기쁨의 주님을 증거할 때마다 성령의 역사하심으로 동행하여 주시기를 간구합니다.

저희를 위하여 날마다 기도하시며 애쓰시는 목사님께 함께하시고 성령의 능력으로 붙들어 주셔서 저희에게 열매 맺는 성도의 삶을 가르치게 하시기를 원합니다. 말씀을 듣는 저희는 성도의 삶을 살 수 있도록 도와주옵소서. 저희의 삶을 주님께서 친히 주장하시기를 간구하오며, 거룩하신 예수 그리스도의 이름으로 기도합니다. 아멘.

기도를 돕는 한마디
추구하는 것을 손에 넣으면 이미 그것은 더 이상 꿈이 아니다. - 말콤 보브스

할렐루야!

거룩하신 하나님께서 저희를 이 시간을 기억하게 하사 예배드리게 하심을 감사드립니다. 저희가 모인 이곳에 성령님께서 함께하사 성결의 역사가 있게 하여 주시옵소서.

낮은 자를 돌아보시는 주님!

낮고 천한 저희가 회개하는 마음으로 기도하오니 용서하여 주시고, 은혜를 사모하게 하여 주시옵소서. 겸손히 간구하오니 저희에게 필요한 지혜와 힘과 권능을 은사로 내려 주시옵소서.

소망이 되시는 주님!

주님께서 친히 만드신 가정마다 지켜주셔서 이 혼란스럽고 앞길을 분별하기 어려운 시대 속에서도 평안을 잃지 않게 하시고 희망을 포기하지 않도록 인도하여 주시기를 원합니다. 이 사회도 경제 침체로 인하여 심한 슬픔 속에 빠져있사오니 어서 속히 주의 은혜로 건져 주시고, 가뭄에 단비가 내리듯 주님의 자비와 은총으로 함께하셔서 봄날의 아름다운 꽃과 같이 생기가 가득한 사회가 되게 하여 주시옵소서.

교회에 사명을 주신 주님!

주님의 교회도 이 땅에 사는 모든 사람들에게 그들의 고달픈 삶을 위

로하고 치료할 수 있는 소금과 빛의 역할을 감당하게 하시고, 교회의 지체된 저희를 바른 신앙, 능력의 신앙으로 무장시켜 주셔서 주님의 교회가 가뭄으로 타들어 가는 심령의 밭에 해갈의 기쁨을 느끼게 하는 단비가 되는 역할을 할 수 있도록 도와주시옵소서.

저희를 위하여 말씀을 증거하실 목사님 위에 성령의 단비를 부으사 주님의 말씀으로 해갈되는 역사가 일어나게 하시옵소서.

주님께 몸을 드려 헌신하는 모든 이들의 수고가 주안에서 헛되지 아니하고, 주님의 향기가 나타나며 평안과 복이 가득한 삶으로 이끌어 주실 줄로 믿사옵고, 예수 그리스도의 이름으로 기도합니다. 아멘

✝ 기도를 돕는 한마디
감사는 영적 건강의 좌표다. – 데메츠

거룩하신 하나님!

저희의 찬양과 영광을 받으시옵소서. 저희의 예배를 받아 주시옵소서.
저희가 드리는 찬양을 기쁘게 받아 주시옵소서.

지난 삼일 동안도 아침과 저녁으로 기도하게 하시다가 주님의 인도하
심으로 다시 모여 감사와 찬양을 드리게 하심을 감사합니다. 저희가 스
스로 하나님의 길에서 벗어난 것을 고백하오니 저희의 죄를 용서하여 주
시옵소서. 하나님의 길에서 벗어나지 않고 온전히 거할 수 있는 복을 허
락하여 주시옵소서.

은혜의 하나님!

이 시간 저희가 성령 안에서 기도하고 찬송하며 말씀을 사모할 때에
은혜 받게 하시며, 의로운 인격을 갖추고 새 사람으로 새 날을 살아갈 수
있도록 크신 은총을 내려 주시옵소서. 또한 성령의 인도하심 속에서 저
희의 신앙도 살찌게 하시고, 주님의 거룩한 뜻을 실현할 수 있는 복된 삶
이 되게 하옵소서. 저희의 생각과 계획도 미리 아시는 성령께서 철저하
게 이끌어 주시고 주관하여 주시기를 원합니다. 저희들의 전 생활 영역
이 성령의 역사와 인도하심을 따라 사는 권세 있는 삶이 되게 하여 주시
옵소서.

자비로우신 하나님!

저희의 교회도 성령의 불이 타오르는 능력의 제단이 되게 하여 주시옵소서. 아무리 강퍅한 심령도 이 제단에 발을 들여놓을 때 성령의 능력으로 거꾸러지는 역사가 있게 하시고, 죄의 자백이 일어나며, 회개의 역사가 있게 하여 주시옵소서. 죄의 자백으로 인하여 탄식하는 회개의 역사가 일어나게 하심으로 삶에 지친 저희들의 영혼이 안식을 얻을 수 있도록 복을 내려 주시옵소서. 병든 심령은 치료의 역사가 있게 하시고, 믿음 없는 자들은 믿음 위에 굳게 서서 확신에 찬 생활을 하게 하여 주시옵소서. 기도하는 자마다 주님의 사랑의 응답을 받을 수 있는 신령한 제단이 되게 하여 주시옵소서.

이 시간 성령께서 친히 예배드리는 저희들 가운데 운행하심을 믿사옵고 예수 그리스도의 이름으로 기도드립니다. 아멘.

✝ 기도를 돕는 한마디
감사는 느낌이기 전에 우리의 의무다. - 콘래드

거룩하신 주님!

이 저녁 주님의 고난을 생각하며 감사를 드립니다. 주님의 고난과 죽음으로 저희가 구원을 받고, 믿음으로 주 앞에 예배드릴 수 있는 특권을 주심을 감사합니다. 주님의 영이 지금도 저희 속에서 강하게 역사하사 어리석은 것을 지혜롭게, 약한 것을 강하게, 실망한 상태에서 의욕과 용기를 얻게 하여 주심을 믿습니다.

저희의 낙심함을 용서하시고 기도로 승리하신 주님을 생각하게 하심으로 기도하게 하여 주시옵소서. 구습을 좇는 옛 사람을 버리고 새 사람의 거룩한 옷을 입혀 주시옵소서. 이전의 것은 지나가게 하시고 새 것을 보게 하여 주시옵소서. 그리하여 십자가의 신앙을 가진 자로 새롭게 살아갈 수 있도록 은혜 내려 주시옵소서.

사랑의 주님!

원하옵기는 저희 모두가 주님의 사랑을 본받아 실천할 수 있는 사랑의 사람들이 되게 하여 주시옵소서. 말씀과 진리로 날마다 바르게 성장하게 하시며, 주님이 분부하신 전도와 선교도 힘을 다하여 실천할 수 있는 저희들이 되게 하여 주시옵소서. 또한 믿음의 일이라면 주저하지 않고 할 수 있게 성령의 능력을 입혀주시고, 사랑의 수고와 봉사도 몸을 드려 실행하며, 인내로써 소망을 이루어 가는 거룩한 자녀가 되게 하시옵소서.

교회의 머리 되시는 주님!

주님의 몸 된 교회를 위하여 충성을 다하는 제직들을 기억하시고 저들의 수고를 통하여 온 교회가 성령으로 충만해지고 주님의 크신 영광이 드러나게 하여 주시옵소서. 믿음의 아름다운 열매가 알알이 맺혀지는 기쁨의 역사가 있게 하시옵소서. 특별히 주님의 교회가 분열이 가득한 이 사회를 성령의 하나되게 하시는 역사로 치료할 수 있게 하시옵소서. 미움과 다툼이 쉼없이 일어나는 곳에서 주님의 사랑을 심어줌으로써 한마음 한뜻으로 통일을 이룰 수 있는 역할을 감당하는 교회가 되게 하여 주시옵소서.

예배의 시종을 주님께 의탁하오며 예수님의 이름으로 기도합니다.

아멘.

✝ 기도를 돕는 한마디
감사하며 받는 자에게 수확이 있다. - 블레이크

사랑과 은혜의 주님!

주님을 찬양하게 하시니 감사합니다. 이 시간 성령을 보내셔서 주님이 기뻐 받으시는 향기로운 기도회가 되도록 인도하여 주시옵소서. 주의 은혜와 사랑으로 저희 심령이 풍성해지고 충만케 하여 주시옵소서. 세상적인 걱정이나 두려움은 모두 사라지게 하시고 한나와 같이 기도에 전념하여 문제를 해결받는 삶이 되게 하여 주시옵소서.

사랑이 풍성하신 하나님!

오늘도 저희들의 모습은 세상의 욕심과 생각을 그대로 가지고 나온 모습입니다. 주님의 희생으로 용서받고 살아온 저희들이 다시 한 번 주님께 죄를 자백하며 회개하오니, 진노를 거두시고 불쌍히 여기사 용서하여 주시옵소서.

거룩하신 하나님!

이제는 한국 교회도 복음을 수출하고 선교하는 교회가 되었지만, 북녘 땅의 내 동포는 주님께 예배를 드리고 싶어도 자유롭게 예배를 드리지 못하고, 하나님의 성호를 마음껏 찬양할 수 있는 자유도 없사오니, 교회가 진정으로 내 동포 내 형제를 가슴에 끌어안고 주님께 울부짖으며 기도할 수 있는 교회가 되게 하여 주시옵소서. 전도와 선교를 사치로 하지 않도록 하시고, 주의 십자가를 지는 마음으로 감당케 하시옵소서.

　　성령의 능력을 힘입어 영혼을 불쌍히 여기는 마음으로 힘쓸 수 있도록 도와주시옵소서.

　　주님의 몸 된 교회를 위하여 자신의 일보다 더욱 애쓰고 힘쓰는 손길들을 기억하시고, 저들의 몸을 드리는 봉사 위에 이 교회가 날로 든든해지고 주님의 빛을 환하게 드러내는 복된 교회가 되게 하여 주시옵소서. 날마다 새로운 은혜로 함께하셔서 새로운 각오와 결심으로 신앙의 무장을 하게 하여 주시옵소서.

　　예배를 기쁘게 흠향하시기를 원합니다. 성령의 불길로 태우사 거룩한 산 예배가 되게 하여 주시옵소서.

　　임마누엘 되시는 예수님의 이름으로 기도드립니다. 아멘.

✝ 기도를 돕는 한마디
　　감사하는 마음은 삶을 풍요롭게 한다. 감사의 마음은 우리가 가진 것을 차고 넘치게 해준다. – 멜로디 비티

여호와께서 자기 백성에게 힘을 주심이여 여호와께서 자기 백성에게 평강의 복을 주시리로다 - 시 29:11

때를 따라 은혜를 주시며, 믿는 자의 주가 되시는 여호와 하나님의 은혜를 감사합니다. 침 삼킬 동안도 저희들을 거쳐 버려두지 않으시고 눈동자처럼 보호하시다가 또 다시 삼일밤 예배로 인도하셨나이다. 주님의 부름을 받들어 모였사오니 은혜와 진리가 충만한 시간이 되게 하여 주시옵소서.

벌써 한 해의 절반을 보내고 이곳에 섰습니다. 저희가 새해를 시작할 때에 주님 앞에 결단했던 기도의 제목들을 상기하게 하셔서 믿음으로 재도전할 수 있는 담대함을 허락하여 주옵소서. 삼일 동안의 허물을 주 앞에 가지고 나왔사오니 용서하여 주시옵소서. 주의 은혜 가운데 날마다 승리하는 삶을 살게 하옵소서.

은혜로우신 하나님!

올해의 남은 달들을 주님의 풍성하신 은혜로 채워주시기를 기도합니다. 늘 사랑으로 동행하여 주시기를 간구합니다. 저희를 궁핍하지 않게 도와 주시옵소서. 이 시간도 주님 앞에 겸손히 머리 숙여 기도하오니, 저희를 궁휼히 여기시고 육신에 필요한 모든 것들뿐 아니라 경건생활에 있어야 할 것도 충만하게 채워주시기를 원합니다. 저희는 주님이 기르시는 양이오니 주 안에서 평강을 얻기를 원합니다. 주님의 평강으로 안위하시고 굳은 마음으로 세워 주시옵소서.

은혜의 주님!

이 시간 특별히 간구하옵기는 저희 교회가 복음을 파종하는 일에 힘쓰도록 복을 내려 주시옵소서. 기도와 구제에도 힘을 써, 머리 되시는 주님의 명령에 순종하는 귀한 교회가 되도록 이끌어 주시옵소서. 날마다 믿음의 역사가 나타나고 증거되는 복된 교회가 되게 하여 주시옵소서.

거룩하신 주님!

오늘도 변함없이 주님의 말씀을 들고 단 위에 서시는 목사님을 성령의 능력으로 무장시켜 주시옵소서. 그 입술을 통하여 선포되는 말씀이 저희의 상한 심령을 어루만져 치유하게 하는 귀한 말씀이 되게 하여 주시옵소서.

예수님 이름으로 기도드립니다. 아멘.

✝ 기도를 돕는 한마디
　감사의 태도로 살아가는 것은 의심할 여지없이 삶을 살아가는 최고의 길이다. – 존 맥스웰

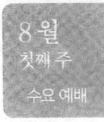
용서의 하나님!

저희의 죄를 용서하시고 주님의 전으로 불러주신 은혜에 감사합니다. 지난 삼일간도 주님의 도우심 아래 안전하게 지내다가 주님의 전으로 불러주신 은혜에 감사합니다. 저희가 이 세상을 살아가는 동안에 시험과 환란을 통해서라도 주님을 망각하는 일이 없도록 깨닫게 하여 주시고, 영적으로 건강하게 하여 주시사 육체적인 건강이 전부가 아님을 깨닫게 하여 주시옵소서. 또한 물질의 복이 전부가 아님을 깨닫게 하여 주시옵소서. 믿음으로 부요케 하여 주시고, 주님을 아는 지식으로 충만하게 하여 주셔서 지혜롭고 겸손하게 하시고, 높아질수록 낮아지고, 가질수록 사랑을 베풀 수 있는 저희가 되게 하여 주시옵소서.

은혜로우신 하나님!

세상이 어둡다고 탓하지 않게 하시고, 세상의 죄악과 부딪치는 어려움으로 하나님을 원망하지 않도록 우리를 인도하여 주시옵소서. 섬기는 본분을 지키게 하시고 성도다운 삶의 자세로 저희의 자리를 지키게 하여 주시옵소서. 저희의 의지와 노력으로 할 수 없는 성품이 변화되기를 원하오니 성령으로 채워주셔서 저희의 삶이 주님께 드려지는 예배가 되게 하여 주시옵소서.

이 험한 세상에 주님의 지체된 저희 교회들이 복음의 증인으로서의 역할을 감당할 수 있도록 복을 주시옵소서. 저희가 믿음의 본을 보임으로

처음 믿는 지체부터 정체되어 있는 지체까지 주님의 은혜를 사모하며 찬양할 수 있도록 은혜를 주시옵소서.

오직 주 여호와를 앙망하는 자 새 힘을 얻으리니 독수리의 날개 치며 올라감을 같을 것이라 하셨사오니 목사님께 여호와 주 하나님을 앙망하는 은혜를 더하시고 날마다 새 힘으로 동행하여 주시옵소서. 곤비치 않고 피곤치 않도록 복을 주사 저희를 주님의 말씀으로 양육하실 때에 충만함으로 가득하게 하여 주시옵소서.

저희의 예배로 주님 홀로 영광 받으시기를 원하오며 거룩하신 예수 그리스도의 이름으로 기도드립니다. 아멘.

아버지 하나님과 주 예수 그리스도에게로부터 평안과 믿음을 겸한 사랑이 형제들에게 있을찌어다 - 엡 6:23

저희를 창조하시고, 새롭게 하시며 소망을 주시는 하나님!

아버지의 사랑과 은혜로 인하여 영광과 감사를 돌립니다. 저희는 주님의 형상대로 지음 받았음을 고백합니다. 그 능력에 따라 완전케 하시고, 죄에서 치유하는 그리스도의 능력 안에서 새로운 피조물이 되게 하시며, 성령의 인도하심을 따라 날마다 사명을 감당하는 저희들이 되게 하여 주시옵소서.

사랑이 많으신 하나님!

지난 삼일이었지만 저희는 마음과 뜻을 다하여 주님을 섬기지 못했음을 고백합니다. 주님께서 저희를 사랑하신 것 같이 서로 사랑하지 못했던 것을 겸손히 고백합니다. 주님의 생명이 저희 영혼에 내재하지만 저희 욕망이 주님의 뜻을 거스렸습니다. 저희를 긍휼히 여기시고 용서하여 주시옵소서.

은혜로우신 주님!

오늘도 이 전에 나와서 주님 앞에 예배드리기를 원하는 저희들 가운데 삶에 지치고 시달린 심령도 있을 줄 압니다. 원치 않는 질병으로 인하여 고통에 신음하는 심령들이 있는 줄도 압니다. 힘든 일이나 직장생활로 힘겨워하는 심령들도 있을 줄로 압니다. 여러 모양으로 고달픈 삶을 살고 있는 저들의 심령을 든든한 믿음으로 함께하여 주시옵소서.

새롭게 하시는 주님!

계절적으로 무더운 여름 날씨이기에 육신이 지치고 피곤하여 신앙생활에 게을러지기 쉽사오니 더욱 열심있는 신앙생활이 이루어질 수 있도록 은혜 내려 주시옵소서.

성도의 귀한 본을 보이게 하시고, 저희들의 삶이 주님께 드려지는 귀한 예배가 될 수 있도록 은혜 내려 주시옵소서. 저희로 하나님의 선한 계획에 쓰임 받을 수 있도록 복을 내려 주시옵소서.

예수 그리스도의 이름으로 기도합니다. 아멘.

✝ 기도를 돕는 한마디
감사가 없는 믿음은 줏대 없는 믿음이요, 감사가 없는 생애는 메마른 생애다.

평안을 너희에게 끼치노니 곧 나의 평안을 너희에게 주노라 내가 너희에게 주는 것은 세상이 주는 것 같지 아니하니라 너희는 마음에 근심도 말고 두려워하지도 말라 - 요 14:27

할렐루야!

거룩하신 하나님을 찬양합니다.

오늘도 주님의 택한 백성들이 주님의 전에 모여 주님을 찬양할 수 있도록 하신 은혜에 감사합니다. 이 세상의 고통스러운 현실을 생각하면 절망이지만 저희들을 붙들고 계시는 주님의 사랑을 생각할 때 샘 솟는 기쁨을 가질 수 있게 하심을 감사합니다. 오늘 이 시간도 힘써 주님을 찬양하며 간곡히 부르짖을 때 여린 저희 심령을 붙드시고, 말할 수 없는 평안의 기쁨을 맛보게 하여 주시옵소서.

의로우신 하나님!

저희의 불의함을 용서하여 주시옵소서. 불의한 저희들의 작은 믿음을 의롭게 여겨주심을 감사합니다. 저희에게 큰 믿음을 더하여 주시옵소서. 이 시간 저희를 새롭게 하여 주시사 마음도 새롭게 하시고 저희의 삶 또한 날마다 새롭게 하여 주시옵소서.

거룩하신 하나님!

이 험한 세상에서 세상의 사람들에게 복음을 전할 때 강건한 믿음을 주시사 낙심하지 않게 하시며 어려운 일을 당할 때마다 주님의 십자가를 더 굳세게 붙잡아 조금도 흔들림이 없게 하여 주시옵소서. 슬픔과 고통 중에 있는 심령들에게 위로와 평안을 허락하사 더욱더 주님을 사모할 수

있도록 인도하여 주시옵소서.

주님의 교회를 위하여 달음질하던 발걸음이 뒤쳐지지 않게 하시고 어쩔 수 없음을 핑계삼는 식어가는 열정들이 되지 않게 하여 주시옵소서. 이 세상에서 강함과 용기를 잃지 않게 하셔서, 늘 주님을 신뢰하는 복된 삶을 살게 하여 주시옵소서.

말씀을 듣기에 사모하는 심령으로 피곤한 몸을 뒤로 한 채 주님의 전으로 달려나온 저희들에게 이 시간도 송이 꿀보다 더 단 말씀으로 저희 심령을 가득 채우셔서, 주님의 말씀을 먹고사는 것이 인생의 최대 행복이 되게 하여 주시옵소서. 예배의 모든 순서를 주님께 맡깁니다.

비록 이 자리에 참석한 심령은 적을지라도 주님께서 저희가 드리는 예배를 향기롭게 받아주실 줄로 믿사옵고, 거룩하신 예수님의 이름으로 기도드립니다. 아멘.

✝ 기도를 돕는 한마디
감사의 역량에 따라 행복의 크기가 달라진다. – 밀러

하나님의 은혜를 찬양합니다.

주님이 주시는 힘으로 기동하며 호흡하다가 수요 저녁 예배로 모이게 하심을 감사합니다. 오늘도 기도의 제목이 있기에 주님 앞에 모여 말씀을 붙들고 간구하오니 응답하여 주시옵소서.

능력의 하나님!

저희는 약하고 세상은 강하여 저희들 지난 삼일 동안 세상에서 살면서 주님 마음 아프게 해 드리지 않았나 돌아봅니다. 긍휼의 하나님께서 용서하시고 이 시간 예배를 통해 이제 세상을 이길 수 있는 능력을 허락해 주시옵소서. 많은 성도들이 교제에 힘쓰며, 인간관계의 형통함을 주셔서 서로 용납하며 이해하게 하시고 그리스도의 사랑으로 세상을 정복하게 하옵소서.

은혜의 하나님!

특별히 말씀의 사역을 감당하시는 목사님을 기억하시고, 믿음과 말씀과 성령으로 충만케 하셔서 육이 죽고 영이 사는 소망의 시간들이 되게 하여 주시옵소서. 예배 때마다 회개의 운동이 일어나게 하시며, 결단의 은혜가 있게 하여 주시옵소서. 이 일을 위하여 모든 성도들이 협력하게 하시고, 주의 사역에 동참할 수 있도록 복을 내려 주시옵소서. 예배를 통하여 더욱 연합하게 하심으로 구제하고 선교하며, 전도하는 일에 더욱

뜨거워지게 하옵소서.

교회의 주인이신 주님!

저희 교회를 축복하여 주옵소서. 베드로의 신앙 고백 위에 교회를 세우신 것과 같이 저희 성도들의 헌신적인 믿음이 교회를 견고하게 하며 부흥시킬 수 있도록 인도하여 주시옵소서. 오늘 하나님의 말씀을 전하시기 위하여 기도와 눈물로 준비하신 목사님을 기억하여 주옵소서. 성도를 아끼고 사랑하는 마음으로 복음을 증거 하실 때 우리 모두는 믿음으로 받게 하옵소서.

하나님의 말씀을 생활에 푯대로 삼게 하셔서, 치우치지 않게 하시며 침륜에 빠지지 않게 하시므로 승리를 보장하여 주시옵소서.

예수 그리스도의 이름으로 기도합니다. 아멘.

너는 하나님과 화목하고 평안하라 그리하면 복이 네게 임하리라
- 욥 22:21

나의 힘이 되신 여호와여 내가 주를 사랑하나이다. 이 저녁에 저희의 발걸음을 주님의 교회로 인도하여 주심을 감사드립니다.

오늘도 저희들은 죄많은 세상에서 주님을 잃어 지치고 힘들었던 영혼이 주님께 나아왔사오니 저희를 품에 안아 주시옵소서.

지치고 상한 영혼으로 주님께 나아왔더라도 주님께서 저희의 영혼을 어루만지시고 치유하여 주실 줄로 믿습니다. 저희의 온전치 못한 모습을 사랑으로 감싸 안아주시고, 용서하여 주시며, 은혜로 위로하여 주시는 귀한 주님의 사랑에 감사합니다. 더욱 든든한 믿음으로 무장될 수 있도록 복을 주시옵소서.

우리의 인도자가 되신 주님!

빈자리가 많이 있사오니 저들의 영혼을 주님 친히 인도하사 주님의 전으로 발걸음을 재촉하여 주시옵소서. 저들이 어디에 있든지 이 자리를 기억하게 하시고 주님께 나아오는 것을 즐거워할 수 있는 귀한 믿음을 더하여 주시옵소서. 강함과 용기를 잃지 않게 하셔서, 늘 주님을 신뢰하는 복된 삶을 살아갈 수 있도록 복을 주시옵소서. 말씀 듣기를 사모하는 심정으로 피곤한 몸을 뒤로 한 채 주님의 전으로 달려나온 저희들에게 이 시간도 은혜 충만히 부어주시는 주님을 체험할 수 있도록 인도하여 주시옵소서.

은혜로우신 주님!

오늘도 내면에서 끓어오르는 세속의 욕망들을 배설물로 여기고, 주님의 전으로 나온 저희들에게 세상이 알지 못하는 신령한 은혜를 채워주시고, 이렇게 주님을 가까이 하는 자들로 인하여 주님의 교회가 든든히 서가고, 나아가 역사를 이끌 수 있는 도구로 사용하시기를 원합니다.

사랑의 주님!

오늘도 주님의 말씀이 선포될 때 묵은 심령들이 변화되기를 원합니다. 하나님의 백성은 주님의 말씀을 붙잡아야 살 수 있다는 것을 더욱 확실하게 깨닫는 시간이 되게 하옵소서. 말씀을 전하시는 목사님도 능력있도록 성령으로 인도하시고 열매 맺는 말씀이 될 수 있도록 권세를 더하여 주시옵소서.

예수 그리스도의 이름으로 기도드립니다. 아멘.

✝ 기도를 돕는 한마디
감사하는 마음은 힘과 연결되어 있기 때문에 감사 없이는 많은 힘을 행사하지 못한다. - 월레스 와틀스

여호와께서 가라사대 내가 친히 가리라 내가 너로 편케 하리라

– 출 33:14

은혜가 충만하신 하나님!

저희의 삶을 인도하시고 지켜주시오니 감사와 영광을 돌립니다. 오늘
이 밤도 저희들이 신령과 진정으로 예배드리기를 원합니다. 저희의 찬송
과 기도를 받으시고 저희가 드리는 예배가 하나님께는 영광이 되고, 저
희 모두에게는 은혜가 되게 하시옵소서. 특별히 이 시간 하나님께 드리
는 이 예배가 세상에 사랑을 전하며 이 땅에 의로우신 주님을 증거하겠
노라고 다짐하는 결단의 예배가 되게 하여 주시옵소서. 이 예배를 통해
서 주님이 저희를 귀하게 여기시며 사랑하신다는 긍지를 갖게 하여 주시
옵소서.

평안의 주님!

저희는 오늘도 갈등과 불안과 염려 속에서 한 시도 벗어날 수 없는 채
로 주님 앞에 섰습니다. 저희의 작은 일에서부터 큰 일에 이르기까지 그
모두를 주님께 맡기오니 선한 길로 인도하여 주옵소서.

긍휼의 하나님!

오늘도 복된 이 자리에 미참한 성도들이 있습니다. 저희를 긍휼히 여
겨 주시옵소서. 어려운 때일수록 세상의 지혜나 처세술을 따라 분주히
움직이는 성도들이 되지 않게 하시고 주님께 간구하고 기도하는 일에 열
정을 쏟음으로써 주님의 음성을 듣기에 즐겨하는 성도들이 되게 하여 주

시옵소서.

주님께서 세우신 일꾼들을 기억하시고, 자칫 열심히 식어지기 쉬운 이 때에 넘어지는 믿음이 되지 않게 하시고, 더욱 분발하여 주님의 상급을 바라보고 헌신과 충성을 다하는 복된 신앙이 될 수 있도록 함께하시옵소서.

이 시간도 성령의 역사 함에 따라 귀한 말씀을 준비하시고 단 위에 서신 목사님을 주님의 권능의 오른팔로 붙잡아 주셔서 능력의 말씀으로 인도하여 주시옵소서. 이 시간 주의 진리로 가득 넘치는 시간이 되게 하여 주실 줄 믿사옵고, 예배의 모든 순서를 주님께 의탁하오며 예수 그리스도의 이름으로 기도드립니다. 아멘.

예수께서 가라사대 오히려 하나님의 말씀을 듣고 지키는 자가 복이 있느니라 하
시니라 - 눅 11:28

믿음의 산 제사를 받으시는 하나님!

죽을 수 밖에 없는 저희에게 귀한 믿음으로 허락하신 은혜에 감사합니다. 오늘 이 기도회를 통하여 저희의 영혼이 고침을 받고 소생되며 능력 받는 시간이 되게 하여 주시옵소서. 그 피가 맘속에 큰 증거가 되게 하옵소서. 하나님과 교통하는 시간이 되게 하여 주시옵소서.

저희의 지난날의 상처들은 보혈의 능력으로 해결 받게 하옵소서. 세상에 마음이 흔들릴 때도 있었고 주님의 기대대로 살지도 못했습니다. 하나님이 부여하신 사명에 최선을 다하지 못했습니다. 땅에 떨어지는 한 알의 밀알이 되지 못했습니다. 저희에게 주님의 거룩한 백성으로서의 삶을 살아갈 수 있도록 복 주시기를 원합니다. 주님의 일을 귀하게 여기며 주님의 일로 최선을 다하는 충성스러운 성도들이 되게 하여 주시옵소서. 주님 앞에 충성하는 귀한 일꾼이 되게 하여 주시옵소서.

진리가 되시는 주여!

죄악과 물질의 노예로 병들어 가는 이 사회를 붙들어 주시기를 원합니다. 정치 경제 사회 문화 전반에 걸쳐 부정과 부패의 골이 깊어가고만 있습니다. 힘과 돈만 의지하지 않게 하시고, 정의사회가 구현되며 복지국가가 건설되게 하여 주옵소서.

더위로 인한 고통이 가득했던 무더운 여름이 한풀 꺾이고 있습니다. 저희에게 지루했던 습하고 더운 여름이지만, 이제 다시금 좋은 계절을

기다릴 수 있게 하시고 강건하게 하신 것을 감사드립니다.

해마다 갖는 여름행사도 은혜 중에 마치게 하심을 감사드립니다. 더욱 용기가 넘쳐나는 생활들이 되게 하여 주시기를 원합니다. 성실하게 충성을 다하는 저희들이 되게 하여 주시옵소서. 풍성한 믿음의 결실을 거둘 수 있는 생활이 되게 하시고, 모두 주님을 사랑하는 마음으로 수고와 애씀이 더욱 많아질 수 있도록 하시옵소서.

말씀을 전하시는 주의 사자를 기억하시어 하나님의 음성을 대언하실 때 주님이 강권적으로 붙들어 주시고, 불의 혀같이 갈라지는 능력의 말씀이 되게 하시옵소서.

예수님의 이름으로 기도드립니다. 아멘.

능력의 주님!

저희를 죄악에서 구원하시사 하나님을 예배하며 찬양할 수 있도록 인도하여 주심을 감사드립니다. 이 시간 저희의 예배에 함께하셔서 영광을 받아 주시옵소서. 저희에게 믿음을 더하여 주시옵소서. 주님의 뜻을 이루는 삶으로 인도하여 주시옵소서.

채워 주시는 하나님!

저희의 연약함을 잘 아시는 주님께서 저희의 모든 것을 주관하고 계심을 인정하는 저희가 될 수 있도록 복으로 더하여 주시옵소서. 저희가 연약함으로 인하여 범죄치 않도록 복을 주시고 저희의 이기적인 마음과 교만함으로 저희의 이웃에게 상처를 주지 않도록 저희의 삶을 주장하여 주시옵소서. 주님의 주권을 인정하여 온전히 주님만을 의지하는 저희가 될 수 있도록 은혜 내려 주시옵소서.

사랑의 주님!

저희로 하여금 주님의 성품을 닮아 사랑하게 하시옵소서. 저희의 이웃들에게 주님의 자녀된 본을 보이게 하여 주시옵소서. 날마다 주님을 닮게 하여 주시기를 원합니다. 날마다 저희 가운데 성령의 열매가 맺혀지게 하여 주시옵소서. 순종하게 하시며 친절과 봉사로 주님의 자녀가 되게 하여 주시옵소서. 십자가에서 고난을 받으사 저희가 구속을 받았사오

니 저희가 저희의 삶 속에서 복음을 전하게 하옵소서.

저희를 구원하신 주님!

이 시간 삶의 어려운 문제들을 가지고 주님의 전으로 나아온 성도들이 있는 줄로 압니다. 저희의 기도를 들어 응답해 주시옵소서. 저희의 문제를 주님 친히 안으사 저들을 자유케 하시기를 원합니다. 이 시간 기도하는 모든 심령들 위에 주님 친히 강림하사 저 심령들이 주님의 은혜를 충만히 입어 새 힘으로 세상을 이길 수 있도록 복을 내려 주시옵소서.

저희가 주님의 말씀으로 새 힘을 얻을 수 있도록 함께하시옵소서.

예수님의 이름으로 기도합니다. 아멘.

✝ 기도를 돕는 한마디
감사하는 마음 밭에는 실망의 씨가 자랄 수 없다. – 쉐퍼

나더러 주여 주여 하는 자마다 천국에 다 들어갈 것이 아니요 다만 하늘에 계신 내
아버지의 뜻대로 행하는 자라야 들어가리라 - 마 7:21

저희들에게 믿음을 주시는 하나님!

폭염과 무더위를 참고 이기어 비로소 약속의 절기를 얻게 하심을 감사
드립니다. 인내의 결실이 이처럼 달고 보람된 것임을 깨닫게 하시고 시
름에 잠긴 이 나라 백성이 용기를 얻는 계기가 되게 하여 주시옵소서.

이 시간,, 예배드리는 저희들이 무엇보다도 신실한 믿음으로 하나님께
나아가도록 하시옵소서. 저희의 기도를 들어 응답하여 주시옵소서. 이
시간 육신의 고통을 가지고 주님의 전으로 나아온 심령들이 있사오니 주
님의 치료하시는 광선으로 치료하여 주시고, 마음의 상처를 가지고 나아
온 심령들도 있사오니 주님의 사랑으로 어루만져 주시옵소서.

소망을 주시는 주님!

이 어려운 시대에 교회의 교육이 더욱 중요함을 깨닫습니다. 하나님의
뜻을 찾고 구현하며 행하는 교육이 되게 하시고, 어린이와 청소년과 청
년의 삶을 변화시키는 교육이 되게 하여 주시옵소서.

교회의 교육이 올바른 목표와 방향으로 향해 갈 수 있도록 좋은 지도
자들을 세워주시고 그들을 통하여 이 땅에 온전한 사상과 세계관에 입각
한 인물들이 꾸준히 늘어가게 하여 주시옵소서.

사랑의 주님!

이 시간도 저희의 따뜻한 손길을 기다리며 뜨거운 사랑을 원하고 있는

심령들이 있습니다. 저들의 기다림을 외면하지 않는 저희들이 되게 하시고 저들의 고통과 외로움에 힘써 동참할 수 있는 사랑을 주시옵소서.

오늘도 단 위에 서신 목사님 위에 함께하사 준비하신 말씀을 힘있게 전하게 하시고 주님의 능력이 나타나고 성령의 역사가 강하게 일어나는 시간이 되게 하여 주시옵소서. 예배를 돕는 성가대와 예배위원, 봉사위원들에게도 성령으로 충만함을 허락하여 주시옵소서.

승리하는 예배로 인도하실 줄 믿고, 예수 그리스도의 이름으로 기도드립니다. 아멘.

---

† 기도를 돕는 한마디
감사의 표현은 더 큰 은혜를 받고 싶은 은밀한 욕망을 드러낸 것에 불과하다. ‒ 라로슈푸코

거룩하신 하나님!

이 시간 저희가 삼일 기도회로 모였사오니 저희에게 주님의 은혜를 충만히 내려 주시기를 간구합니다. 주님의 구별된 자리로 저희를 불러주신 은혜를 감사합니다. 지난 삼일간 저희가 주님의 보호 아래 늘 충만한 삶을 살게 하심을 감사하오며 모든 영광을 주께 돌립니다.

용서의 하나님!

그러나 저희가 온전히 주님의 뜻대로 살지 못하였음도 고백하오니 용서하여 주시옵소서. 주님의 사랑으로 세상을 이길 수 있도록 은혜를 더하여 주시옵소서. 온전히 주님을 의지할 수 있도록 복으로 더하여 주시옵소서.

교회를 사랑하시는 주여!

이 땅 위에 흩어진 많은 주님의 교회들을 위해서 기도합니다. 교회가 성장해 감에 따라 주님의 나라가 이 땅 위에 확장되어 질 수 있도록 은혜로 더하여 주시옵소서. 저희가 주님 나라의 증인이 될 수 있도록 축복하여 주시옵소서. 저희의 모든 것을 주님 나라의 확장을 위해 드려질 수 있도록 인도하여 주시옵소서.

귀하신 주님께서 저희를 섬김의 종으로 삼아주신 은혜를 감사합니다. 저희의 기도를 들어 응답해 주시옵시고 죄악으로 인하여 시들어 버린 주

님과의 관계가 다시금 향기나는 꽃으로 피어 새로운 기쁨이 넘치는 귀한 시간이 되도록 은혜 내려 주시옵소서. 말씀 전하시는 목사님 위에도 함께 하시고 저희에게 주님의 말씀을 전하실 때에 은혜 충만하도록 하여 주시옵소서. 예배의 시종을 주님께 맡깁니다. 저희의 예배를 기쁘게 받으시오며, 하늘 문을 여시고 주님의 은혜를 부어 주시옵소서.

예수 그리스도의 이름으로 기도합니다. 아멘.

사무엘이 가로되 여호와께서 번제와 다른 제사를 그 목소리 순종하는 것을 좋아
하심같이 좋아하시겠나이까 순종이 제사보다 낫고 듣는 것이 숫양의 기름보다 나
으니 – 삼상 15:22

은혜로 삼일을 보내고 다시 모이게 하신 하나님!

목자 되시어 저희를 늘 인도하시는 하나님의 은혜에 감사합니다. 오직
주님만이 저희의 방패시요, 힘이십니다. 오늘 이 시간도 주님이 사랑으
로 인도하여 주시옵소서. 예배에 승리를 주옵소서.

사랑의 주님!

저희의 마음을 주님께 열게 하시고, 강퍅했던 심령에 부드러운 마음을
주셔서 옥토가 되게 하시고, 주의 흡족한 은혜의 단비로 새롭게 하여 주
시옵소서. 하늘이 높아지고 오곡이 무르익는 계절이 옵니다. 저희 인생
의 삶도 무르익게 하여 주시옵소서. 그 은혜를 감사하며 찬양할 수 있게
하여 주시옵소서.

능력의 주 하나님!

이 사회를 위하여 저희가 먼저 바로 서게 하여 주시옵소서. 온 교회와
성도들이 도탄에 빠진 이 나라를, 이 나라 백성들을 위하여 눈물로 회개
하고 기도할 수 있도록 인도하여 주시옵소서. 미스바 회개운동 같은 회
개운동이 방방곡곡에서 일어나게 하여 주시옵소서. 그리하여 하루 속히
이 민족이 복음화되어서 하나님 앞에 인정받는 백성이 되고 하나님의 크
신 일을 감당하는 민족이 되게 하여 주시옵소서.

10월
둘째 주

수요 예배

우리의 주인이 되신 주님!

저희 교회가 세운 목표가 있습니다. 결실의 계절을 맞이하여 목표한 모든 일들이 열매 맺게 하시고, 주님의 영광을 나타낼 수 있도록 복을 내려 주시옵소서. 경제적으로 어려운 때를 당하여 저희의 마음이 연약해질까 두렵사오니, 성령님께서 저희의 마음을 주장 하시사 모든 일에 담대하게 실천해 갈 수 있도록 도와 주시옵소서.

오늘 이 시간 단 위에 세우신 목사님을 붙들어 주셔서, 저희들에게 생명의 말씀을 전하실 때에 성령충만, 말씀충만, 은혜충만하여 저희들 심령 심령이 변화 받게 하시고 뜨거워지는 놀라운 역사가 있게 하여 주시옵소서.

예수 그리스도의 이름으로 기도합니다. 아멘.

✝ 기도를 돕는 한마디
과거의 은혜를 회상함으로 감사는 태어난다. 감사는 고결한 영혼의 얼굴이다. ― 제퍼슨

공의로우신 하나님!

저희에게 아름다운 가을 하늘과 수확의 기쁨을 허락하신 사랑에 감사합니다. 무르익어가는 가을 들판을 바라보며 하나님의 섭리를 생각하게 하시오니 감사합니다. 오늘도 저희를 죄악의 들판에 버려두지 않으시고 복을 받고 열매 맺는 구원의 자녀로 살게 하시려고 불러주신 주님의 은혜에 감사합니다. 날이 갈수록 주님의 은혜와 사랑을 더 깊이 깨달아 알게 하시고, 믿음을 더하여 주셔서 주님이 기뻐하시는 영적인 열매를 더욱 알차게 맺을 수 있는 저희들이 되게 하여 주시옵소서.

저희에게 평안과 기쁨을 주신 하나님!

자신의 너무도 많은 욕구와 만족만을 위해 살아가고 있는 저희들임을 발견합니다. 참되고 온유하고 겸손하게 살도록 가르쳐 주신 주님의 말씀을 외면한 저희들입니다. 그 결과로 저희의 영혼은 날로 그 힘을 잃어가고, 방황의 길에 빠져서 갈팡질팡하는 삶을 살았나이다. 주님의 보혈로 저희의 죄를 씻어 주시고, 그 귀한 말씀 속에서 새 생명을 얻게 하시옵소서.

사랑의 주님!

시대의 어려움을 아시는 아버지께 간구하오니, 어려울 때일수록 하나님을 붙들게 도와 주옵시고, 인간의 한계가 주님의 시작임을 인정할 수

있는 믿음을 주시옵소서. 어둡고 혼탁한 세상에 타협하지 않게 하시고, 절대 믿음으로 하나님을 바라볼 수 있도록 인도하여 주시옵소서. 의심을 버리고 주를 바라보게 하옵소서. 하나님의 역사를 기대하게 하옵소서. 적당주의와 형식주의를 버리고, 사실적이고 역동적인 믿음을 주옵소서.

어느 때보다 세상에 그리스도의 진리가 필요하오니, 저희를 복음의 증인들이 되게 하옵소서. 저희의 입술이 주님 나라의 기쁨을 전하는 거룩한 입술이 되게 하시고, 주님의 증인으로 땅 끝까지 이르러 복음을 전하는 입술이 되게 하여 주시옵소서. 이 기도회를 위하여 봉사하는 손길들과 말씀을 전하실 목사님 위에 함께하사 주님의 크신 능력으로 충만하게 도와주시옵소서.

주님 홀로 영광 받으시기를 원하오며 거룩하신 예수 그리스도의 이름으로 기도드립니다. 아멘.

✝ 기도를 돕는 한마디
우리가 가진 바 때문에 우리가 감사하는 것이 아니요, 우리의 되어진 바로 감사해야 한다. – 헬렌 켈러

창조주 하나님!

하나님의 형상대로 지음을 받은 피조물들이 이 곳에 모여 창조의 위대하심과 섭리를 찬송합니다. 저희들을 받아 주시옵소서.

은혜의 하나님!

저희에게 믿음의 눈을 뜨게 하셔서 저희의 삶을 돌아보게 하시고 헛되고 잘못된 것들을 진실하게 주님 앞에 고백하게 하여 주시옵소서. 저희가 주님께 진실한 마음으로 꿇어 엎드리오니 저희의 죄를 용서하여 주시옵소서.

주님의 은혜로 저희가 하나님의 사랑을 늘 증거하게 하시고 저희의 믿음이 더욱 신실하게 하셔서 세상에서 빛과 소금의 역할을 감당하도록 인도하여 주시옵소서. 저희는 연약함을 고백합니다. 저희가 작음을 고백합니다. 저희의 연약함을 강하고 담대하게 하시고 저희의 작음을 주님께서 크게 하사 주님의 거룩하심을 나타내는 십자가의 군병이 될 수 있도록 은혜로 더하여 주시옵소서.

거룩하신 하나님!

이 시간 저희가 주님의 몸 된 교회를 위하여 헌신하는 마음과 결단을 주시옵소서. 주님의 신부인 저희들이 주님의 몸 된 교회를 위하여 헌신하는 것이 큰 기쁨임을 깨닫게 하시고, 주님께 드리는 봉사와 같이 모든

일을 행하게 하시옵소서. 그러므로 저희를 통하여 주님의 향기가 발하게 하시고, 주님의 사랑을 세상에 널리 전할 수 있도록 저희를 축복하여 주시옵소서. 저희에게 더욱 큰 사명을 허락하시기 전에 작은 일에 순종하는 것을 알게 하시고, 작은 순종일지라도 하나님의 은혜를 체험하는 귀한 순종이 되도록 은혜로 더하여 주시옵소서.

이 시간 귀한 말씀 듣고 단 위에 서신 목사님께 하나님의 특별하신 은혜로 더하사 저희에게 선포될 그 말씀으로 저희가 거듭나게 하시기를 원합니다. 이 시간을 통하여 귀한 은혜를 체험하게 하여 주시옵소서. 주님의 크신 은혜가 늘 풍성하게 저희에게 임하시기를 원하오며 거룩하신 예수 그리스도의 이름으로 기도드립니다. 아멘.

✝ 기도를 돕는 한마디
작은 일에도 감사하는 마음을 가져라. – 지그 지글러

푯대를 향하여 그리스도 예수 안에서 하나님이 위에서 부르신 부름의 상을 위하여 좇아가노라 - 빌립보서 3장 14절

귀한 날을 허락하신 하나님!

주님께서 저희를 기도하게 하시려고 부르신 것을 저희가 알게 하신 것을 감사합니다. 주님의 사랑으로 충만하도록 은혜 내려 주시옵소서. 주님께서 저희에게 주님의 사명을 감당하도록 인도하여 주신 것을 감사합니다. 주님의 은혜 가운데 늘 거하도록 인도하여 주시옵소서.

이제 얼마 있지 않아서 저희의 자녀들이 대학입시라는 큰 관문을 통과해야 하는 시기에 와 있습니다. 그동안 꾸준히 인내하고 학업에 전념하며 힘써온 시험 준비가 헛되지 않게 하시고, 기쁨의 열매를 맺을 수 있도록 함께하시옵소서. 성실하게 공부한 학생들에게 평강과 담대함을 허락하시고 마지막까지 최선을 다할 수 있도록 인도하여 주시옵소서.

은혜의 주 하나님!

믿음의 눈을 뜨게 하셔서 저희의 삶을 되돌아 볼 수 있도록 하시고 헛되고 잘못된 것을 진실하게 주님의 전에 고백하게 하시오니 감사합니다. 무릇 여호와를 의지하고 의뢰하는 사람은 복을 받을 것이라 하셨사오니 저희가 주님을 의뢰하며 의지합니다. 주님의 은혜와 능력 속에서 언제나 살게 하시고 믿음이 없는 세대에 더욱 큰 믿음을 갖게 하여 주시옵소서.

이 시간 특별히 참석하지 못한 성도님들을 위해서 기도합니다. 어느 곳에 있든지 이곳을 기억하게 하시고 잠시라도 주님께 기도할 수 있는 은혜를 허락하여 주시옵소서. 이 세대는 주님을 멀리하도록 이끌고 있지

만 담대하게 세상을 뿌리치고 주님의 전으로 나아올 수 있도록 인도하여 주시옵소서. 저희에게 믿음을 더하여 주시옵소서.

오늘 특별히 말씀을 전하시는 목사님을 성령의 능력으로 붙들어 주시옵시고 많은 사람들이 시련을 겪는 이때에 소망의 메시지가 될 수 있도록 하여 주시옵소서. 기도해야만 하는 이 절박한 때에 기도하기를 쉼으로 말미암아 믿음이 시들어가지 않도록 함께하여 주시옵소서.

예배의 시종을 주님께 맡기오며 거룩하신 예수 그리스도의 이름으로 기도드립니다. 아멘.

지난 삼일 동안도 보호하시고 지켜주시며 인도하신 하나님께 감사와 찬양을 돌립니다. 이 예배를 받아 주시사 죄악된 것과 잘못된 것이 있다면 긍휼히 여기시고 용서하여 주시기를 원합니다. 주님의 은총 속에 살면서도 저희는 삶이 늘 괴롭고 힘들다고 불평만 했습니다. 주님을 대하기에 부끄러운 저희를 주님의 보혈로 정케하사, 용서받은 기쁨으로 주님께서 원하시는 길을 걷게 하시옵소서.

복의 근원이신 하나님!

세상을 이길 능력을 허락하시고 생명을 위하여 자신을 내어주는 십자가의 은혜를 덧입게 하시옵소서. 이 시간 하나님께서 예정하신 하늘의 복을 충만히 내려 주시옵소서. 그리하여 저희의 마음 문을 활짝 열게 하시고 하늘의 복을 받는 시간이 되게 하여 주시옵소서. 겸손히 비오니 저희에게 필요한 지혜와 힘과 권능을 은사로 내려 주시옵소서.

은혜로우신 하나님 아버지!

저희 교회가 은혜 충만 말씀 충만 성령 충만한 교회가 되게 하시고 저희 모두에게 성령의 충만함을 주셔서 죄악으로 가득차 있고 병들어 있는 세상에 주님의 복음을 증거하여 세상을 정결하고 깨끗하게 변화시키는 귀한 직분을 감당하도록 인도하여 주시옵소서. 진정한 한 알의 밀 알이 되어서 세상에 구원의 소식을 전하고 만인에게 구원의 기쁨을 가져다주

는 놀라운 역사가 일어나도록 복을 주시옵소서.

　이 시간 말씀을 증거하시는 목사님에게 성령의 두루마기를 입히시사 말씀의 능력을 주시옵소서. 입술을 통해 나오는 그 말씀으로 뜨겁게 하시고 그 말씀 듣는 저희가 가슴에 감동이 되게 하시고, 믿음이 약한 심령에게 확고한 믿음과 시험 중에 있는 심령에게 이길 수 있는 확신을 주셔서 더욱더 굳건한 믿음으로 무장할 수 있도록 도와 주시옵소서. 주님의 피로 값주고 세우신 이 교회가 말씀이 충만한 교회가 되게 하시고, 주님의 사랑을 본받아 사랑이 식어가는 이 세대에 사랑의 빛을 나타내게 하시옵소서.

　이 예배의 시간과 순서를 성령께서 함께하여 주시기를 바라며 예수님의 이름으로 기도합니다. 아멘.

✝ 기도를 돕는 한마디
　우리가 매일의 양식에 대해 감사해야 할 뿐만 아니라 매일의 채찍을 위해서도 감사해야 한다. ─윌리엄 예수께서 대답하여 가라사대 사람이 나를 사랑하면 내 말을 지키리니 내 아버지께서 저를 사랑하실 것이요 우리가 저에게 와서 거처를 저와 함께 하리라

– 요 14:23

삼위일체 하나님께 영광을 돌립니다.

창조의 구속과 역사로 저희들과 함께하시는 주님!

지난 삼일 동안도 저희들을 은혜의 빛으로 인도하여 주시다가 주님의 전으로 다시 불러주셔서 주님과 대면할 수 있게 하시고 기도로 교제할 수 있도록 이끌어 주시니 감사합니다.

용서의 하나님!

삼일 동안도 쾌락을 사랑하기를 즐겨하며 이생의 안목과 정욕을 좇아 살기를 즐겨했던 저희들을 긍휼히 여겨 주시고 용서하여 주시기를 원합니다. 다시는 성령을 탄식하게 하는 죄악된 일들을 하지 않도록 저희들의 부족한 심령을 성령의 능력으로 사로잡아 주시고, 주님의 손에 붙잡혀 경건하고 거룩한 삶을 살아갈 수 있는 저희들이 되게 하시옵소서.

자비로우신 하나님!

저희들은 주님의 선택받은 자녀들이면서도 주님의 이름을 제대로 부르지 못하는 나약한 때가 너무도 많았음을 고백하지 않을 수 없습니다. 저희들의 연약함을 긍휼히 여기시고 용서하여 주셔서 어느 때 어느 장소에서라도 주님의 이름을 부르며 주님의 영광을 드러내기에 주저하지 않는 저희들이 되도록 담대함을 주옵소서.

은혜의 하나님!

이 시간도 주님의 전을 찾아 나온 성도들 중에 육신의 연약함, 질병의 무거운 짐을 지고 있는 성도가 있습니까? 주님께 간절한 마음으로 부르짖을 때 신음과 고통이 사라지고, 회복되고 치료되는 주님의 은총이 있게 하시옵소서. 상한 심령을 가지고 나온 성도들에게 기도하는 가운데 주님의 위로하심과 격려하심 속에서 새로워지고 온전케 되는 역사가 있게 하시옵소서.

이 시간도 세상의 염려보다 주님의 몸 된 교회를 위하여 거룩한 염려를 하고 있는 당신의 사랑하는 종들을 기억하시고 몸을 드리는 저들의 헌신과 충성을 통해서 주님의 나라가 확장되며, 복음이 전파되고, 교회가 든든히 서 갈 수 있도록 하시옵소서.

이 시간 참석한 저희 모두에게 주님께서 임마누엘이 되어 주실 줄로 믿사옵고 예수 그리스도의 이름으로 기도합니다. 아멘.

✝ 기도를 돕는 한마디
우리가 지금 가지고 있는 것에 감사할 줄 안다면 우리는 앞으로 감사하게 될 일을 더 많이 맞게 될 것이다.

내가 아버지의 계명을 지켜 그의 사랑 안에 거하는 것같이 너희도 내 계명을 지키면 내 사랑 안에 거하리라 - 요 15:10

은혜의 주 하나님!

오늘도 주님의 전으로 나아와 감사하고 찬양을 드리고 기도하게 하신 은혜에 감사합니다. 지난 삼일 동안도 주님의 보호하심 아래에서 평안을 맛보며 새 힘을 얻어 주님의 전으로 올 수 있게 하심을 감사합니다.

그러나 주님!

저희는 믿음이 없어 세상을 바라보며 소망을 잃어가고 있습니다. 소망을 갖게 하여 주시옵소서. 허무하게 하는 유혹에 넘어가지 않게 하시고, 모든 일들이 주님의 주권 아래 있음을 인정하도록 인도하여 주시옵소서.

사랑의 하나님!

이제는 차가운 공기가 드러난 살갗을 감추게 하고 있습니다. 얼마 남지 않은 한해를 이생의 안목과 육신의 정욕을 충족하는 데 허비하지 말게 하시고, 이제껏 맺지 못한 성령의 열매를 풍성히 맺는 기간이 되게 하여 주시옵소서.

오늘도 탄식하는 세상을 봅니다. 도움을 구할 수 있는 대상을 몰라 더욱 방황하는 저들을 불쌍히 여기시고 긍휼히 여기사 주님을 바라볼 수 있는 눈을 열어 주시옵소서. 이 어렵고 힘든 때에 지친 삶을 도우실 분은 주님밖에 없음을 깨닫게 하시옵소서.

교회의 역할을 기대하시는 주님!

방황하는 이 세대를 위하여 소망의 등대가 되는 교회가 되게 하여 주시옵소서. 저희들 또한 주님의 자녀로서 빛을 발하게 하심으로 어려운 이웃들에게 주님의 소망을 나누어 줄 수 있도록 인도하여 주시옵소서.

오늘도 이 절망의 세대에게 소망의 메시지를 선포하시기 위하여 단 위에 서신 목사님을 기억하시고 더욱 성령으로 강하게 붙드셔서 귀한 말씀을 선포하시도록 은혜 내려 주시옵소서.

저희들이 이 시간 주님 앞에 드리는 모든 기도 위에 주님의 능력을 주실 것을 믿습니다. 그리하여 주님을 가까이 하고 주님께 기도하는 삶이 주님의 부르심을 받는 그날까지 멈추지 않게 하시옵소서.

소원의 항구로 인도하시는 예수님의 이름으로 기도합니다. 아멘.

✝ 기도를 돕는 한마디
정신적 조화와 조율의 전 과정은 한 마디로 요약될 수 있다. "감사"가 바로 그것이다. – 월레스

성도의 길을 평탄케 하시는 하나님!

한 해를 지켜 주신 은혜를 감사합니다. 주님의 은혜로 올해도 이제 한 달밖에는 남지 않았습니다. 이 한 달을 주님의 영광을 위하여 헌신하도록 저희를 인도하여 주시옵소서. 저희는 다시 오실 주님을 기다리면서 온전한 마음으로 주님을 섬기지 못했음을 고백합니다. 주님이 다시 오실 것을 두려워하며 저희의 죄를 감추려 하고 있음을 봅니다. 저희의 허물을 용서하여 주시옵소서. 저희의 연약함으로 지은 죄들과 저희의 교만함으로 지은 죄들과 저희의 게으름으로 지은 죄들을 모두 용서하여 주시옵소서. 주님의 은혜를 구하오니 저희의 기도를 들어 응답하시옵소서.

사랑의 하나님!

저희에게 주님의 사랑을 전할 수 있는 손길을 허락하여 주시고, 저희가 주님을 믿는 성도의 본분을 잘 감당하도록 복으로 더하여 주시옵소서. 주님의 사랑을 모르는 많은 이웃들을 향하여 주님의 긍휼하심과 주님의 사랑과 주님의 대속하심의 복음을 전할 수 있도록 저희의 입술과 손과 발을 주장하시고 특별히 그들을 긍휼히 여기는 주님의 마음을 허락하여 주시옵소서.

은혜의 하나님!

이 시간 담임 목사님을 위해서 기도합니다. 저희 양떼들을 양육하시기

위해 헌신하시는 목사님을 주님께서 친히 붙들어 주셔서 솔로몬에게 주신 지혜를 더하여 주시고, 목사님의 입술을 통하여 나오는 말씀이 능력의 말씀이 되게 하시고, 완악한 저희의 심령이 말씀 앞에 엎드러지는 놀라운 역사가 일어나게 하시옵소서.

이 시간 드리는 이 예배에 저희가 새롭게 결단함으로 한 해를 잘 마무리하는 귀한 시간이 되게 하시고, 저희의 심령이 주님의 사랑을 온전히 받아 그 사랑을 전할 수 있도록 은혜를 더하여 주시옵소서.

예수 그리스도의 이름으로 기도드립니다. 아멘.

✝ 기도를 돕는 한마디
가장 감사해야 할 것은 신이 주신 능력을 제대로 이용하는 것이다. – 트릴로프

아들들아 이제 내게 들으라 내 도를 지키는 자가 복이 있느니라

- 잠 8:32

할렐루야!

주님의 은혜와 사랑을 감사합니다.

저희들을 오늘까지 인도하시다가 주의 전으로 인도함을 받아 경배와 찬양을 드리게 하심을 감사합니다. 수요 저녁 예배로 모였사오니 큰 은혜를 주시고 허물가지고 나온 성도들에게 죄 문제가 해결되게 하옵시고, 기도 제목을 가지고 나온 성도들에게 응답의 은혜를 허락하여 주시옵소서. 주의 말씀이 죄가 들어오지 못하게 하는 성벽이 되게 하옵시고, 성결한 삶을 살아갈 수 있도록 인도해 주시옵소서.

교회를 통하여 역사 하시는 주님!

저희 교회를 위하여 간구합니다. 이 지역의 복음화와 주님을 기쁘게 하시기 위하여 이 곳에 교회를 세우셨으니 저희가 진리의 파수꾼이 되게 하시고, 사회의 소금과 빛의 역할을 다할 수 있도록 은혜 내려 주옵소서. 연중 부흥 성장하게 하여 주시옵소서. 모든 것이 마무리되는 이 겨울에 저희도 성숙하게 하셔서 한 해를 시작하면서 가졌던 믿음과 결단을 회복하게 하시고, 처음 가졌던 사랑이 되살아나게 하여 주시옵소서.

거룩하신 하나님!

이제 성탄절을 눈앞에 두고 있습니다. 저희에게 찾아오신 하나님의 사랑, 저희를 대신하여 죄 값을 지불하신 그리스도의 피묻은 십자가를 기

억하게 하여 주시옵소서.

겨울의 추위가 계속되고 있습니다. 육신적으로도 준비 없는 겨울이 더욱 추울 수밖에 없듯이, 겨울을 준비하듯이 믿음을 굳게 하셔서 감사와 기쁨을 잃지 않는 복된 삶이 되게 하여 주시옵소서.

수요 저녁 예배를 통하여 목사님의 증거하시는 하나님의 말씀을 듣게 하시니 감사합니다. 오늘 강론하시는 말씀에 깨달음과 큰 은혜를 받게 하여 주시옵소서. 말씀 속에 저희를 찾게 하시고, 자신을 발견하게 하시며, 주의 뜻을 알아 영광을 돌리는 삶이 되게 하여 주시옵소서.

믿음으로 시작된 예배가 끝까지 승리할 줄 믿으며 예수 그리스도의 이름으로 기도합니다. 아멘.

✝ 기도를 돕는 한마디
어떤 상황에서도 감사하는 법을 훈련해 온 사람에게는 삶이 엄청난 보상들로 가득 찬 풍성한 것이 된다. - 빌

세계가 다 내게 속하였나니 너희가 내 말을 잘 듣고 내 언약을 지키면 너희는 열국 중에서 내 소유가 되겠고 － 출 19:5

저희를 위하여 이 땅에 오신 주님을 찬양합니다.

주님의 성육신이 없었다면 저희가 사망의 그늘에서 벗어날 수 없었음을 고백합니다. 저희를 긍휼히 여기사 이 땅에 오신 주를 찬양하며 경배합니다. 주님의 사랑하심과 희생에 감사할 줄을 모르고 죄인의 속성을 벗지 못함을 용서하여 주시옵소서. 주님의 사랑을 늘 체험하면서도 주님을 욕되게 하는 삶을 살아온 저희를 용서하여 주시옵소서.

이 시간 주님의 은혜를 저버린 것을 회개하오니 용서하여 주시옵소서. 회개의 합당한 열매가 맺히게 하시고 주님의 나라를 유업으로 받는 저희들이 되게 하여 주시옵소서. 이제는 저희로 하여금 주님의 강권적인 간섭하심에 순종하게 하시기를 원합니다.

사랑의 하나님!

사랑의 열매, 봉사의 열매, 섬김의 열매도 가득히 맺히게 하시고 충성의 열매, 헌신의 열매도 가득히 맺히게 하셔서, 주님의 오심을 진정으로 축하할 수 있는 저희들이 되게 하여 주시옵소서.

교회 안에서만 주님의 뜻을 본받아 산다고 외치고 다짐하는 주의 백성들이 되지 않게 하시고, 선한 사마리아 사람처럼 고통당하는 이웃에게 진정한 이웃으로 다가갈 수 있는 주님의 귀한 성도가 되게 하여 주시옵소서.

이번 성탄절은 하늘의 영광 보좌를 버리시고 죄에 고통받는 인간들을 구원하시기 위하여 인간의 몸으로 오신 주님의 사랑이 곳곳에 스며드는 기쁜 성탄절이 되게 하여 주시옵소서. 이런 때일수록 사랑을 베푸는 교회가 많아지게 하시고, 소망의 문을 열어 주시기를 원합니다. 천국의 소망을 가지고 살아가는 기쁨을 알게 하여 주시옵소서. 오늘도 이 자리에 참석하지 못한 성도들이 있습니다. 어디서 무엇을 하든지 주님을 기억하게 하여 주시옵소서.

이 시간, 늘 주님의 은혜를 사모하는 저희에게 하늘의 신령한 은혜를 맛보게 하여 주실 것을 믿습니다.

예수 그리스도의 이름으로 기도드립니다. 아멘.

사랑이 많으신 하나님 아버지, 이 밤에도 주님 앞에 나왔습니다.

삼일 동안 세상에서 더럽혀진 심령을 정결하게 하여 주옵소서. 저희의 심령이 불신앙과 근심의 밧줄에 매어 있지 않게 하시고, 주님의 평안으로 자유하게 하옵소서.

하나님 아버지!

이 시대는 물질만능으로 물들어 있습니다. 사람들은 허망한 생각과 허탄한 마음으로 살아가고 있습니다. 윤리와 도덕은 땅에 떨어지고 하나님의 정의는 온 데 간 데 없습니다. 니느웨 성같이, 소돔과 고모라같이 죄악이 만연해 있는 이 땅을 불쌍히 여겨 주옵소서. 의인 10명이 없어 한탄하시는 하나님, 저희 믿는 자들이 하나님 앞에 의인으로 살게 하시어 이 땅을 건지고 새롭게 하는 일이 일어나게 하옵소서. 회개의 베옷을 입고 주님 앞에서 살게 하옵소서.

서로 사랑하라 말씀하신 주님!

저희에게 먼저 사랑하려는 마음을 주옵소서. 성령으로 말미암아 하나님의 사랑이 저희 마음에 가득하게 하시어 그 사랑으로 이웃을 품게 하시고 마음의 대상까지 안게 하옵소서.

자비로우신 하나님!

사랑하는 명령에 순종할 수 있는 마음을 주옵소서. 섬김의 본을 보여 주신 주님의 사랑을 저희들도 행할 수 있게 하옵소서. 오늘도 목사님을 통해 말씀하시는 주님의 음성을 듣기 원합니다.심령의 귀를 열어 주시고 속사람의 눈을 활짝 열어 주옵소서. 말씀 속에서 주님의 숨결을 느끼게 하시며 변화시키고 새롭게 하시는 주님의 영을 체험하게 하옵소서. 이 시간 병중에서 신음하는 저희 교우들을 돌보아 주시고 영육간에 강건함을 허락하여 주옵소서. 남은 삼일 동안도 기도와 찬송으로 살게 하시고, 가정과 일터에서 빛으로 살게 하옵소서.

저희를 살리신 예수님의 이름으로 기도드립니다. 아멘.

✝ 기도를 돕는 한마디
감사의 고백은 굴욕적인 환경에서 탈출할 수 있는 근거다. – 골드 스미스

우리 주 예수 그리스도로 말미암아 우리에게 이김을 주시는 하나님께 감사하노니

– 고전 15:57

지난 삼일 동안도 지켜 인도하여 주신 하나님!

오늘 저녁 하나님의 전에 모여 주님의 이름을 찬양하며 그 크신 은혜를 다시 사모할 수 있게 하심을 감사합니다.

이 시간 황무지 같은 저희의 심령에 성령의 은사를 내려 주시고, 진리와 은총으로 가득 채워주시며, 하늘의 지혜와 용기를 얻게 하옵소서.

주님께서 저희 마음에 오시면 불평이 감사로 바뀌고 불순함이 순결로 맑아질 줄 믿습니다. 모든 죄와 슬픔은 사라지고, 생명의 활기찬 힘이 충만해질 줄 믿습니다. 저희 심령 가운데 함께하셔서 저희의 마음을 뜨겁게 하옵소서. 이 저녁에 말씀 받고 기도함으로 저희 속에 남아 있는 불신앙의 찌꺼기들이 사라지게 하여 주시옵소서. 성령께서 오셔서 저희의 눈과 귀와 입을 열어 주옵소서.

하나님!

모든 성도들이 성령의 열매를 맺게 하옵소서. 사치와 낭비와 탐욕을 절제할 힘을 주시고, 거친 육의 본성을 바꾸어 줄 온유함을 주시며 거짓에서 깨어날 진실함을 주옵소서. 선함과 친절과 인내로 저희의 습관이 바뀌게 하시고, 분쟁과 다툼이 있는 곳에 평화를 심게 하옵소서. 희락과 사랑으로 살게 하시어 주님의 아름다운 성품을 닮은 성숙한 성도가 되게 하옵소서. 그리하여 가정과 직장과 사회에서 평강과 사랑의 향기를 드러내게 하옵소서.

사랑의 하나님!

오늘도 하나님의 사자를 통하여 주시는 말씀으로 새로워지기를 원합니다. 성령의 기름부으심으로 능력의 말씀을 선포하게 하셔서 모든 성도들에게 은혜와 감동으로 충만케 하옵소서. 지혜와 계시의 영을 주셔서 주님을 더 깊이 알게 하옵소서. 주일에 다시 만날 때까지 이 말씀으로 세상을 이기는 삶이 있게 하옵소서.

예수님의 이름으로 기도드립니다. 아멘.

✝ 기도를 돕는 한마디
당신의 감사가 강하고 지속적이면 무형 물질의 반응도 강해지고 지속될 것이다. – 웰레스 와틀스

하나님과 소통하는

Chapter 4

절기예배 대표기도

주일 낮예배 대표기도문

인자와 진리로 네게서 떠나지 않게 하고 그것을 네 목에 매며 네 마음판에 새기라 그리하면 네가 하나님과 사람 앞에서 은총과 귀중히 여김을 받으리라 – 잠 3:3,4

우리의 예배를 기뻐 받아주시는 하나님!

이 시간 주님께 찬양과 경배를 드립니다. 주님의 사랑과 은혜에 감사한 마음을 가지고 연말연시의 바쁜 중에도 사랑하는 성도들이 아버지께 나와 영광 돌리니 예배를 기뻐 받아주시옵소서.

지난해를 깊이 반성하고 하나님 앞에 회개하며 새로 시작하는 한 해를 주님의 뜻대로 살고자 결단하는 심령으로 이 시간 나왔습니다. 저희를 긍휼히 여기사 지금의 회개를 다시 반복하지 않는 은혜를 허락하여 주옵소서. 마음과 정성과 힘을 다하여서 나의 주인이시고 모든 것 되시는 주님을 사랑하게 하시고, 주님의 충성스러운 종이라 칭찬받을 수 있도록 하여 주시옵소서.

사랑의 하나님!

한 해 동안의 상처와 허물을 서로 사랑으로 회복하게 하시고 주님의 용서함과 같이 저희들도 용서하게 하여 주옵소서. 죄악에서 떠나게 하시고, 하나님을 신뢰함으로 복된 삶을 살아갈 수 있도록 은혜를 주옵소서. 하나님이 저희에게 허락하신 귀한 시간들을 세상 속에 빠져있음으로 인해 허비하지 않게 하시고, 지혜로운 자들과 같이 세월을 아끼게 하여 주옵소서. 새해에는 더욱 주님께 나아가는 한 해가 되게 하시고 기도에 더욱 힘쓰며 말씀을 더욱 사모하여 마음판에 새기며 부지런하며 순종하며 헌신하는 자들이 되게 하여 주옵소서.

마음을 새롭게 함으로 변화를 받아 하나님의 선하시고, 기뻐하시고 온전하신 뜻이 무엇인지를 분별하며 하나님의 빛 된 자녀로 거룩한 삶을 살게 하여 주옵소서. 믿는 자들에게나 믿지 않는 자들에게나 본이 되어 저희로 인하여 주님의 복음이 전파되게 하여 주옵소서.

가정의 주인이신 하나님!

새해에는 성도의 가정마다 함께하시기를 원합니다.

매일 어렵고 힘든 상황 속에서도 흔들리기 쉬운 저희 가정을 주님께서 넘어지지 않게 하시고, 늘 주님의 권능의 손으로 붙잡아 주심을 깨닫게 하여 주시옵소서. 그리하여 주님을 믿는 가정마다 든든하게 서게 하시고, 복되고 즐거운 가정이 되게 하시며, 감사가 날마다 넘치는 가정과 성도들 되게 하여 주시옵소서.

또한 새해를 맞이하여 다짐하는 저희의 다짐이 주 안에서 변하지 않게 하시고 주님의 계획하심 속에 저희들 서게 하옵소서.

예수님의 이름으로 기도드립니다. 아멘.

✝ 기도를 돕는 한마디
소망은 가장 어두운 먹구름 속에서도 하늘을 볼 수 있게 해준다. – 토마스 브룩스

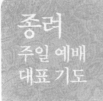
찬양 받으시기 합당하신 하나님!

이 시간 저희가 드리는 예배가 하나님을 기쁘시게 하는 찬양의 예배, 기쁨의 예배, 감사의 예배가 되게 하여 주시옵소서. 주님의 고통은 저희의 허물 때문인 것을 이제 깨달았습니다. 주님의 마음을 알게 하시고 예배의 모든 시간이 감격과 찬양으로 십자가를 바라보는 은혜로운 예배가 되게 하여 주시옵소서.

은혜의 주님!

저희들의 죄를 용서하여 주옵소서. 이 고난 주간에 주님의 고난을 철저히 배우며 깨닫는 시간이 되게 하옵소서. 나귀 새끼를 타시고 예루살렘에 올라가신 주님의 겸손을 알게 하시고, 주님의 뜻보다 하나님 아버지의 뜻이 이루어지기를 원하시고, 섬김을 받기보다는 섬기며 사신 주님의 생애와 만민의 죄를 담당하고 희생의 제물이 되어 주신 주님의 사랑을 상기하여 저희들도 그렇게 살기를 원합니다.

사랑의 주님!

이 시간 또한 믿지 아니하는 이웃을 위해서 기도드립니다. 갈 길 몰라 방황하는 심령들에게 자유와 평화를 주시기 위해 오신 주님을 만나게 하시고, 천국의 복음이 임함으로 주님의 복된 소식을 깨닫게 하옵소서. 주님의 교회를 사랑하여 몸을 드려 충성하는 성도들에게 주께서 주시는 기

쁨이 충만하게 하옵소서.

궁휼이 풍성하신 주님!
저희들도 때때로 호산나를 부르고 주님을 왕으로 섬긴다고 하였으나, 곧 마음이 변하여 주님을 십자가에 못 박은 무리들처럼 알게 모르게 주님을 부인하고 배반하는 것을 일삼고 있나이다. 저희를 용서해 주시고 이제는 하나님의 거룩한 백성으로 살기에 부족함이 없도록 인도하여 주옵소서.

하나님!
오늘도 하나님의 말씀을 대언하실 목사님에게 성령님이 함께하여 주시며, 말씀으로 말미암아 저희의 심령들이 깨어지는 역사가 일어날 수 있도록 역사하여 주옵소서. 저희가 온전히 하나님의 말씀에 의지하여 순종할 수 있도록 은혜를 더하여 주옵소서.
거룩하신 예수 그리스도의 이름으로 기도드립니다. 아멘.

✝ 기도를 돕는 한마디
소망은 꿈이 아니라 꿈을 실제화 하는 작업이다. – 스웨네스

능력의 주 하나님!

주님의 부활을 믿사오며, 구원에 대한 감사로 예배하오니, 저희 삶의 목적을 새롭게 확인하고 아버지의 뜻에 맞는 인격과 신앙으로 하나님께 영광 돌리게 하옵소서.

저희의 믿음이 더욱 주님의 말씀의 능력으로 장성하게 하시고, 저희로 하나님을 찬양하는 기쁨의 영혼이 되게 하옵소서. 사랑의 길로 인도하시는 하나님께 순종하게 하시고, 하나님의 길에서 떠나지 아니하도록 이끌어 주옵소서. 저희를 하나님의 복 된 길에 온전히 거하게 하여 주옵소서.

부활이요 생명이신 주님!

거룩한 부활절을 맞이하여 하나님의 사랑을 세상에 널리 전하게 하시고, 저희로 하나님을 찬양하며 하나님께 영광을 돌리기에 부족함이 없도록 은혜를 더하여 주옵소서. 저희에게 주님을 증거하는 신앙을 갖게 하시고, 하나님의 나라를 위하여 헌신하는 기쁨을 맛볼 수 있는 복을 허락하여 주옵소서.

자비로우신 주님!

저희의 연약함으로 범죄치 않도록 하시고, 저희의 어리석음으로 주님을 부인하는 죄를 저지르지 않도록 하여 주시며, 저희의 부족함으로 하나님의 이름을 경솔히 부르지 않도록 하여 주옵소서. 오직 주 여호와만

을 의지하여 하나님 나라의 소망을 가지고 이김을 주시기를 간구하오니.
승리하게 해주옵소서.

특별히 말씀을 전하실 목사님에게 함께하사 저희에게 하나님의 동행
하심을 깨닫는 귀한 시간이 되게 하여 주옵소서.

예배를 위해 돕는 손길들 있습니다.

날마다 온전히 충성하게 하시고 복 주셔서 부활의 주님이 전파되는 곳
에 저들의 이름도 기억되게 하옵소서.

죽음의 권세를 이기시고 부활하신 예수 그리스도의 이름으로 기도드
립니다. 아멘.

✝ 기도를 돕는 한마디
   소망은 두려움을 헤치고 나올 때가 가장 밝다. – 스코트

사랑이 많으신 하나님 아버지,

가정의 달 오월을 맞이하여 주님의 거룩한 성전에 나와 예배드리며 기도하게 하시니 감사합니다. 주님이 만드신 아름다운 세상으로 인하여 더욱 주님을 찬양할 수 있는 오월이 되게 하시고, 푸르름이 더해 가는 자연과 같이 저희의 심령도 주님의 사랑으로 풍성하게 채워 주옵소서.

사랑의 하나님!

입술로는 주님의 자녀라고 고백하면서 저희의 삶 속에는 아직도 죄의 습관들이 자리잡고 있음을 발견합니다. 저희의 삶 속에 주님이 오셔서 죄의 요소들을 제거하여 주시고, 주님과의 복된 교제가 늘 이어지는 생활이 될 수 있도록 인도하여 주옵소서.

높고 높은 보좌를 뒤로 하시고 낮고 낮은 이 세상에 육신을 입고 오셔서 겸손하게 저희의 죄를 속량하시기 위하여 고난을 받으신 주님!

저희들이 그런 주님의 사랑으로 인하여 감격하며 사는 인생이 되기를 원합니다. 저희로 주님의 평안을 체험하게 하시고, 주님의 평강으로 죄를 이기고, 악의 유혹을 극복하며 교만함과 게으름을 이겨나가게 하여 주옵소서.

교회의 주인이신 주님!

주님의 교회는 기도하는 집이라 하셨사오니, 주님의 전에 모여서 늘 기도할 수 있는 저희들이 되게 하시고, 모든 성도가 일치된 기도로 성령 충만함을 체험하며, 능력이 나타나고 하나님의 치유가 나타나는 놀라운 역사가 있게 하여 주옵소서. 말씀을 전하시는 목사님을 성령의 능력으로 붙드시고, 교회와 양떼를 위하여 수고하실 때에 기쁨으로 감당할 수 있도록 도와주옵소서.

이 시간 저희가 신앙의 눈을 뜨고, 주님의 음성을 듣게 하시며, 영적인 기쁨이 충만한 시간이 되게 하여 주실 줄을 믿사옵고, 기도의 본을 보여 주신 예수 그리스도의 이름으로 기도드립니다. 아멘.

✝ 기도를 돕는 한마디
소망은 어떤 좋은 일이 일어날 것이라는 현실적인 기대감이다. – 저그 저글러

저희의 소원을 이루어 주시는 은혜의 하나님!

이 거룩한 주일에 하나님을 의지하게 하심을 감사합니다. 저희를 성결하게 하사 저희가 하나님의 성호를 찬양할 수 있는 믿음을 더하여 주옵소서. 저희의 마음을 겸손하게 하사 저희에게 은혜를 받게 하여 주옵소서.

사랑의 하나님!

저희가 주님의 은혜에 합당치 못한 삶을 살고 있음을 고백합니다. 저희가 주님 앞에 부끄러운 삶을 살았음을 고백합니다. 기쁨으로 감사드려야 할 부모님께 근심과 눈물을 드린 것을 용서하여 주옵소서. 육신이 연약하고 부족한 저희들을 불쌍히 여기사 용서하여 주옵소서. 사랑을 실천하는 사람으로 살아갈 수 있도록 복 주옵소서.

긍휼이 풍성하신 주님!

저희의 육신을 낳고 길러주신 부모가 계시지만 효도하며 받드는 일엔 인색했던 저희들임을 고백합니다. "네 부모를 공경하라" 명하신 하나님의 법이 저희 입에서만 맴돌 뿐, 가슴에 새겨지지 않았음을 고백하며 저희의 부끄러움을 고백하오니 용서하여 주옵소서.

이제껏 저희를 위하여 모든 것을 희생하신 부모님들께 평강을 주시고, 늙음에서 오는 외로움과 서러움, 쓸쓸함, 섭섭함이 사라지게 하여 주옵

소서. 외로운 분들과 허약한 분들과 가난한 분들을 위로하여 주시고, 힘을 더하여 주시며 이 땅에 계시는 동안 끝까지 훌륭한 믿음의 어버이로 모범을 보여줄 수 있게 하여 주옵소서.

사랑의 하나님!

이제 저희의 뜻과 마음과 정성을 다하여 예배드리오니 성령으로 저희를 인도하여 주시고 진리로 이끌어 주시기를 원합니다. 주님을 떠나서는 아무 것도 아님을 고백합니다. 구원의 감격이 저희 모두에게 골고루 내려지는 역사가 일어나게 하여 주옵소서. 이 예배를 통하여 저희의 근심이 기쁨이 되게 하여 주옵소서.

예수 그리스도의 이름으로 기도드립니다. 아멘.

✝ **기도를 돕는 한마디**
모두 절망의 마지막을 볼 때 성도는 무한한 소망 속에서 기뻐한다. – 길버트 설리반

거룩하신 하나님!

저희의 찬양과 영광과 예배를 받아 주옵소서. 이 시간 저희가 스스로 하나님의 길에서 벗어난 것을 고백하오니 저희의 죄를 용서하여 주옵소서. 하나님의 길에서 벗어나지 않고 온전히 거할 수 있는 복을 허락하여 주옵소서.

은혜의 하나님!

이 시간 저희가 성령 안에서 기도하고 찬송하며 말씀을 사모할 때에 은혜 받게 하시며, 의로운 인격을 갖추고 새 사람으로 새 날을 살아갈 수 있도록 성령님께서 이 시간 오셔서 크신 은총을 내려 주옵소서. 성령의 인도하심 속에서 저희의 신앙이 장성하게 하시고, 주님의 거룩한 뜻을 실현할 수 있는 복된 삶이 되게 하옵소서. 저희의 생각과 계획도 미리 아시는 성령께서 철저하게 이끌어 주시고 주관하여 주시기를 원합니다. 저희들의 전 생활 영역이 성령의 역사와 인도하심을 따라 사는 삶이 되게 하여 주옵소서.

사랑의 하나님!

저희의 교회도 성령의 불이 타오르는 능력의 제단이 되게 하여 주옵소서. 아무리 강퍅한 심령도 이 제단에 발을 들여놓을 때 성령의 능력으로 거꾸러지는 역사가 있게 하시고, 죄의 자백이 일어나며, 회개의 역사가

있게 하여 주옵소서. 죄의 자백으로 인하여 탄식하는 회개의 역사가 일어나게 하심으로 삶에 지친 저희들의 영혼이 안식을 얻을 수 있도록 복 주시옵소서. 병든 심령은 치료받는 역사가 있게 하시고, 믿음 없는 자들은 믿음 위에 굳게 서게 하시고 확신에 찬 생활을 하게 하여 주옵소서. 기도하는 자마다 주님의 사랑의 응답을 받을 수 있는 거룩한 교회가 되게 하여 주옵소서.

이 시간 성령께서 친히 예배드리는 저희들 가운데 운행하심을 믿사옵고, 예수 그리스도의 이름으로 기도드립니다. 아멘.

✝ 기도를 돕는 한마디
삶의 어두운 계곡에서도 아름다움이 있는데 그것이 바로 소망이다. - 조안 치티스터

시와 찬미와 신령한 노래들로 서로 화답하며 너희의 마음으로 주께 노래하며 찬

송하며 - 엡 5:19

은혜로우시고 자비하신 하나님 아버지!

지금까지 입을 것, 먹을 것을 주시고, 베풀고 나눌 수 있도록 은혜 주신 것을 감사하오며, 또한 이토록 풍성한 결실을 얻을 수 있도록 복 주신 은혜를 감사하며 주님께 추수감사주일 예배로 드리옵니다. 이 시간 저희들이 정성을 모아 드리는 이 예배를 받아 주시옵소서.

은혜로우신 하나님!

지난날을 돌이켜 보건대, 하늘의 신령한 은혜와 양식보다 세상의 썩어질 양식을 구하였으며, 주님이 주신 귀한 은사와 복을 주님의 몸 된 교회를 섬기고, 이웃과 나누고 베푸는데 쓰기보다는 우리 자신의 만족과 쾌락을 위해 더 많이 썼으며, 감사보다 불평이 많았던 것을 고백합니다. 이 시간 주님의 보혈로 정케하여 주시고 용서하여 주시옵소서.

복 주시기를 즐겨 하시는 하나님 아버지!

오늘 저희들이 드리는 감사의 예물을 기뻐 받으시기를 원하오며, 더욱 감사의 조건이 늘어가는 귀한 믿음이 되게 하여 주시옵소서. 그리하여 삶 속에서 소중한 열매를 더 많이 주님 앞에 드리게 하시옵소서.

자비하신 하나님 아버지!

추수감사 주일을 맞이하여 돌이켜 볼 때 저희 주변에 추수할 영혼들이

많이 있는데 그 동안 영혼의 추수에 대하여 너무나 태만했던 저희들이었습니다. 이제는 더욱 영혼의 추수에 마음을 쏟을 수 있는 저희들 되게 하여 주시옵소서. 한 영혼이라도 더 주님께로 돌아올 수 있도록 생명의 복음을 힘써서 전파하는 저희들 되게 하여 주시옵소서.

긍휼이 풍성하신 하나님 아버지!
뜻하지 않은 일들로 인하여 일 년 동안 땀 흘려 지은 농사를 빼앗겨 버린 농민들을 기억하시고 긍휼을 베풀어 주시옵소서. 아픔을 딛고 새로일어 설 수 있는 용기를 더하여 주시고, 주님을 알지 못하는 이들에게는 믿음의 눈으로 만물을 조성하시고 다스리시는 창조주 하나님을 확실히 만나는 계기가 되게 하여 주옵소서.

오늘도 추수감사 주일을 맞이하여 축복의 말씀을 대언하시는 목사님을 붙들어 주셔서 이 시간 말씀을 듣는 저희들 모두가 남은 삶이 항상 감사가 넘치는 은혜로운 삶이 될 수 있도록 이끌어 주시옵소서.
예수 그리스도의 이름으로 기도드립니다. 아멘.

✝ 기도를 돕는 한마디
　소망은 비통함 속에서 들리는 최고의 음악이다. – 본

하나님이 나사렛 예수에게 성령과 능력을 기름붓듯 하셨으매 – 행 10:38

저희를 위하여 이 땅에 오신 주님을 찬양합니다.

주님의 성육신이 없었다면 저희가 사망의 그늘에서 벗어날 수 없었음을 고백합니다. 저희를 긍휼히 여기사 이 땅에 오신 주님을 찬양하고 경배합니다. 주님의 사랑하심과 희생에 감사할 줄을 모르고 죄인의 속성을 벗지 못함을 용서하여 주옵소서. 주님의 사랑을 늘 체험하면서도 주님을 욕되게 하는 삶을 살아온 저희를 용서하여 주옵소서. 회개의 합당한 열매를 맺게 하시고, 주님의 나라를 유업으로 받는 저희들이 되게 하여 주옵소서.

은혜가 풍성하신 주님!

이제는 저희가 주님의 강권적인 간섭하심에 순종하기를 원합니다. 사랑의 열매, 봉사의 열매, 섬김의 열매도 가득 맺게 하시고 충성의 열매, 헌신의 열매도 가득히 맺게 하셔서, 주님의 오심을 진정으로 축하할 수 있는 저희들이 되게 하여 주옵소서. 교회 안에서만 주님의 뜻을 본받아 산다고 외치고 다짐하는 주의 백성들이 되지 않게 하시고, 선한 사마리아 사람처럼 고통당하는 이웃에게 진정한 이웃으로 다가갈 수 있는 주님의 귀한 성도가 되게 하여 주옵소서.

사랑의 주님!

이번 성탄절은 하늘의 영광 보좌를 버리시고 죄에 고통받는 인간들을

구원하시기 위하여 성육신 하신 주님의 사랑이 곳곳에 스며드는 기쁜 성탄절이 되게 하여 주옵소서. 이런 때일수록 사랑을 베푸는 교회가 많아지게 하시고 소망의 문을 열어 주는 교회가 되어서 성도들에게 천국의 소망을 가지고 살아가는 기쁨을 알리게 하여 주옵소서.

오늘도 이 자리에 참석하지 못한 성도들이 있습니다. 어디서 무엇을 하든지 주님을 기억하게 하여 주옵소서.

이 시간, 늘 주님의 은혜를 사모하는 저희에게 하늘의 신령한 은혜를 맛보게 하여 주실 것을 믿습니다.

예수 그리스도의 이름으로 기도드립니다. 아멘.

✝ 기도를 돕는 한마디
소망이란 어둠 속에서 두 손을 믿음으로 모을 때 취하는 유일한 기대다. – 칠스턴

한해의 마지막을 보내며 저희들이 주의 뜰에 거하게 하심을 찬양합니다.

이 시간 지난 한 해 동안 저희들의 모습을 돌아보고 새롭게 결단하게 하여 주시옵소서. 한 해를 복 주셔서 믿음으로 시작하여 믿음으로 마무리하게 하시니 감사드리오며, 새해에 주시는 새로운 은혜를 충만히 받게 하여 주옵소서.

하나님 앞에서 늘 부끄러운 모습이지만 항상 함께하셔서 늘 승리하며 살아가게 하옵소서. 주의 은택으로 은사에 관을 씌우시고, 주의 인도하시는 길에는 기름 같은 윤택함으로 복 주옵소서. 주의 사랑하시는 성도들 가정을 기억하시고, 아직도 하나님을 알지 못하는 가족들에게 구원의 빛이 비취게 하여 주옵소서. 사업의 터전과 직장을 붙들어 주시고, 건강도 지켜주시고, 가정들마다 안전의 은혜를 허락하여 주옵소서. 자녀들마다 감람나무 같게 하시고, 온 식구들에게 결실을 주옵소서.

가정마다 허락하신 기도 제목들이 이루어지게 하옵소서. 삶의 문제는 해결 받게 하옵소서. 올해의 혹독한 경제난을 아시오니. 회복의 은혜를 주셔서 꾸어줄찌라도 꾸지 않는 은혜를 주옵소서.

저희 교회를 사랑하시고 복 주시는 하나님!

주의 목장에 양떼가 더 하게 하시고, 초장에 푸른 꼴들로 덮이게 하여

주옵소서. 교회의 머리가 되시는 주님의 인도를 받게 하시고, 날마다 부흥하는 역사가 있게 하옵소서. 새해에는 더욱 분발하여 전도할 수 있도록 하시고, 주의 복음으로 세상을 변화시키는데 큰 역할을 감당하는 저희 교회와 성도들이 되게 하여 주옵소서. 경배로 시작하여 충성으로 열매 맺는 교회가 되기를 원합니다. 새해에는 인격과 믿음에 큰 성장을 주옵소서. 예수 그리스도의 기도드립니다. 아멘.

✝ 기도를 돕는 한마디
하나님은 모든 인간의 이마 위에 소망이란 단어를 새겨 주셨다. – 빅토르 위고

하나님과 소통하는

Chapter 5

심방기도

대심방 기도

거룩하시고 만복의 근원이신 유일하신 하나님 아버지!

우리 교회를 사랑하사 다른 일보다 우선하여 성도의 가정을 심방할 수 있도록 주관하여 주심을 감사드립니다. 우리 성도들의 가정들이 더욱더 믿음 위에 든든히 서가고 하나님께 영육 간 풍성한 복을 원하며, 우리의 뜻을 선히 여기사 이번 대심방을 통하여 성도들의 가정마다 금년 한해가 복되고 형통한 일만 있어서 일 년 내내 감사한 일만 있게 하여 주옵소서.

사랑의 아버지 하나님!

우리 교회의 전 구역(셀모임)을 사랑하사 각 구역 구역마다 구역 원들이 하는 일마다 가는 곳마다 항상 희락이 넘쳐나도록 하여 주시옵소서! 구역을 돌아보는 구역장님, 권찰님과 예배 인도자들에게 은혜 베푸사 맡은 바 직분에 최선을 다하고 능력으로 감당할 수 있도록 늘 성령 충만케 하여 주시옵소서.

사랑의 아버지!

지금 예배의 단을 쌓는 OOO 집사님* 가정에 하나님께서 친히 임재하시어 이 예배를 흠향하여 주시고 OOO 집사님의 간절한 기도를 오늘 이후로 하나하나 다 이루지게 하옵소서.

우리 OOO 집사님께서 교회를 열심히 섬기는 중이오니, 모든 주의 일을 더 열심히 몸 바쳐 물질 바쳐 기쁨으로 섬길 수 있도록 영육 간 부요하고 여유로운 삶으로 복 내려주옵소서.

이 가정의 모든 일을 금년부터는 주께 의뢰하여 하는 일마다 형통케 하여 주시옵소서. 하나님께서 주신 선물인 자녀들이 믿음 안에서 지혜와 선행을 겸비하며 건강하게 잘 자라게 하시고 많은 사람에게 사랑 받고 칭찬만 받는 형통의 자녀들이 되게 하여 주옵소서.

심방을 진행하면서 성도의 가정에 평안과 복을 비는 목사의 기도가 각 가정마다 그대로 임하게 하시고, 영육 간 강건함과 성령 충만으로 붙들어 주시옵소서. 오늘 이 가정에 주시는 말씀을 온 식구가 그대로 믿고 순종하여 올 한 해 동안도 모든 삶에서 이기며 넉넉한 삶을 살게 하여 주시옵소서.

주님 이 가정에 늘 함께하시어 은혜와 복을 내려 주시옵소서.

예수그리스도 이름으로 간절히 기도하옵나이다. 아멘.

---

* 편집자주)

OOO 집사님 (장로님, 권사님, 권찰님, 성도님 등)으로 명명

이사 심방기도

우리의 삶의 위로와 평강의 주님이 되신 좋으신 하나님!

신명기 28장에 기록된 순종하는 자에게 복 주시기를 원하는 놀라운 축복이 ○○○ 집사님*의 새 장막에 임하길 원합니다. 이 축복이 자녀에게도 임하길 원합니다. 무엇보다도 주님을 사랑하고 감사하며 찬양하고 순종하는 것이 가장 큰 은혜임을 깨닫게 도와주시옵소서.

사랑의 하나님!

○○○ 집사님의 가정이 먼저 순종하는 가정이 되도록 주님께서 은혜 내려 주시옵소서. 주님을 구주로 고백하고 말씀을 즐겨듣는 가정이 되도록 인도해 주옵소서. 부모와 자녀 모두가 한마음이 되어 온전하게 말씀을 듣는 가정이 되도록 또한 복을 내려 주시옵소서. 혹시나 질병의 문제, 물질의 문제, 가정과 자녀의 문제가 있다면 이 시간에 주님께서 다 해결해 주실 줄 믿고 감사를 드립니다.

주님께서 믿고 기도하는 것은 다 받은 줄 알라고 하신 말씀을 믿기에 이 시간 다시 한 번 감사를 드립니다. 리더로 수고하시는 ○○○ 집사님에게 주님의 권세와 권능을 허락해 주셔서 구역과 가정을 공격하는 끈질긴 악의 세력을 이기게 하여 주옵소서.

그리하여 구역과 가정가정마다 주님을 따라 승리하기를 원합니다. 경제생활에서 승리하기를, 거룩한 생활에서 승리하기를, 신앙생활에서 승리하며 살기를 원합니다. 주여 도와주시옵소서. 주님께서 사랑하시는 구역 식구들의 연약한 믿음이 더 큰 믿음이 되게 하시며 주님의 영광을 바라 볼 수 있도록 도와주시옵소서. 믿음이 자라 하나님께 온전히 헌신하며 마음과 정성과 뜻을 다하여 주님을 사랑하게 하옵소서.

은혜의 주님!

이 예배에 모인 모든 가정들이 서로 사랑하게 하여주셔서 하나님의 뜻을 이루기 위해 늘 기도하게 하시고, 그들이 하는 모든 일이 합력하여 서로에게 유익이 되고 선한 열매를 맺게 하여 주시옵소서. 특별히 이 가정을 위하여 세우신 귀한 목사님께 주님의 영력을 더하여 주셔서 외치는 말씀이 성령 충만, 은혜 충만한 말씀이 되게 하여 주시며, 그 말씀을 듣는 구역식구들의 심령이 뜨거워져서 주님을 사랑하지 않고는 견딜 수 없는 마음이 되도록 역사 하여 주시옵소서.

우리 주 예수그리스도 이름으로 감사하며 기도드립니다. 아멘.

---

* 편집자주)

OOO 집사님 (장로님, 권사님, 권찰님, 성도님 등)으로 명명

사업장 심방기도

캄캄한 인생길에서도 우리가 두려워하지 않는 이유는 주님이 OOO 집사님*의 사업장에 구름기둥, 불기둥이 되시기 때문입니다. 오늘까지 이 사업장을 보살펴 주시고 이끌어 주심을 진심으로 감사드립니다. 주님께서는 "여우도 굴이 있고 공중에 나는 새도 집이 있으되 인자는 머리 둘 곳이 없도다"고 말씀하셨습니다. 주님께서 모든 권세와 영광을 지니시고도 스스로 가난하게 되심은 우리를 부유하게 하시려는 것이라는 말씀도 기억합니다.

광야에서 만나와 메추라기로 이스라엘 백성을 먹이시며 40년 동안 옷과 신발이 해어지지 않게 보살펴 주신 하나님!
OOO 집사님에게 하나님의 놀라운 은총을 내리시어 하는 일마다 잘되게 하시고, 손이 수고한 대로 먹을 것과 입을 것을 주시옵소서. 말씀과 기도와 찬양의 산제사를 드리게 하시고, 말씀 속에서 삶의 길을 보게 하시며, 오직 주님이 주인 되시는 아름다운 사업장이 되게 하여 주옵소서.

은혜의 주님!
이 사업장을 운영하는 OOO 집사님에게 함께 하셔서 무릎에 은혜를 주시고 기도의 제목을 가지고 주님 앞에 간구할 때 모든 기도가 다 응답되게 하옵소서. 원하옵기는 기도하는 시간 속에서 더욱 성숙된 신앙이 되게 하시고, 주의 뜻이 무엇인지를 발견하게 하여 주옵소서.

하나님이 지시한 땅을 한 번도 본적이 없지만 믿음으로 떠났던 아브라함처럼 모든 일에 믿음으로 한 걸음 한 걸음 내딛는 OOO 집사님이 되게 하옵소서.

또한 이 사업장을 통하여 살아 계신 하나님의 동행하심을 깨닫게 하옵소서. 그리하여 온전히 하나님께 영광을 돌리게 하시고 이 사업장이 주님을 섬기는 도구가 되도록 인도하시고 복을 내려 주옵소서. 지금 드리는 기도로 오늘의 경배가 끝난 것으로 생각지 말게 하시고 종일 주님을 잊지 않게 하옵소서. 주님의 자녀인 저희로 하여금 영원하신 하나님께 마음 두게 하옵소서. 우리의 영의 행복을 위협하는 많은 위협에 맞서는 방패가 되어 주옵소서.

사랑의 주님!

어떤 일을 결정해야 할 때에 하나님의 지혜를 먼저 구하는 집사님이 되도록 복을 주시옵소서. 주님보다 앞서가지 않게 하시고, 주님이 원하시지 않는 것을 결정하지 않게 하옵소서. 이 시간 귀한 말씀을 성령의 역사하심에 따라 준비하신 목사님을 주님의 권능의 오른 팔로 붙잡아 주셔서 힘있게 오늘 선포할 수 있게 하여 주시옵소서.

우리의 목자가 되시는 예수님의 이름으로 기도하옵나이다. 아멘.

---

* 편집자주)
OOO 집사님 (장로님, 권사님, 권찰님, 성도님 등)으로 명명

금연 금주를 위한 심방기도

살아서 역사 하시는 좋으신 하나님!

이 시간 성령님이 함께하시니 감사를 드립니다. OOO 성도님의 마음 안에 성령이 살아계셔서 언제 어디서든지 주님이 지켜주시며 인도하고 있음을 깨닫고 믿게 하옵시고, 또한 OOO 성도님을 하나님께서 자녀로 불러주시고 성도님의 신분을 귀하게 높여주신 하나님께 감사와 영광을 돌립니다.

사랑의 하나님!

이 시간 성도님의 나약함을 위하여 기도드립니다. OOO 성도님 부부가 성령의 충만함을 받기를 원하시는 주님, 성도님이 말씀과 찬양과 기도로 주님께 영광을 돌리기를 원하시는 주님, 그러나 아직도 술과 담배를 끊지 못하고 근심하고 있습니다. 술이 주인이 되어 OOO 성도님을 괴롭히며 건강과 사회생활, 신앙생활을 방해하고 있습니다. 주님의 은혜로 영생을 얻고도 아직 술을 끊지 못함을 용서해 주시옵소서. 성령께서 도와주셔서 성령의 새 술에 취하기를 원합니다. 새사람이 되기를 원합니다. 술과 담배를 정복하고 다스리기를 원합니다. 주님, 진정 몰라서가 아니라 의지력이 부족하여 끊지 못하고 있습니다. 주님께서 이 가정의 연약함을 아시는 줄 믿사오니 성령의 법으로 능히 이길 수 있도록 복을 주옵소서.

은혜로우신 하나님!

성령 충만함을 받음으로 경건한 생활을 할 수 있도록 인도해 주시옵소서. 그리하여 건강을 유지하며 생활할 수 있도록 지켜주시고 주님의 생명과 건강을 부어 주옵소서. 무슨 일을 할 때에도 피곤하지 않게 하시며 건강한 몸으로 생동감 있는 하루를 살게 도와주옵소서.

특별히 주님의 귀한 목사님을 이 가정에 세워 주셨사오니, 목사님의 말씀을 통해서 저희가 많은 은혜를 받고 성령의 감동을 받아 심령이 새롭게 변화되어 죽도록 충성하며 주님만을 따르겠노라고 결단하는 시간이 되게 하여 주시옵소서.

사랑의 주님!

주님이 주시는 참된 행복과 평화만을 사모함으로 주님의 사랑의 날개 아래 거하게 하옵소서.

십자가에 달려 죽으심으로 죄에서 우리를 구원하여 주신 우리 주 예수 그리스도의 이름으로 기도합니다. 아멘.

출산 심방기도

  기쁨의 근원이 되시는 하나님.

  이 가정에 하나님께서 주시는 기쁨이 풍성히 넘치도록 복을 주시니 감사합니다. 생명의 주인이시고 생과 사와 화와 복을 주장하시는 하나님께서 이 가정에 생과 복을 주시니 감사합니다.

  사랑의 하나님!

  이 가정에 하나님께서 귀한 자녀를 선물로 주시니 감사합니다. 세포 하나에서 시작된 ○○○ 집사님과 ○○○ 집사님의 아이가 신체의 필요한 모든 것을 갖추고 한 생명으로 태어난 것은 창조주 하나님께서 행하신 너무나 감격스러운 사건임을 깨닫게 하옵소서. 이 귀한 선물을 하나님의 지혜와 말씀으로 양육할 수 있게 하옵소서. 골리앗을 물리칠 때도 하나님을 철저히 의지하였고, 사자를 만났을 때도 하나님을 의지한 다윗처럼 ○○이가 크고 작은 위험에서 주님을 끝까지 의지하며 성장하게 하옵소서. 다시 한 번 자녀를 출생케 하시는 주님을 찬양합니다.

  생명의 주인이신 하나님!

  주님께서 탯 속에서 아기의 생명을 조성하시고 성장시켜 주셨고, 세상에 태어나게 해 주님을 다시 한 번 감사합니다. 집사님 가정이 영원한 축복, 영생을 누리는 가정이 되게 하시고 자녀들도 자자손손 시온으로부터 오는 축복, 예루살렘의 복을 누릴 수 있도록 인도해 주시옵소서.

사랑이 풍성하신 하나님!

집사님 가정에 오는 모든 사람들이 서로 사랑하게 하여주셔서 하나님의 뜻을 이루기 위해 늘 기도하게 하시고, 그들이 하는 모든 일이 협력하여 유익하게 되고 선한 열매를 맺게 하여 주시옵소서. 이 시간 주님께서 귀히 쓰시는 ○○○ 목사님께 하나님이 주시는 말씀을 허락하실 텐데 그 말씀이 이 가정에 기둥이 되게 하시고 그 말씀 따라 살게 되는 복이 집사님 집에 거하게 하여 주시옵소서.

우리의 모든 것을 아시며 우리의 길 되시는 우리 주 예수 그리스도의 이름으로 감사하며 기도드립니다. 아멘.

병문안 심방기도(1)

병든 자를 치료하시는 하나님 아버지!

주님께서 이 땅에 오셔서 수많은 병든 자를 치유하여 주시고 낫게 하셨음을 기억합니다. 이 시간 이 가정에 몸이 상하여 아픈 이를 올려드립니다. 지금 이 시간 주님의 피 묻은 손길로 안수하사 속히 낫게 하옵소서. 성령님, 함께하여 주시고 주님의 능력으로 인도하옵소서.

능력의 주님!

아픈 자의 마음을 아시는 주님께서 상한 심령을 어루만져 주옵소서. 우리의 마음을 고치시는 이는 주님뿐이오니 주님만을 의지합니다. 능력의 주님께서 함께 하옵소서. 치유하여 주사 건강한 몸으로 주님을 더욱더 열심히 섬기게 하옵소서. 아픈 이도 기도하며 주님을 바라보게 하여 주시고, 주님의 능력이 임하기를 사모케 하옵소서. 환자를 보살피는 가족들에게 따뜻한 사랑의 마음을 주사 서로 하나가 되어 당한 어려움을 이겨내게 하옵소서. 구원의 복음으로 변화 받게 하시고 말씀 안에서 주님의 능력을 체험케 하옵소서.

사랑의 주님!

다시금 원하오니 이 시간 아픈 이를 어루만져 주시고 속히 치유되어서 기쁨이 충만케 하옵소서. 라파의 하나님을 믿고 우리 주 예수 그리스도 이름으로 기도합니다. 아멘.

병문안 심방기도(2)

사랑이 많으신 하나님 아버지!

언제나 건강할 때에는 건강의 소중함을 느끼지 못하지만 병들어 고통을 당할 때에는 건강의 소중함을 새삼 느끼게 됩니다. 이 시간 병으로 고통하는 이 심령을 위하여 기도하오니, 지금까지 건강으로 지켜주신 하나님의 은혜를 감사하는 심령이 되게 하시고, 치료의 은혜도 체험하며, 앞으로의 삶을 하나님께 전적으로 의지하는 심령이 되게 하시옵소서.

치료의 하나님!

주님께서 하시고자 하시면 능치 못할 일이 없을 줄을 믿습니다, 간절히 원하옵기는 이 심령을 불쌍히 여겨 주옵소서. 주님의 능력의 손을 펴시고 병든 곳을 어루만져 주시며, 병의 근원을 치료하여 주시기를 기도합니다. 이 시간 곧 나음을 얻게 하여 주시고 깨끗하게 하셔서 기뻐 뛰며 주를 찬송할 수 있게 도와주옵소서.

사랑의 하나님!

오늘 함께 모여 기도하는 모든 심령들도 하나님 은혜로 건강하게 살도록 도와주시고, 건강할 때 오직 하나님을 사랑하며, 하나님이 기뻐하시는 삶을 살아갈 수 있도록 도와주옵소서. 약할 때 강함 주시고 가난할 때 부요케 하시는 하나님을 늘 기억하게 하옵소서.

예수님의 이름으로 기도합니다. 아멘.

개업 심방 기도

울며 씨를 뿌리러 나가는 자는 반드시 기쁨으로 그 단을 거두리라고 하신 하나님!

오늘 OOO 성도가 하나님 앞에서, 하나님이 허락하신 새 사업을 시작하려고 합니다. 무엇보다도 먼저 하나님 앞에 예배를 드리오니 기쁘게 받아 주옵소서.

처음 시작은 미약하나 나중에는 심히 번성할 것을 믿습니다. 그가 열심히 일하고 노력할 때에 많은 것을 거두게 하여 주실 것을 믿습니다. 주님께서 허락하신 사업을 최선을 다하고 성실하게 가꾸어 주님의 영광을 드러내게 하옵시고, 많은 이익을 남겨서 하나님의 나라와 거룩한 사업에 귀하게 쓰일 수 있도록 복 내려 주옵소서. 혹 물질을 바라보고 좇아가다가 하나님의 일을 게을리 하지 않게 하시며, 성수주일과 십일조의 생활로 더욱 하나님께 인정받는 귀한 성도가 되게 하여 주옵소서.

모든 것의 주인이신 하나님!

모든 경영이 하나님께 달렸음을 기억하게 하시고, 하나님의 뜻대로 인도하심을 받아 하나님의 기업으로 삼게 하옵소서. 정직과 성실함으로 경영하게 하옵소서. 주님의 법칙대로 경영하게 하여 주사 다른 사람에게도 본이 되게 하옵소서. 함께하는 모든 직원들에게도 성실과 충성을 다하도록 도와주시고, 함께 잘 사는 기업이 되게 하여 주옵소서.

예수님의 이름으로 기도드립니다. 아멘.

돌 축하 심방기도

인간의 생명을 주관하시는 하나님 아버지!

오늘 이 귀한 생명이 세상에 태어나 첫 돌을 맞이하였습니다. 365일 한 해 동안 건강을 주시고, 무럭무럭 성장하게 도와주신 은혜를 감사드립니다. 앞으로의 삶도 주님께서 주장하셔서 하나님의 뜻대로 살아가는 귀한 영혼이 되게 하옵소서.

사랑의 하나님께서 세상의 물질적인 어려움이나 질병이나 이 어린 심령의 성장에 방해되는 모든 요소들을 성령님이 제거하여 주시고, 늘 감찰하여 지켜주옵소서. 하나님 아버지, 또한 귀한 생명을 낳아서 기르는 부모에게 복 주옵소서. 이 어린 자녀로 말미암아 항상 집안에 기쁨이 넘치게 하옵소서. 이 어린 심령을 위하여 늘 기도하며 하나님의 온전한 자녀로 양육할 수 있는 지혜를 허락하여 주옵소서.

자비로우신 하나님!

하나님의 말씀만이 진리임을 바르게 교훈하며, 하나님이 이 어린 심령을 세상에 보내신 귀한 뜻을 깨달아 하나님이 쓰시는 귀한 일꾼으로 양육할 수 있도록 도와주옵소서. 믿음의 대를 이어가도록 도와주시되 아브라함의 하나님, 이삭의 하나님, 야곱의 하나님께서 이 가정의 온전한 주인이 되어 주옵소서.

예수님의 이름으로 기도드립니다. 아멘.

수연(회갑, 칠순) 축하 심방 기도

역사의 주인 되시는 하나님 아버지!

오늘 사랑하는 OOO 성도의 회갑을 맞이하게 되어서 기쁜 마음으로 감사와 찬양을 하나님께 드립니다. 인간의 삶이 하나님의 도우심에 있음을 새삼 느끼며, 오늘 회갑을 맞는 성도님에게 더욱 크신 하나님의 사랑을 베풀어 주옵소서.

사랑의 하나님!

사는 날 동안 건강하게 살게 하시고, 오로지 그의 삶이 하나님의 영광을 드러내는 삶이 되게 하시며, 기도의 종으로 사는 사람이 되게 하옵소서. 살아계신 하나님 아버지, 성도님에게 지혜를 허락하셔서 이 땅에 태어나게 하신 주의 뜻을 헤아려 알게 하옵시고, 이제부터 세상의 허탄한 것에 뜻을 두지 말게 하시고, 영원한 나라를 사모하게 하옵소서.

사랑의 하나님!

또한 주신 자녀들이 이 세상에서 사는 동안 부모에게 효도하게 하시고, 온 식구들이 화목하여 하나님의 사랑을 이웃에게 전하는 귀한 가정이 되게 하여 주옵소서. 자녀들이 하는 모든 사업에 복 내려 주시고, 어디서 무슨 일을 하든지 아버지의 사랑을 기리며, 하나님을 향하여 온전하게 살아가도록 도와주옵소서.

예수님의 이름으로 기도합니다. 아멘.

장례예배 기도(1)

우주 만물을 창조하시고 인류의 역사와 개인의 생사화복을 주관하시는 하나님!

한없이 연약한 인생을 긍휼히 여겨 주시옵소서. 지금 저희들은 이 세상을 떠나 하나님 앞으로 가신 고 OOO성도의 장례식을 거행하려고 이곳에 모였사오니 슬픈 마음을 가지고 하나님 앞에 머리 숙인 이 무리에게 위로를 내려 주시기를 기도합니다.

영원히 변치 않으시는 전능하신 하나님!

이 OOO성도가 세상에 있을 때 하나님께서 사랑하시고 택하사, 예수 그리스도를 믿고 구원을 얻어 하늘의 영원한 기업을 누리게 하여 주신 것을 감사합니다.

간구하옵기는 이 장례를 주께서 은혜로 주관하사 슬픔을 당한 이들에게 위로와 힘을 주시며 이곳에 모인 우리들도 하나님의 엄숙한 교훈을 깨달아 죄를 뉘우치고 굳센 믿음을 가지게 하여 주옵소서.

사랑의 하나님!

OOO성도의 육신은 땅에 묻히나 이미 영원한 처소에서 주님과 함께 계심을 믿습니다. 다시 만날 것을 기억하며 오히려 감사하게 하옵소서.

우리 주 예수 그리스도의 이름으로 기도합니다. 아멘.

장례예배 기도(2)

우리의 영혼을 구속하시며 성도들의 힘이 되시는 하나님!

주 안에서 세상을 떠난 이의 모든 수고와 시련을 끝내고 주님의 품안에서 영원한 안식을 얻게 하여 주옵소서.

우리의 소망이 되시는 하나님!

우리가 주님의 높고 크신 경륜을 다 깨닫지 못하오나 저희들로 하여금 주님의 약속과 영생의 복음을 확실히 믿고 이 땅에서 환난과 역경을 이기며 하늘의 소망을 빼앗기지 않게 하여 주옵소서. 고 OOO성도가 믿음으로 주님 앞에 순복하여 주님을 구세주로 영접하여 영생을 얻어, 세상에 살 때 선한 모습으로 우리에게 본이 된 삶을 살게 하심을 감사합니다. 우리도 그의 뒤를 따라 하나님의 영원한 나라의 유업을 받게 하여 주옵소서.

자비로우신 하나님!

이 장례 절차를 모두 주님께서 맡아 주관하시고, 이 가정을 위로하시며, 또한 수고하시는 모든 분들께 주님의 크신 은혜를 더하여 주옵소서. 특별히 남아있는 가족을 붙들어 주옵소서. 슬픔과 낙망 속에 살지 않고 하늘나라의 소망을 갖고 살게 하옵소서. 믿음의 가정으로 든든히 세워 주옵소서. 예수 그리스도의 이름으로 간절히 기도하옵나이다. 아멘.

입관예배 기도

생명의 근원이 되시는 살아계신 하나님!

우리들은 다 하나님께로부터 왔다가 하나님께로 돌아가는 인생이옵나이다. 또한 우리들은 하나님의 높으신 뜻을 다 이해하지도 못하고 하나님 앞에 의롭지도 못한 죄인들이옵니다.

사랑의 하나님!

고인이 세상에 있을 때 우리가 하나님의 자녀 된 도리도 다하지 못 하였사옵고, 형제로서의 사랑도 그에게 다 베풀지 못하였음을 슬퍼하오며 하나님 앞에 참회합니다. 자비로우신 하나님께서 저희들을 긍휼히 여기시사 허물을 용서하여 주시기를 간절히 간구합니다. 이제 고인의 시신을 입관하여 장례를 준비하고자 하오니 성령께 서 이 자리에 임재 하셔서 모든 슬퍼하는 이들의 마음을 위로하여 주시고 믿음과 소망을 더욱 굳세게 하여 주옵소서.

자비로우신 하나님!

이 형제가 세상에 있을 때 하나님께서 부르사, 예수 그리스도를 믿고 영원한 후사로 세워 주신 것을 감사드립니다. 이제 남은 가족들로 하여금 그의 귀한 진실 된 생활을 본받게 하시옵소서.

예수 그리스도의 이름으로 기도합니다. 아멘.

추도예배 기도

찬양과 영광을 홀로 받으시기에 합당하신 하나님 아버지!

오늘 이 시간 고 OOO 성도를 추모하는 예배를 드리게 됨을 감사드립니다. 이곳에 고인과 함께하던 친지들과 친구들이 함께 모였사오니, 모든 이들에게 영원한 소망을 갖게 하시고, 산 자와 죽은 자 모두에게 하나님의 은혜를 베푸사 하늘 영광을 찬양케 하옵소서.

사랑의 하나님!

이 가정이 세상의 온갖 어려움 속에서도 용기를 잃지 아니하고 열심히 살아가게 하시니 진심으로 감사드립니다. 서로 사랑하기에 더욱 힘쓰는 가정이 되게 하여 주시고, 어려울 때 서로 격려하며, 서로를 위해 힘써 기도하는 가족이 되게 도와주옵소서. 부모님을 더욱 공경하고 사랑하며, 또한 자녀들을 진심으로 아낄 줄 아는 복된 가정이 되도록 도와주옵소서. 더욱 많은 감사가 넘치게 하여 주시고, 다른 이웃을 돕고 사는 복된 가정이 되게 하여 주옵소서.

하나님 아버지!

이 시간 고인을 생각하며 그가 살아간 발자취와 믿음을 본받게 하시고, 우리의 삶 속에서 주님을 온전히 따르게 하옵소서. 영원히 우리와 함께 하시는 주님께 모든 것을 맡기고 감사함으로 살아가게 하옵소서.

우리 주 예수 그리스도의 이름으로 기도드립니다. 아멘.

재소자 심방기도

　죄인을 부르시어 용서하시는 하나님, 이 시간 우리들이 주님 앞에 모였습니다. 우리 모두는 하나님의 은총이 아니면 하루라도 삶을 살 수 없는 죄인들입니다. 우리들의 미련함을 용서하여 주옵소서.

　특별히 간구하옵기는, 한순간의 잘못된 판단과 실수로 말미암아 정신과 육체의 구속을 받고 있는 사랑하는 형제들에게 주님의 위로와 사랑을 내려 주옵시기를 간구합니다. 여기 모인 우리들 모두 세상의 법에 의하여 판단받지 아니한 것뿐이지, 더 나을 것도 없는 죄인들이오니, 언제나 하나님의 말씀을 마음에 새기고, 그 말씀대로 살아갈 수 있도록 은총을 베풀어 주옵소서.

　사랑 많으신 아버지 하나님!

　저희들의 허물과 실수를 속히 사하여 주옵시고, 이제부터는 더욱 주님을 모시고 하나님의 법도와 세상의 법규도 잘 지키면서, 모든 사람들이 서로에게 해가 되거나 상함이 되지 않는 좋은 세상을 만들 수 있는 길로 나아갈 수 있도록 성령님께서 인도하여 주옵소서.

　자비로우신 하나님!

　상한 갈대도 꺾지 아니하시며 꺼져가는 등불도 끄지 아니하시는 주님께서 여기 모인 영혼들을 긍휼히 여기시사 주님의 은총과 자비를 허락하여 주옵소서. 예수님의 이름으로 기도드립니다. 아멘.